普通高校经济管理类立体化教材·财会系列

基础会计学
(第3版)

许延明 李雄飞 王颖驰 编著

清华大学出版社
北京

内 容 简 介

本书是会计学的入门教材,主要介绍会计的基本理论和账户设置、复式记账、填制和审核会计凭证、登记账簿、财产清查、编制财务报表等方面的知识。每章均配有大量案例,在正文中穿插了许多相关资料,每章末尾均有小结及形式多样的习题。

本书内容通俗易懂,语言生动活泼,具有较强的趣味性和可读性,可作为高等院校会计学专业本科学生的教材,也可作为其他相关专业本科层次以及会计从业人员的参考书。

本书封面贴有清华大学出版社防伪标签,无标签者不得销售。
版权所有,侵权必究。举报:010-62782989,beiqinquan@tup.tsinghua.edu.cn。

图书在版编目(CIP)数据

基础会计学/许延明,李雄飞,王颖驰编著. —3 版. —北京:清华大学出版社,2023.5
普通高校经济管理类立体化教材. 财会系列
ISBN 978-7-302-63606-9

I. ①基… Ⅱ. ①许… ②李… ③王… Ⅲ. ①会计学—高等学校—教材 Ⅳ. ①F230

中国国家版本馆 CIP 数据核字(2023)第 087766 号

责任编辑:孙晓红
封面设计:李　坤
责任校对:李玉茹
责任印制:曹婉颖

出版发行:清华大学出版社
　　　　　网　　址:http://www.tup.com.cn, http://www.wqbook.com
　　　　　地　　址:北京清华大学学研大厦 A 座　　邮　编:100084
　　　　　社 总 机:010-83470000　　　　　　　　邮　购:010-62786544
　　　　　投稿与读者服务:010-62776969, c-service@tup.tsinghua.edu.cn
　　　　　质量反馈:010-62772015, zhiliang@tup.tsinghua.edu.cn
　　　　　课件下载:http://www.tup.com.cn, 010-62791865
印 装 者:三河市龙大印装有限公司
经　　销:全国新华书店
开　　本:185mm×260mm　　印　张:17.75　　字　数:430 千字
版　　次:2011 年 10 月第 1 版　　2023 年 6 月第 3 版　　印　次:2023 年 6 月第 1 次印刷
定　　价:56.00 元

产品编号:096704-01

前　言

经济越发展，会计越重要。大数据时代，会计作为为经济发展提供有用信息的系统，对普通人生活的影响日益增大。掌握基本的会计知识对每个人都越来越有必要。学术性书籍往往专业性有余而趣味性不足。一本简明易懂、有趣的教材无疑是一位良师益友。厦门大学的黄世忠教授编写的《会计数字游戏：美国十大财务舞弊案例剖析》(中国财政经济出版社，2003年)和美国的 W. Steve Albrecht 教授编写的《舞弊检查》(李爽、吴溪等译，中国财政经济出版社，2005年)这两本书给了作者很大的启发：作为学术专著，书中诙谐的语言、丰富的信息量、独特的命题模式令人耳目一新。如果教材也这样写，融知识性和趣味性于一身，对于改善教学效果、激发学生的学习兴趣无疑是大有裨益的。在编写本书时，我们努力追求这两本书的风格，但因内容特点和编者水平所限，难以与这两本书匹敌。在部分章节的导读内容及阅读材料的选择上，我们尽量采用一种通俗易懂的语言风格，希望能吸引越来越不喜欢阅读纸质书，尤其不喜欢阅读专业书籍的学生。

本书自第 1 版出版以来，为多家高校所采用，并从教师、学生那里得到了较好的反馈，令作者倍感欣慰。这说明选择通俗易懂的风格是具有可持续性的。本次再版，仍然着眼于"基础"二字，内容仍然坚持深入浅出、通俗易懂的特色，更新和丰富了案例，使本书具有更强的实用性，并与理论内容有更多的关联性。同时，各章附有少量但形式多样的思考题和自测题，有助于读者尽快地理解和掌握所学内容，引导学生理论联系实际。

"尺寸课本，国之大者"，教育的目的是为党和国家培养人才。按照《中共中央关于认真学习宣传贯彻党的二十大精神的决定》精神，推动党的二十大精神进教材、进课堂、进头脑。本书在编写中融入了课程思政内容并精心设计了融入节点，制作了配套视频，旨在增强学生的文化自信，激发创新创造力，坚定走中华民族伟大复兴之路的精神信念，坚定靠奋斗追求幸福、追逐中国梦的理念，传承和弘扬中华民族传统文化。本书是佳木斯大学教育教学改革研究项目《基础会计课程思政元素与教学路径研究》(编号 SZZX 2021-03)的阶段性成果。

本书是在多位作者共同努力下完成的，各章的编写分工是：第一、七、八章由佳木斯大学王颖驰编写，第二、三、四、六、十一章由华东交通大学李雄飞编写，第五、九、十章由佳木斯大学许延明编写。全书由许延明统稿，佳木斯大学赵立军主审。

尽管我们反复推敲，尽了最大努力，但因水平所限，书中难免会有一些疏漏、不妥之处，敬请各位读者批评、指正。

编　者

目　　录

第一章　总论 1
第一节　会计概述 1
一、会计的产生与发展 1
二、会计的含义 5
第二节　会计的职能和目标 6
一、会计的职能 6
二、会计的目标 9
第三节　会计的对象 11
一、企业的经济活动 11
二、行政事业单位的经济活动 12
第四节　会计核算方法 13
一、会计的方法体系 13
二、会计核算方法的构成 14
第五节　会计学科体系 16
一、按照会计服务的领域分类 16
二、按照会计主体业务性质分类 16
本章小结 17
思考题 17

第二章　会计核算基础 19
第一节　会计核算的基本前提 19
一、会计主体 20
二、持续经营 21
三、会计分期 22
四、货币计量 23
第二节　会计信息质量要求 24
一、可靠性 24
二、相关性 25
三、可理解性 25
四、可比性 26
五、实质重于形式 27
六、重要性 27
七、谨慎性 28
八、及时性 28

本章小结 29
思考题 30

第三章　会计要素与会计等式 31
第一节　会计要素及其确认和计量 31
一、会计要素的确认 32
二、会计要素的计量 44
第二节　会计等式与经济业务 46
一、会计等式 46
二、经济业务对会计等式的影响 48
第三节　权责发生制与收付实现制 50
一、会计基础 50
二、权责发生制 51
三、收付实现制 52
本章小结 54
思考题 55

第四章　会计账户与复式记账 56
第一节　会计科目与会计账户 56
一、会计科目 56
二、会计账户 61
第二节　单式记账与复式记账 65
一、单式记账法 65
二、复式记账法 66
第三节　借贷记账法 67
一、起源和发展 67
二、理论依据 68
三、记账符号和账户结构 68
四、记账规则 69
五、试算平衡 70
第四节　借贷记账法的运用 71
一、编制会计分录 71
二、过账 74
三、编制试算平衡表 75
本章小结 76

思考题 77

第五章 制造业企业主要经济业务的核算 78

第一节 制造业企业生产经营过程 78
一、资金进入企业的筹资过程 79
二、购置生产设备和生产资料的供应过程 79
三、产品的生产过程 79
四、产品的销售过程 79
五、利润计算和分配过程 80
六、投资业务 80

第二节 筹资业务的核算 80
一、筹资业务的内容 80
二、筹资业务的账务处理 81

第三节 供应业务的核算 88
一、固定资产购置业务的核算 88
二、材料采购业务的核算 91

第四节 生产业务的核算 104
一、生产业务的主要内容 104
二、产品生产成本的构成 104
三、生产业务的账务处理 105

第五节 销售业务的核算 115
一、销售业务的主要内容 115
二、销售收入的确认与计量 115
三、销售业务的账务处理 117

第六节 利润形成与分配业务的核算 124
一、利润形成业务的核算 124
二、利润分配业务的核算 131

本章小结 135
思考题 136

第六章 账户的分类 137

第一节 账户分类的意义和标准 137
一、账户分类的意义 137
二、账户分类的标准 138

第二节 按经济内容分类的账户 139
一、资产类账户 139
二、负债类账户 140
三、所有者权益类账户 140
四、成本类账户 140
五、损益类账户 140

第三节 按用途和结构分类的账户 140
一、基本账户 140
二、调整账户 143
三、业务账户 146

第四节 按其他标准分类的账户 149
一、账户按提供信息的详细程度分类 149
二、账户按与会计报表的关系分类 149
三、账户按会计主体分类 149

本章小结 150
思考题 150

第七章 会计凭证 151

第一节 会计凭证的意义和种类 151
一、会计凭证的意义 151
二、会计凭证的种类 152

第二节 原始凭证 163
一、原始凭证的要素 163
二、原始凭证的填制要求 164
三、原始凭证的填制方法 165
四、原始凭证的审核 170

第三节 记账凭证 171
一、记账凭证的基本要素 171
二、记账凭证的填制要求 171
三、记账凭证的填制方法 173
四、记账凭证的审核 177

第四节 会计凭证的传递与保管 177
一、会计凭证的传递 177
二、会计凭证的保管 178

本章小结 179
思考题 179

第八章 会计账簿 180

第一节 会计账簿的意义和种类 180
一、会计账簿的意义 180

二、会计账簿的作用..........181
　　三、会计账簿的种类..........181
第二节　账簿的设置与登记..........182
　　一、账簿的基本要素、设置要求
　　　　和登记规则..........182
　　二、日记账的设置和登记..........184
　　三、分类账的设置和登记..........188
　　四、备查账的设置和登记..........191
第三节　账簿的启用与错账更正..........192
　　一、账簿的启用..........192
　　二、错账的查找与更正..........193
第四节　对账和结账..........198
　　一、对账..........198
　　二、结账..........199
第五节　账簿的启用、更换和保管..........203
　　一、启用账簿的规则..........203
　　二、账簿的更换..........204
　　三、账簿保管..........204
本章小结..........205
思考题..........205

第九章　财产清查..........207

第一节　财产清查概述..........207
　　一、财产清查的概念与作用..........207
　　二、财产清查的种类..........210
　　三、财产清查的工作组织..........212
第二节　存货的盘存制度..........215
　　一、实地盘存制..........215
　　二、永续盘存制..........215
　　三、存货单位成本的确定..........216
　　四、实地盘存制和永续盘存制的
　　　　比较..........218
第三节　财产清查的内容和方法..........218
　　一、实物财产的清查..........218
　　二、货币资金的清查..........220
　　三、债权债务的清查..........224
　　四、金融资产与长期股权投资的
　　　　清查..........225
第四节　财产清查结果的处理..........225

　　一、财产清查结果的账务处理
　　　　程序..........225
　　二、财产清查结果账务处理应设置的
　　　　账户..........226
　　三、财产清查结果的账务处理
　　　　原则..........226
　　四、财产清查结果账务处理举例..........227
本章小结..........230
思考题..........231

第十章　财务报表..........232

第一节　财务报表概述..........232
　　一、财务报表的概念与内容构成..........232
　　二、财务报表的作用..........234
　　三、财务报表的种类..........234
　　四、财务报表的编制要求..........236
第二节　资产负债表..........238
　　一、资产负债表的概念与理论
　　　　依据..........238
　　二、资产负债表的内容与结构..........239
　　三、资产负债表的编制方法..........242
　　四、资产负债表的编制举例..........243
第三节　利润表..........246
　　一、利润表的概念与理论依据..........246
　　二、利润表的内容与结构..........246
　　三、利润表的编制方法..........250
　　四、利润表的编制举例..........251
第四节　现金流量表..........252
　　一、现金流量表的作用..........252
　　二、现金流量表的内容与格式..........253
　　三、现金流量表的编制方法..........255
第五节　所有者权益变动表..........255
　　一、所有者权益变动表的定义
　　　　与作用..........255
　　二、所有者权益变动表的内容..........256
　　三、所有者权益变动表的编制
　　　　方法..........256
第六节　附注..........259
　　一、附注的概念与作用..........259

二、附注的主要内容 259
　本章小结 260
　思考题 261

第十一章　账务处理程序 262

　第一节　账务处理程序概述 262
　　一、账务处理程序的意义 262
　　二、设计账务处理程序的要求 263
　　三、账务处理程序的种类 263
　第二节　记账凭证账务处理程序 264
　　一、记账凭证账务处理程序的设计
　　　　要求 264
　　二、记账凭证账务处理程序的核算
　　　　步骤 264
　　三、记账凭证账务处理程序的优点、
　　　　缺点和适用范围 265
　第三节　汇总记账凭证账务处理程序 265
　　一、汇总记账凭证账务处理程序的
　　　　设计要求 265
　　二、汇总记账凭证账务处理程序的
　　　　核算步骤 267

　　三、汇总记账凭证账务处理程序的
　　　　优点、缺点和适用范围 268
　第四节　科目汇总表账务处理程序 ... 268
　　一、科目汇总表账务处理程序的设计
　　　　要求 268
　　二、科目汇总表账务处理程序的核算
　　　　步骤 270
　　三、科目汇总表账务处理程序的优点、
　　　　缺点和适用范围 270
　第五节　多栏式日记账账务处理程序 271
　　一、多栏式日记账账务处理程序的
　　　　设计要求 271
　　二、多栏式日记账账务处理程序的
　　　　核算步骤 272
　　三、多栏式日记账账务处理程序的
　　　　优点、缺点和适用范围 273
　本章小结 273
　思考题 274

参考文献 275

第一章 总 论

从古至今,人类一直都在追求美好的生活。可以说,对美好生活的向往是人类社会进步的原动力。尽管对于不同的人而言,美好生活的内涵可能有所不同,但成就美好生活的基础却是相同的,那就是一定的物质条件。人类的欲望永无止境,而物质条件却不能如欲望一样随时出现,用经济学的说法就是资源是有限的。如何最大限度地发挥资源的价值,"会计"在其中扮演着重要的角色,它的职能也从核算到管理,从管理到战略制定不断转变。会计的发展受政治、经济、文化、历史、地理、教育水平等诸多因素影响,它不仅仅表现为微观层面的"财务数据",而且体现了宏观层面的国家或地区经济发展水平,甚至国际战略部署。它是重要的"商业语言",更是大国间博弈的工具!

生活充满选择,我们该如何把握呢?如何规划才能使我们的生活更加美好?我们可能为此面临许多选择,例如:在就业竞争越来越激烈的时候,选择考研还是本科毕业后就去工作?去大城市工作还是在小城市生活?在疫情来袭,企业裁员减薪的时候,是考公务员、事业单位寻求稳定,还是进入企业或自己创业?在作出选择时,是不是很困惑?会计学虽然不能解决这些问题,却能够帮助我们作出更好的选择。

知识要点

1. 会计的含义、职能、目标。(重点)
2. 会计对象。(重点、难点)
3. 会计核算方法的组成内容及其相互关系。(重点、难点)
4. 会计的产生和发展以及会计学科体系。

课程思政

1. 我国古代会计活动记录——古老文明的智慧。
2. 监督职能在保证会计信息真实可靠、维护社会经济秩序、保护各方合法权益方面的作用。
3. 在科技飞速发展的环境下,人工智能的广泛应用以及财务机器人的诞生,都预示着终生学习的必要性。

第一节 会 计 概 述

一、会计的产生与发展

(一)会计的产生

人们对于会计的第一印象,大概都是"记账""算账"。也就是说,人们通常认为会计是一种计量、记录活动。追溯早期的会计活动,我们可以发现,这种说法不无道理。会计产生于何时何地，已经无从考证了，我们能够知道的是：会计是社会生产发展到一定阶段的产物，是随着社会生产的发展和经济管理的需要而产生、发展并不断完善起来的。会计的历史非常悠久，据考古发现，我们的祖先早在100万年以前的原始群居生活时期，就已经有原始的计量记录行为了。生活在数十万年前的"北京人"，已学会使用火把来记数。原始社会末期的"结绳记事""刻契计数"，更是有据可考的早期计量记录行为。我国古代一些史籍中也对这些计量记录行为进行了描述，《周易》中记载："上古结绳而治，后世圣人易之以书契。"汉代郑玄所著的《周易注》中则总结："古者无文字，结绳为约。事大，大结其绳；事小，小结其绳。"

这些早期的计量记录行为，就是会计的萌芽。其中，"结绳记事"在北美印第安人、拉丁美洲秘鲁人的远古时代就已应用于生产活动，如图1-1所示。

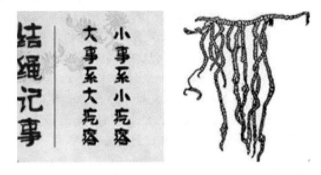

图1-1 秘鲁印加人的结绳记事

众所周知，生产活动是人类赖以生存和发展的最基本的实践活动。在生产活动中，人们必然关心劳动成果的计算和分配。开始人们凭头脑记忆，随着生产力水平的逐步提高，生产活动日益复杂，单凭记忆已不能满足需要，于是就产生了"结绳记事""刻契计数"等简单的计量记录行为。会计最初就表现为人类对经济活动的计量与记录行为。这些简单的计量记录行为，主要用于计算劳动成果，为劳动成果的分配服务。当然，在原始社会，由于生产力水平的限制，会计行为只能是生产活动的附属物(也就是由生产者兼职从事)。随着社会经济的发展，生产力不断提高，剩余产品大量出现，有了足够的物质基础，会计才逐步从生产经营中脱离出来，具备独立职能(可以理解为出现了专职会计人员)。

随着社会生产力的发展，人类过渡到商品经济社会，会计的核算内容、核算方法也随之发展、变化。在进入资本主义社会以后，随着商品经济规模的扩大，会计逐步从简单的对财产记录、计量，为财产分配服务，发展到对经济活动的所得与所费进行比较，计算和反映经济活动的盈亏损益情况。马克思在《资本论》里引述了一个故事："我们这位从破船上抢救出表、账簿、墨水和笔的鲁滨逊，马上就作为一个地道的英国人开始记起账来。他的账本上记载着他所有的各种使用物品，生产这些物品所必需的各种活动，最后还记载着他制造这种一定量的产品平均耗费的劳动时间。"鲁滨逊孤身一人在荒岛上靠自己劳动才能生存下去，为什么还要记账呢？原来他记账的目的是精确地分配他生产各种生活资料的劳动时间，力求耗费最少的时间生产出足够的生活资料。可见，会计起源于社会生产实践的需要。

(二)会计的发展

1. 西方会计的发展

对于会计的发展,理论界一般将其划分为古代会计、近代会计和现代会计三个阶段。

古代会计一般是指复式簿记出现以前的簿记。簿记,在西方国家是指在本子上保持记录,即记账的意思。古代会计是会计工作的初级阶段,仅限于事后的记账、算账。早在公元前 3600 年就已经有了反映经济情况的记录。古希腊和古罗马都曾有过专门从事记录的人员,对宫廷的赋税和财产收支进行记录。随着欧洲大陆商品经济的发展,在公元前 300 多年到公元 500 年这段时间,出现了商业及政府记账。从 13 世纪起,在意大利北方城市的金融业中逐步形成了借贷复式记账法。到 14 世纪中叶,借贷复式记账法已发展成为有组织的复式簿记。

近代会计始于 15 世纪末,终于 19 世纪末,发源于意大利,发展于英国。从 15 世纪末到 18 世纪,意大利簿记在许多国家广为传播,簿记技术没有发生根本性的变化。18 世纪后期发生的工业革命,极大地促进了西方社会生产力的发展和产业组织的变化,出现了公司制。到 19 世纪,英、美两国公司制得到广泛发展,成为具有代表性的企业组织形式。同时,公司的发展使工业生产规模迅速扩大,投资者显著增加,从而有力地推动着公司将簿记扩展为会计,在此期间出现了成本会计。

以"公众会计"准则(General Accepted Accounting Principles,GAAP)的"会计研究公报"的出现为起点,这一会计发展阶段,会计理论与会计实务都取得了惊人的发展,标志着会计的发展进入成熟时期。从 20 世纪 30 年代至今,西方会计进入现代会计阶段。

2. 我国会计的发展

会计是适应生产活动发展的需要而产生的,并随着生产的发展而发展。经济越发展,会计越重要。伴随着社会生产的不断发展和生产规模的日益扩大,生产、分配、交换、消费活动也愈益频繁,会计经历了一个由简单到复杂、由低级到高级的不断发展完善的过程。会计从简单地计算和记录财物收支,逐渐发展到利用货币计量来综合地反映和监督经济过程。通过长期实践及吸收其他学科的理论成果,会计的方法和技术,从无序到统一规范,会计理论逐渐完善起来。整理会计资料的手段从全盘手工逐渐发展到利用机械,直至现在部分或全盘地利用电子计算机。

我国会计从产生到现在经历了一个漫长的发展历程。

(1) 原始社会。原始社会出现了原始的计量、记录行为。当时会计的任务主要是登记原始公社社员共同劳动的过程及其成果。在原始社会末期,出现了最简单的"结绳""刻板""刻石"计量的记录行为,这标志着会计的萌芽。

(2) 奴隶社会。"会计"一词大约产生于我国西周时代,它本来的含义主要是指对财务收支业务的记录、计算和考核。奴隶社会出现了"簿记",用"入"和"出"作为记账符号来反映各种经济业务。据《周礼》记载,"司会主天下之大计,以岁会考岁成……"又据清代对官厅会计的考察,提出:"零星算之为计,总合算之为会。"岁会就是计算全年的收支,司会根据会计记录考核当年的收支情况。

(3) 封建社会。在封建社会,唐代出现"账簿"一词,到了宋朝,会计有了突飞猛进的发展，出现了"四柱结算"，也称"四柱清册"。四柱是指旧管、新收、开除和实在。它们之间的关系是：旧管+新收=开除+实在。明清时代又出现了"龙门账"，即把全部账目划分为"进""缴""存""该"四大类，运用"进-缴=存-该"的平衡式进行试算平衡。这是中国最早的复式记账。由于封建社会是以自然经济为主的社会，会计主要是核算和监督朝廷官府的钱粮赋税收支活动，因而通常将这个时期的会计称为"官厅会计"。

(4) 半殖民地半封建社会。在半殖民地半封建社会，商品和货币交换普及，人们为了以尽可能少的劳动消耗生产出更多、更好的物质产品，以满足生产、生活需要，于是选择以货币的形式从数量方面对再生产活动进行全面、系统、综合的记录、计算、分析和比较，以取得经济管理的有效信息，此时会计发展成了一门独立的学科。由于股份公司的出现，经营权与所有权的分离，出现了注册会计师职业。

(5) 社会主义社会。在社会主义社会，会计发展可以分为以下三个阶段。

① 1949—1980 年，在会计核算方法上主要是效仿苏联的做法，为计划经济服务。1949 年中华人民共和国成立以后，我国的社会制度发生了根本的变化。从 20 世纪 50 年代初期起，国家财政部根据国家的经济体制和社会主义建设的需要，结合我国多种所有制并存的特点，制定了多种统一的会计制度，对我国社会主义建设事业的顺利发展起到了积极作用。

② 1981—1992 年，是会计核算的改革过渡阶段，是在原有的会计制度、方法上进行改革的尝试，但没有跳出计划经济时期的一贯做法。1985 年全国人大颁布《中华人民共和国会计法》，我国会计工作从此进入法治化阶段。

③ 1992 年，为了适应我国社会主义市场经济的需要，财政部颁布了《企业会计准则》，于 1993 年 7 月 1 日起施行。这是引导我国会计工作与国际流行的会计实务接轨的一项重大措施。1998 年上半年，财政部又颁布了《现金流量表》和《资产负债表日后事项》等六个具体会计准则。2000 年 6 月，国务院发布了《企业财务会计报告条例》，进一步规范了企业财务会计报告的编制。2000 年以来财政部陆续发布了《企业会计制度》《金融企业会计制度》《小企业会计制度》，使企业会计核算的具体标准更加明确，对提高会计信息的质量有重要的意义。至 2002 年年末，财政部已陆续发布了 16 个具体会计准则，对会计核算作出了具体规定。为了规范企业会计确认、计量和报告行为，保证会计信息质量，财政部对《企业会计准则》进行修订，于 2006 年 2 月 15 日公布了新的《企业会计准则——基本准则》，同时公布了《企业会计准则第 1 号——存货》等 38 项具体准则，自 2007 年 1 月 1 日起施行。之后，随着新的经济发展模式以及发展中新情况的出现，财政部又陆续发布了《企业会计准则第 39 号——公允价值计量》《企业会计准则第 40 号——合营安排》《企业会计准则第 41 号——在其他主体中权益的披露》《企业会计准则第 42 号——持有待售的非流动资产、处置组和终止经营》4 个准则及其指南，发布了企业会计准则解释 12 个，陆续修订了《企业会计准则第 14 号》《企业会计准则第 16 号》《企业会计准则第 37 号》《企业会计准则第 24 号》《企业会计准则第 23 号》《企业会计准则第 22 号》《企业会计准则第 21 号》《企业会计准则第 12 号》《企业会计准则第 7 号》《企业会计准则第 25 号》等。

二、会计的含义

什么是会计？或者说，会计的内涵是什么？尽管会计从产生到现在已有几千年的历史，但是对于这一基本问题，古今中外却一直没有一个明确、统一的说法。究其原因，关键在于人们对会计本质的认识存在着不同的看法，而不同的会计本质观对应着不同的会计含义。针对会计本质问题所展开的理论研究，是 20 世纪以来会计理论研究中争论最集中且分歧最大的一个方面，至今仍众说纷纭，无法定论。目前，在学术界争论的观点主要有两种：一是认为会计是信息系统论，二是认为会计是管理活动论。

(一)会计信息系统论

所谓会计信息系统论，就是把会计的本质理解为会计是一个经济信息系统。具体地讲，会计信息系统是指在企业或其他组织范围内，旨在反映和控制企业或组织的各种经济活动，由若干具有内在联系的程序、方法和技术所组成，由会计人员加以管理，用以处理经济数据，提供财务信息和其他有关经济信息的有机整体。这种观点主要反映会计主体过去的交易或事项。

会计信息系统论的思想最早由美国会计学家 A. C. 利特尔顿提出。他在1953年出版的《会计理论结构》一书中指出："会计是一种特殊门类的信息服务""会计的主要目的在于对一个企业的经济活动提供某种有意义的信息"。

20 世纪 60 年代后期，随着信息论、系统论和控制论的发展，美国的会计学界和会计职业界开始倾向于将会计的本质定义为会计信息系统。例如，1966年美国会计学会在其发表的《会计基本理论说明书》中明确指出："实质地说，会计是一个信息系统。"从此，这个概念便开始广为流传。

20 世纪 70 年代以来，将会计定义为"一个经济信息系统"的观点，在许多会计著作中流行。如西德尼·戴维森在其主编的《现代会计手册》一书的序言中写道："会计是一个信息系统。它旨在向利害攸关的各个方面传输一家企业或其他个体的富有意义的经济信息。"此外，在《斐莱和穆勒氏会计原理——导论》、凯索和威基恩特合著的《中级会计学》等著作中也有类似的论述。

我国较早接受会计是一个信息系统的会计学家是余绪缨教授。他于 1980 年在《要从发展的观点看会计学的科学属性》一文中首先提出了这一观点。

我国的会计信息系统论是由葛家澍、唐予华教授于 1983 年提出的。他们认为："会计是为提高企业和各单位的经济效益，加强经济管理而建立的一个以提供财务信息为主的经济信息系统。"

(二)会计管理活动论

会计管理活动论认为，会计的本质是一种经济管理活动。它继承了会计管理工具论的合理内核，体现了会计参与筹划未来的过程，吸收了最新的管理科学思想，从而成为在当前国际国内会计学界中具有重要影响的观点。

将会计作为一种管理活动并使用"会计管理"这一概念在西方管理理论学派中早已存在。"古典管理理论"学派的代表人物法约尔把会计活动列为经营的六种职能活动之一；

美国人卢瑟·古利克则把会计管理列为管理化功能之一；20世纪60年代后出现的"管理经济会计学派"则认为进行经济分析和建立管理会计制度就是管理。

我国最早提出会计管理活动论的是杨纪琬、阎达五教授。1980年，在中国会计学会成立大会上，他们作了题为《开展我国会计理论研究的几点意见——兼论会计学的科学属性》的报告。他们在报告中指出：无论从理论上还是从实践上看，会计不仅仅是管理经济的工具，它本身就具有管理的职能，是人们从事管理的一种活动。

在此之后，杨纪琬、阎达五教授对会计的本质又进行了深入探讨，逐渐形成了较为系统的"会计管理活动论"。杨纪琬教授指出，"会计管理"的概念是建立在"会计是一种管理活动，是一项经济管理工作"这一认识基础上的，通常讲的"会计"就是指"会计工作"。他还指出，"会计"和"会计管理"是同一概念，"会计管理"是"会计"这一概念的深化，反映了会计工作的本质属性。

阎达五教授认为，会计作为经济管理的组成部分，它的核算和监督内容以及应达到的目的受不同社会制度的制约，会计管理这个概念绝不是少数人杜撰出来的，它有充分的理论和实践依据，是会计工作发展的必然产物。

自从会计学界提出"会计信息系统论"和"会计管理活动论"之后，这两种学术观点就展开了尖锐的交锋。然而，我们经过反思，却发现这场论战的本身就存在问题。前者将会计视为一种方法予以论证；而后者则将会计视为一种工作，从而视为一种管理活动来加以论证。两者的出发点不同，怎么可能得出一致的结论呢？

我们认为，讨论会计的本质，首先应明确"会计"是指什么，是指"会计学""会计工作"还是"会计方法"。如果不明确界定这一前提，则必将引起一场不必要的或者是无结果的辩论。在本书中，我们将"会计"界定为"会计工作"。基于这一前提，我们认为"会计管理活动论"的观点代表了我国会计改革的思路与方向，是对会计本质问题的科学论断，因此，我们倾向于选择"会计管理活动论"。在"会计管理活动论"的前提下，我们完全有理由认为会计是经济管理的重要组成部分，是以提供经济信息为手段、提高经济效益为目的的一种管理活动。它以货币为主要计量单位，采用一系列专门的程序和方法，对社会再生产过程中的资金活动进行反映和监督。

综上所述，我们这样描述会计的含义：会计是以货币为主要计量单位，对企事业、机关单位或其他经济组织的经济活动进行连续、系统、全面的反映和监督的一项经济管理活动。它也是一项经济管理工作。

第二节 会计的职能和目标

一、会计的职能

会计的职能是指会计在经济管理中所具有的功能。简单来说，就是会计是用来做什么的。千百年来的会计实践，使人们认识到会计具有核算和监督两大基本职能。如今，这两大基本职能已经被纳入法律，《中华人民共和国会计法》(以下简称《会计法》)第一章第五条明确规定：会计机构、会计人员依照本法规定进行会计核算，实行会计监督。

(一)核算职能

会计的核算职能又称反映职能,是指会计能对经济活动进行记录、计量和报告,从而向关心企业经济发展状况的各有关方面提供反映企业财务状况、经营成果、现金流量等方面的信息,帮助他们进行经济决策。从会计的产生发展历程中我们知道,会计是基于人们记录、计量经济活动,反映经济活动的过程与结果的需要而产生的,通过对经济活动过程与结果的记录、计量,向有关各方提供信息。会计的核算职能具有下列显著的特征。

1. 会计核算以货币为主要计量单位

会计核算主要是从价值量方面反映各单位的经济活动情况。会计在对各单位经济活动进行核算时,主要是从数量而不是从质的方面进行反映的。如企业对固定资产进行核算时,只记录其数量、成本、折旧等数量变化,而并不反映其技术性能、运行状况等。会计在核算各单位经济活动时主要使用货币量度,实物量度、其他指标及其文字说明等都处于附属地位。因为货币是衡量各种商品的价值尺度,而且企业最初的投资都是用货币度量的,所以,对这些投资使用的追踪记录也只能使用货币量度。

2. 会计核算主要反映过去已经发生的经济活动

会计反映经济活动就是要反映其事实,探索并说明其真相,因此,只有在每项经济业务发生或完成以后,才能取得该项经济业务完成的书面凭证。这种凭证具有可验证性,据以记录账簿,才能保证会计所提供的信息真实可靠。虽然管理会计等具有预测职能,其核算的范围可能扩大到未来的经济活动,但从编制会计报表、对外提供会计信息来看仍然是面向过去的。

3. 会计核算具有连续性、系统性和全面性

会计核算的连续性,是指对经济业务的记录是连续的,逐笔、逐日、逐月、逐年进行,不能间断;会计核算的系统性,是指对会计对象要按科学的方法进行分类,进而系统地加工、整理和汇总,以便提供管理所需要的各类信息;会计核算的全面性,是指对每个会计主体所发生的全部经济业务都应该进行记录和反映,不能有任何遗漏。

会计的核算职能在客观上体现为通过会计的信息系统对会计信息进行优化。这一过程又具体体现为记账、算账和报账三个阶段。记账就是把一个会计主体所发生的全部经济业务运用一定的程序和方法在账簿上予以记载;算账就是在记账的基础上,运用一定的程序和方法来计算该会计主体在生产经营过程中的资产、负债、所有者权益、收入、成本、费用以及损益情况;报账就是在记账和算账的基础上,通过编制会计报表等方式将该会计主体的财务状况和经营成果向会计信息使用者报出。

核算职能是会计工作的基础。它通过会计信息系统所提供的信息,既服务于国家的宏观调控部门,又服务于会计主体的外部投资者和内部管理者。这种服务是具有能动性的,从这一角度来看,会计的核算职能也在一定程度上体现了管理精神。

随着财务机器人的出现,会计核算这一基本职能很大一部分已经可以由机器人完成。或许在未来,技术的进步能够使核算职能完全由机器人来履行。

(二)监督职能

会计的监督职能是指会计能对各单位发生的经济活动的真实性、合法性和合理性进行监督,以维护经济秩序。根据《会计法》的规定,会计机构、会计人员对不真实、不合法的原始凭证有权不予接受,并向单位负责人报告;对记载不准确、不完整的原始凭证予以退回,并要求按照国家统一的会计制度的规定更正、补充;发现会计账簿记录与实物、款项及有关资料不相符的,按照国家统一的会计制度的规定有权自行处理的,应当及时处理,无权处理的,应当立即向单位负责人报告,请求查明原因,作出处理;对违反《会计法》和国家统一的会计制度规定的事项,有权拒绝办理或者按照职权予以纠正,等等。会计的监督(控制)职能具有下列显著的特征。

1. 会计监督具有强制性和严肃性

会计监督是依据国家的财经法规和财经纪律来进行的,《会计法》不仅赋予会计机构和会计人员实行监督的权利,而且规定了监督者的法律责任,放弃监督,听之任之,情节严重的,给予行政处分;给公共财产造成重大损失,构成犯罪的,依法追究刑事责任。因此,会计监督是以国家的财经法规和财经纪律为基础的,具有强制性和严肃性。

2. 会计监督具有连续性

只要社会再生产过程不间断,会计核算就要不断地进行下去,在这个过程中,始终离不了会计监督。各会计主体每发生一笔经济业务,都要进行会计核算,在核算的同时,就要审查它们是否符合法律、制度、规定和计划。会计核算具有连续性,会计监督也就具有连续性。

3. 会计监督具有完整性

会计监督不仅体现在已经发生或已经完成的业务方面,还体现在业务发生过程中及尚未发生之前,包括事前监督、事中监督和事后监督。事前监督是指会计部门或会计人员在参与制定各种决策以及相关的各项计划或费用预算时,就依据有关政策、法规、准则等的规定对各项经济活动的可行性、合理性、合法性和有效性等进行审查,它是对未来经济活动的指导;事中监督是指在日常会计工作中,随时审查所发生的经济业务,一旦发现问题,及时提出建议或改进意见,促使有关部门或人员采取措施予以改正;事后监督是指以事先制定的目标、标准和要求为依据,利用会计核算取得的资料对已经完成的经济活动进行考核、分析和评价。会计事后监督可以为制订下期计划、预算提供资料,也可以预测今后经济活动的发展趋势。

监督职能在会计行为实施之前就发挥了作用,同时又是会计工作的落脚点。它通过会计信息系统与会计控制系统的有机结合,突出地表现了会计在企事业单位经营管理中的能动性作用,体现了"会计管理活动论"的基本思想。

【阅读 1-1】张苍是秦汉时期著名的会计专家。秦时张苍任柱下史,主管郡国上计,是一个善于抓会计核算的老手。后来归顺刘邦,萧何因他在秦国做过上计事务,能算计,对管理地方图书有经验,就推举他以列侯身份居相府主持郡国上计事宜。具体办法是:各封王侯国和各郡,都专设上计史,主管地方财政会计,掌握户口、垦田、物价、农业丰歉等基本情况和数字资料，每年底由各县核实情况后，上报郡国；每年年末专派上计史携带计籍到京师参加正月朝贺，向皇帝汇报工作，并据此考核官吏的政绩，政绩优良者奖励，差次者予以督责，违法乱纪者治罪。通过这些办法，使上计制度在秦汉时期得到发展和完善，加强了会计核算和监督，使汉初的经济逐步得以恢复和发展。

(三)核算和监督职能的关系

会计核算和监督职能是紧密联系、相辅相成的。会计核算是基础，没有会计核算提供的信息，会计监督就没有了依据，也就不能进行会计监督。会计监督是会计核算的保证，没有会计监督进行控制，会计核算就不能保证提供真实可靠的会计信息。因此，只有在正确核算的同时加以严格的监督，才能为管理经济提供真实可靠的会计信息，才能发挥会计的作用。

【阅读 1-2】刘晏是唐代著名的理财家。"安史之乱"使唐王朝的财政状况濒于崩溃，他通过调查，采取了一些管理措施来治理财政，统筹兼顾，有效地充实了国库。在对待费用的问题上，刘晏认为凡必须开支的一定要如数支付，凡不必要的开支则应力求节俭。粮食运输是唐代一个十分棘手的问题，一是转运速度缓慢，二是运输费用太高，三是损失浪费惊人。以前的转运使都无法有效地处理这些问题。刘晏接管后，采取了以下措施：积极整顿漕运；合理组织运输，采取"因地制宜、分段运输"的办法，费用花销由逐级核算到汇总核算；改进运输包装，改散装为袋装，大大减少了损耗。由于采取这些措施，不仅加快了运输速度，而且极大地减少了运输费用。过去由扬州运粮至长安要用 9 个月的时间，沿途损耗达 20%，改进后仅需 40 天，且无开斗损失，每石米只需要 700 文的运输费，使长安粮价平稳，唐肃宗曾称他为"当朝的萧何"。

(四)会计职能的延伸

随着社会的发展、科技的进步、经济关系的复杂化和管理理论的提高，会计的基本职能也得到了不断的发展和完善，新职能不断出现。会计职能不但有核算和监督两职能学说，还有三职能、四职能、六职能、九职能等学说。目前，在国内会计学界比较流行的是"六职能"论。这一学说认为会计具有"核算经济情况、监督经济活动、控制经济过程、分析经济效果、预测经济前景、参与经济决策"六项职能，并认为这六项职能也是紧密联系、相辅相成的。其中，两项基本职能是四项新职能的基础，四项新职能又是两项基本职能的延伸和提高。在"六职能"学说中，"会计管理活动论"得到了进一步的体现。

随着大数据、人工智能、网络和计算机技术、云计算的发展，一些财务分析类的软件诞生，控制和分析职能在一定程度上也可以通过软件辅助完成。

二、会计的目标

会计目标又称财务报告的目标，是指人们通过会计工作所预期达到的目的。会计学基础理论是一套以会计目标为中心，相互连贯、协调一致的概念体系，这也体现了会计目标在会计理论体系中的核心地位。一般来说，会计目标要明确表述会计为谁服务(向谁提供会计信息)、提供什么样的信息、以什么方式提供三方面的内容。

关于会计目标，学术界有两种观点：决策有用观和受托责任观。这两种观点都是与一定的社会经济环境相适应的。相对于某一环境，它们都具有一定程度的合理性；由于环境变化，它们又会存在一定的局限性。

决策有用观认为，会计的目标是向信息使用者提供有用的信息，来帮助他们作出合理的决策。其依据是，资源的所有权和经营权分离后，在资本市场中，资源所有者对受托资源有效管理的关注程度会降低，转而更为关注所投资企业在资本市场上的风险与报酬。决策有用学派更强调会计信息的相关性，即要求信息具有预测价值、反馈价值和及时性，更关注与企业未来现金流动有关的信息。

受托责任观认为，会计的目标是向委托人报告受托责任的履行情况。其依据是，资源所有者将资源的经营管理权授予受托人，同时通过相关的法规、合约和惯例等来激励和约束受托人的行为，受托人接受委托对资源进行有效管理和经营，并通过向委托人如实报告资源的受托责任情况来解除其受托责任。受托责任学派更强调信息的可靠性，它在重视资产负债表的基础上格外重视损益表。

决策有用观和受托责任观两种观点并不完全排斥，反映决策有用的会计信息和受托责任的会计信息是相互交叉的。

会计目标的具体表现如下。

(1) 会计向谁提供会计信息。单位性质不同，会计服务的对象也有所不同。企业会计服务的对象主要包括以下几个方面：投资者(如国家、法人、个人、外商等)，政府及其有关部门(如财政、工商、税务等)，债权人(如银行等金融机构、其他单位等)，企业管理者和社会公众等。

(2) 提供什么样的信息。企业要想进行经营，就需要资金投入，其资金来源渠道之一是投资者对企业的投资。投资者为了选择投资对象，衡量投资风险，作出投资决策，需要了解并掌握企业的经营能力和获利能力等情况，因此需要会计为其提供会计信息。这里所讲的投资者包括现实的投资者和潜在的投资者。

企业的会计信息是国家进行宏观调控和管理的主要依据，政府有关部门需要了解各单位的经济活动，通过各单位会计信息的汇总分析，作出宏观调控的决策。

企业资金的另一个来源渠道是从企业外部借入资金，资金拥有者将资金借给企业，出于自身资金安全的考虑，债权人需要了解并掌握企业的运营情况，了解债务人的偿债能力等会计信息，以便作出信贷决策，因此，需要企业向其提供会计信息。

在市场经济条件下，企业始终处于激烈的市场竞争中，保持企业竞争力的一个重要途径就是加强企业的内部管理。企业管理者需要了解单位的经济活动情况，通过运用会计信息，对日常的经济活动进行控制，以便及时发现问题，进行经营决策。

社会公众(包括纳税人、选举人等)需要通过会计信息了解企业的发展趋势、经营范围、财务状况、获利能力等方面的信息，据以作出是否进行投资等经济决策，会计有责任向其提供有关财务状况和资源管理状况与效果的会计信息。

(3) 以什么方式提供会计信息。会计为上述会计信息使用者提供会计信息的主要方式是财务报告，即能够反映实际经营情况或提供预测基础的一系列报表、说明等。会计信息使用者通过阅读和分析财务报告，达到正确决策的目的。

会计目标指明了会计实践活动的目的和方向，同时也明确了会计在经济管理中的使命，成为会计发展的导向。

第三节 会计的对象

会计的对象(又称会计的客体)是指会计所核算和监督的内容,是由会计的目标决定的。从会计产生和发展的历程中可以看到,无论是早期对劳动成果的记录,还是后期对经济活动的所得与所费的比较以及对经济活动全过程的控制和监督,会计所反映、监督、控制的内容,不外乎生产活动的过程和结果。生产过程是由各个企业和行政事业单位在国家宏观调控下分工协作共同进行的。再生产过程包括生产、交换、分配、消费四个环节,其间,进行着大量的、多种多样的经济活动,有的经济活动可以用货币计量,有的经济活动不能用货币计量。自从货币成为一般等价物,成为社会再生产活动中用来衡量其他生产、生活资料的共同尺度之后,会计的对象就被确定为企业和行政事业单位在社会再生产过程中可以用货币来表现的经济活动。

一、企业的经济活动

企业的经济活动一般包括筹资活动、投资活动和经营活动。

筹资活动是企业获取进行生产经营所需资金的过程,是企业的重要经济活动之一。

投资活动是企业使用所筹集的资金获取所需的各种经济资源的过程,也是企业的重要经济活动之一。企业的投资活动可以分为对内投资和对外投资两种类型。对内投资是为维持和扩大企业的经营能力而进行的投资,如取得厂房、设备、专利技术以及研究开发等活动,所投的资金仍然在企业内部参与生产经营周转。外部投资是将企业资金投放到本企业之外的其他经济实体,成为其他经济实体的所有者或债权人,来赚取投资回报。

经营活动是企业利用内部投资进行经营的过程,是企业的又一个重要经济活动。不同行业的企业,经营活动的内容不尽相同。制造业企业的经营活动一般经过供应、生产、销售三个过程。供应活动是生产活动的准备,企业为进行生产活动要将筹集来的资金用于固定资产和原材料等供应物资的购置等,如购买机器设备、建造厂房、购买材料,为生产经营创造必要的条件。生产活动是生产企业经营活动的核心,通过生产活动,制造出满足社会需要的产品。销售活动是企业经营活动的重要环节,经过销售活动,企业将生产出的产品对外出售,赚取销售收入,回笼经营活动中投入的资金,从而重新开始新的经营活动循环。

在经济活动中企业所拥有的资金不是闲置不动的,资金依次经过供应过程、生产过程和销售过程不断改变自己的存在状态。在供应过程中,用现金、银行存款购买机器设备、原材料,使货币资金转化为储备资金。在生产过程中,一方面,工人借助机器设备等劳动资料,对劳动对象进行加工时发生材料的耗费,固定资产的折旧以生产人员的工资及其他费用形成核算,使储备资金、货币资金转化成生产资金;另一方面,生产出产品后生产资金又转化为成品资金。在销售过程中,企业出售产品,收取货款,成品资金又转化为货币资金。随着债务的清偿、借款的归还、税金的缴纳等业务的发生,一部分资金退出企业,其他资金重新注入企业的经营活动。

制造业企业的生产经营过程以及资金的运动状况如图1-2所示。

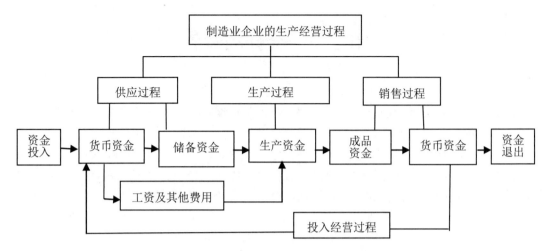

图 1-2　制造业企业的生产经营过程以及资金的运动状况

商品流通企业的经营活动一般经过商品购进和商品销售两个过程。在商品购进过程中，主要是采购商品，使货币资金转化为商品资金。在商品销售过程中，主要是销售商品，这时资金由商品资金又转化为货币资金。商品流通企业经营过程中还会发生一些商品流通费，如人力、物力和财力的消耗，也会取得收入，实现经营成果。

商品流通企业的经营过程以及资金的运动状况如图 1-3 所示。

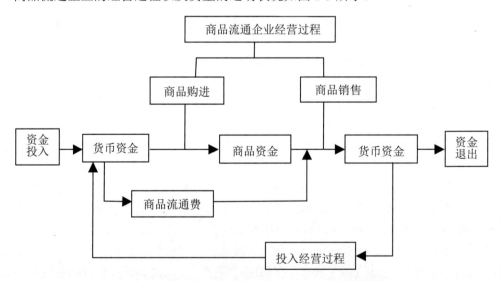

图 1-3　商品流通企业的经营过程以及资金的运动状况

二、行政事业单位的经济活动

行政事业单位是行使国家职能和完成国家赋予的任务的单位，其经费来源主要是国家财政预算拨款和预算外资金收入；在其正常的业务活动中，耗费的人力、物力和财力的货币表现，即为行政费用和业务费用，这些支出是按照预算支付的。因此，行政事业单位的资金运动形式是资金拨入—资金支出。

社会再生产过程中的资金运动这一概念的涉及面十分广泛，而且很抽象，为了进行分类核算，提供各种分门别类的会计信息，就必须对会计对象的具体内容进行科学的分类，这样就产生了会计要素。

会计要素是对会计对象所作的基本分类，是会计对象的具体化，是反映会计主体财务状况和经营成果的基本单位，是构成会计报表的基本项目。我国《企业会计准则》将企业的会计要素划分为资产、负债、所有者权益、收入、费用及利润六大要素。

有关六大要素的详细内容将在第三章介绍。

第四节　会计核算方法

一、会计的方法体系

会计的方法是用以反映和监督会计对象，完成会计任务的手段。研究和运用会计方法是为了实现会计的目标，更好地完成会计任务。

会计的方法是从会计实践中总结出来的，并随着社会实践的发展、科学技术的进步以及管理要求的提高而不断地发展和完善。会计方法是用来反映和监督会计对象的，由于会计对象多种多样、错综复杂，从而决定了预测、反映、监督、检查和分析会计对象的手段也不是单一的，而是由一个方法体系构成的。随着会计职能的扩展和管理要求的提高，这个方法体系也将不断地发展和完善。

会计的方法主要是用来反映会计对象的，即资金运动。资金运动是一个动态过程，它是由各个具体的经济活动来体现的。为了反映资金运动过程，使其按照人们预期的目标运行，会计首先必须具备提供已经发生或已经完成的经济活动，即历史会计信息的方法体系；会计要利用经济活动的历史信息，预测未来，分析和检查过去，因而，会计还要具备提供反映预计发生的经济活动情况，即未来会计信息的方法体系；为了检查和保证历史信息和未来信息的质量，并对检查结果作出评价，会计还必须具备检查的方法体系。长期以来，人们把评价历史信息的方法归结为会计分析的方法。因此，会计对经济活动的管理是通过会计核算方法、会计分析方法以及会计检查方法等来进行的。

会计核算的方法是对各单位已经发生的经济活动进行连续、系统、完整的核算和监督所应用的方法。

会计分析的方法主要是利用会计核算的资料，考核并说明各单位经济活动的效果，在分析过去的基础上，提出指导未来经济活动的计划、预算和备选方案，并对它们的报告结果进行分析和评价。

会计检查的方法，亦称审计，主要是根据会计核算，检查各单位的经济活动是否合理合法，会计核算资料是否真实准确，根据会计核算资料编制的未来时期的计划、预算是否可行、有效等。

上述各种会计方法紧密联系、相互依存、相辅相成，形成了一个完整的会计方法体系。其中，会计核算方法是基础，会计分析方法是会计核算方法的继续和发展，会计检查方法是会计核算方法和会计分析方法的保证。

作为广义的会计方法，它们既相互联系，又有相对的独立性。它们所应用的具体方法各不相同，并有各自的工作和研究对象，形成了较独立的学科。学习会计首先从基础开始，即要从掌握会计核算方法入手，而且，通常所说的会计方法，一般是指狭义的会计方法，即会计核算的方法。本书主要阐述会计核算的方法。

二、会计核算方法的构成

会计核算方法，也称会计处理方法，是指对会计主体的经济活动进行全面、系统、连续、综合的反映和监督，为有关方面提供决策所需信息的方法，包括设置账户、复式记账、填制和审核会计凭证、登记账簿、成本计算、财产清查和编制财务会计报告七种具体方法。

(一)设置账户——解决记到"谁"头上的问题

设置账户是指为实现会计目标，反映会计对象的具体内容而通过对会计要素进行科学分类，并设计一定的结构以分门别类、连续、系统地记录经济活动的一种专门方法。企业经济活动的复杂多样性决定了会计要素内容的丰富性，要将这些内容丰富且又因经济活动的发生而不断变化的会计要素进行连续、系统的核算和监督，就必须对其进行科学的分类，并设计相应的结构，分别予以核算和监督，以便获得所需的会计信息。

(二)复式记账——解决如何记账的问题

复式记账是指对每一项经济业务，都以相等的金额，在两个或两个以上相互联系的账户中进行登记的一种记账方法。每一项经济业务的发生，都至少会带来两方面的影响，有些则会带来多方面的影响。例如，企业购买原材料，已支付部分货款，其余部分暂欠。这项经济业务的发生，一方面使企业的银行存款减少，另一方面使企业的原材料增加，同时，还使企业的负债增加。复式记账就是要将全部有关方面的变化在所设置的相关账户中同时予以记录，以完整、全面地核算和监督所发生的经济活动。

(三)填制和审核会计凭证——解决从哪开始记账的问题

会计凭证是记录经济业务，明确经济责任的书面证明，是登记账簿的依据。填制和审核会计凭证是指在经济业务发生或完成时，取得证明经济业务发生或完成的书面依据，对其进行审核并据以记录经济业务的一种专门方法。为保证会计信息的客观性，各单位必须根据实际发生的经济业务事项进行会计核算，因此，必须在经济业务实际发生或完成时填制或取得能够证明经济业务确已发生或完成的书面凭据，这些书面凭据就是会计凭证。对于取得的各种会计凭证，会计人员必须对其进行审核，以确定其是否真实、合法、完整、准确。对于需要会计人员填制的会计凭证，也应当做到依据合法、内容准确、项目齐全。

(四)登记账簿——解决归类汇总记录载体的问题

账簿是具有一定的格式，用来记录经济业务的簿记，是记录经济活动的载体，用以连续、系统、全面地记录每个账户的增减变动情况。登记账簿是指根据会计凭证，运用复式记账法在账簿中全面、连续、系统地记录经济业务的一种专门方法。会计凭证中所记录的是种类不同的、零散的经济业务，不能全面、系统、连续地反映某一账户在一定时期内的增减变动情况，通过登记账簿可以将会计凭证中所记录的种类不同的、零散的经济业务归类、汇总，便于向有关方面提供决策有用的信息。

(五)成本计算——算账

成本计算是将企业生产经营过程中所发生的各项费用，按照一定的成本计算对象进行归集和分配，以确定该对象的总成本和单位成本的一种专门方法。成本是取得资源的代价或对象化的费用，是衡量企业工作质量和经营管理水平的重要经济指标，也是影响企业经济效益的重要因素。由于资源的有限性和需求的无限性之间的矛盾，使得人们一直关注生产经营过程中的所费与所得，只有通过所费与所得的比较，才能确定经营成果，并采取相应的措施降低所费，以提高经济效益，因此必须计算成本。通过成本计算，可以反映和监督企业各项费用的支出情况，评价企业成本管理水平，分析成本升降的原因，为产品价格的制定和企业成本管理提供依据。

(六)财产清查——掌握"家底"

财产清查是通过盘点财产物资实物、核对账目，来确定货币资金、财产物资和债权债务等的实有数额，并同账面结存数额进行对比以确定账实是否相符的一种专门方法。由于收发计量、管理不善等种种原因，会导致企业资产的实有数与账面数不相符；或因积压、残次而导致财产物资的实际价值与账面价值不符；往来款项可能因长期拖欠而形成呆/坏账等。因此，有必要定期或不定期地进行财产清查，及时发现和处理问题，以保证会计资料的准确性，保护财产物资的安全和完整，提高资金的使用效率。

(七)编制财务会计报告——报账

财务会计报告是指企业对外提供的反映企业某一特定日期财务状况和某一会计期间经营成果、现金流量的文件。编制财务会计报告是对日常会计核算资料的总结，就是将账簿记录的内容定期地加以分类、整理和汇总，形成会计信息使用者所需要的各种指标，再报送给会计信息使用者，以便据此进行决策。财务会计报告所提供的一系列核算指标，是考核和分析财务计划和预算执行情况以及编制下期财务计划和预算的重要依据，也是进行国民经济综合平衡必不可少的资料。编制完成财务会计报告，就意味着这一期间会计核算工作的结束。

上述会计核算的各种方法是相互联系、密切配合的，在会计对经济业务进行记录和反映的过程中，不论是采用手工处理方式，还是使用计算机数据处理系统，对于日常所发生的经济业务，首先要取得合法的凭证，按照所设置的账户进行复式记账，根据账簿的记录进行成本计算，在财产清查、账实相符的基础上编制财务会计报告。会计核算的这七种方法相互联系、缺一不可，构成了一个完整的、科学的方法体系，如图1-4所示。

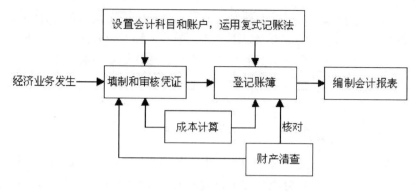

图 1-4 会计核算方法

第五节 会计学科体系

会计学是研究会计理论和方法的一门经济管理学科。会计学来源于实践，反过来又指导会计实践。会计学具有完整的理论体系和方法体系。会计学按照不同的标准划分，存在不同的会计分类。

一、按照会计服务的领域分类

会计学按照会计服务领域的不同，可以分为财务会计和管理会计。

1. 财务会计

财务会计着重通过提供财务报表来满足各外部利益关系人的需要，侧重于为企业外部利益相关者提供有助于决策的信息，以"财务报表"为工作核心，又叫外部会计。

2. 管理会计

管理会计主要为企业内部经营管理服务，为企业管理部门正确进行管理决策和经营决策提供相关信息，侧重于为企业内部经营管理提供相关信息，以"经营管理为核心"，又叫内部会计。

二、按照会计主体业务性质分类

会计学按照会计主体业务性质的不同，可以分为企业会计、政府与非营利性组织会计。

1. 企业会计

企业会计是营利性组织会计，是反映企业财务状况、经营成果，帮助企业提高经济效益的会计。企业有不同的类型，按照组织形式的不同分为独资企业、合伙企业和公司制企业；按照规模的不同分为小型企业和大中型企业；按照行业的不同分为工业、商业、农业、交通运输业等。

2. 政府与非营利性组织会计

政府与非营利性组织会计是指核算和监督政府与非营利性组织资金来源和运用以及资金使用效果的会计。非营利性组织包括学校、医院、科研机构等。

本 章 小 结

本章主要介绍了会计的含义，会计是以货币为主要计量单位，对企事业、机关单位或其他经济组织的经济活动进行连续、系统、全面的反映和监督的一项经济管理活动。

会计的基本职能包括核算职能和监督(控制)职能。会计核算是指通过价值量对经济活动进行确认、计量、记录，并进行公正报告的工作。会计监督是指通过预测、决策、控制、分析、考评等具体方法，促使经济活动按照规定的要求运行，以达到预期的目的。

会计的最终目标是提高经济效益，具体目标是向会计信息使用者提供与企业财务状况、经营成果和现金流量等有关的会计信息，反映企业管理层受托责任的履行情况，有助于会计信息使用者作出经济决策。

会计对象可概括为能够用货币表现的经济活动，其具体对象是会计要素，即资产、负债、所有者权益、收入、费用和利润。

会计的方法是用以反映和监督会计对象，完成会计任务的手段。会计的方法主要有会计核算方法、会计分析方法、会计检查方法，其中，会计核算方法是基础。会计核算方法包括设置账户、复式记账、填制和审核会计凭证、登记账簿、成本计算、财产清查、编制财务会计报告七种具体方法。

会计作为一门学科，有不同的分类标准，可以按照会计服务领域分类，如财务会计、管理会计等；也可按照会计主体业务性质分类，如企业会计、政府与非营利性组织会计等。

思 考 题

1. 什么是会计？
2. 会计的目标是什么？
3. 会计的职能是什么？会计的基本职能有哪些？
4. 会计的两大基本职能之间的关系如何？
5. 会计方法包括哪些？各种方法之间有怎样的关系？
6. 会计核算方法有哪些？它们之间有怎样的关系？
7. 会计学科体系包括哪些内容？
8. 如何理解"经济越发展，会计越重要"这句话？

微课资源

 会计的产生　　 我国的会计历史　　 会计职能(1)　　 会计职能(2)　　 自测题

第二章 会计核算基础

俗话说，"没有规矩，不成方圆"，做任何事情都是在一定的前提条件下进行的，会计核算也不例外。在组织会计核算工作之前，首先要明确与之相关的一系列重要问题：会计核算为谁服务？核算和监督谁的经济活动？核算范围是什么？多长时间向相关方提供一次核算和监督的结果？什么时间提供核算和监督的结果？以什么为计量单位进行核算和监督？提供什么样的核算和监督结果才能满足相关方的需求？这些问题推动了会计的产生和发展，决定了会计核算的基础。

知识要点

1. 会计核算基本前提包括会计主体、持续经营、会计分期和货币计量。(重点、难点)
2. 会计信息质量要求包括可靠性、相关性、可理解性、可比性、实质重于形式、重要性、谨慎性、及时性。(重点、难点)

课程思政

1. 会计核算基本前提与人生规划：
- 会计主体——我是谁，我要做什么，我为谁服务。
- 持续经营——做人要有长远眼光。
- 会计分期——踏踏实实，一步一个脚印。
- 货币计量——量化的目标才清晰，便于实现。
2. 会计信息质量要求与做人原则：
- 可靠性——做个靠谱的人。
- 相关性——做个有用的人。
- 可理解性——做个简单的人。
- 可比性——做个言行一致、始终如一的人；走出半生，归来仍是少年；不忘初心，方得始终。
- 实质重于形式——好看的皮囊千篇一律，有趣的灵魂万里挑一，内在比外表更重要。
- 重要性——分得清主次，知道轻重缓急。
- 谨慎性——能够未雨绸缪、居安思危，小心驶得万年船。
- 及时性——有事要做及时做，花开堪折直须折。

第一节 会计核算的基本前提

作为会计核算对象的企业经营活动，以及会计核算所面临的内外环境都具有不确定性，因此，需要对会计核算所处的时间范围和空间范围等作出合理设定，即确定会计核算的基本前提。会计核算的基本前提也称为会计假设，它是企业会计确认、计量和报告的前提，是对会计领域里某些无法正面加以论证的事物，根据客观的、正常的情况和趋势所作的合理判断。关于会计核算基本前提的具体内容，迄今为止在会计界尚未达成共识，随着时代的变迁，人们对会计核算基本前提的认识不断发展和深入。目前，国内外会计界多数人公认的会计核算基本前提有四个：会计主体、持续经营、会计分期和货币计量。

一、会计主体

会计主体，是指企业会计确认、计量和报告的空间范围。为了向财务报告使用者反映企业财务状况、经营成果和现金流量，提供与其决策有用的信息，会计核算和财务报告的编制应当集中反映特定对象的活动，并与其他经济实体区别开，才能实现财务报告的目标。

在会计主体假设下，企业应当对自身发生的交易或者事项进行会计确认、计量和报告，反映企业本身所从事的各项生产经营活动。明确界定会计主体是开展会计确认、计量和报告工作的重要前提。

首先，明确会计主体，才能划定会计所要处理的各项交易或事项的范围。在会计工作中，只有那些影响企业本身经济利益的各项交易或事项才能加以确认、计量和报告，那些不影响企业本身经济利益的各项交易或事项则不能加以确认、计量和报告。会计工作中通常所讲的资产和负债的确认、收入的实现、费用的发生等，都是针对特定会计主体而言的。

其次，明确会计主体，才能将会计主体的交易或者事项与会计主体所有者的交易或者事项，以及其他会计主体的交易或者事项区分开。例如，企业所有者的经济交易或者事项凡属于企业所有者个人所发生的，不应纳入企业会计核算的范围，但是企业所有者投入企业的资本或者企业向所有者分配的利润，则属于企业主体所发生的交易或者事项，应当纳入企业会计核算的范围。

【例 2-1】汪女士是一名退休的会计人员，因其具有丰富的会计专业知识和实务操作经验，同时被 A、B、C 三家企业聘请，代为进行会计核算工作。该例子中涉及的会计主体有几个？

若 A 企业向 B 企业销售了一批物资，货款尚未收取，汪女士应如何记账？

若 C 企业为一家个人独资企业，该企业老板个人及其家庭成员的生活开支如房租、水电费等，是否可以计入 C 企业的成本费用中？

【分析提示】该例子中涉及的会计主体有三个，即 A 企业、B 企业和 C 企业。

汪女士应该这样记账：A 企业确认销售收入，并同时确认对 B 企业的应收账款；B 企业将所采购的物资确认为资产入账，并同时确认对 A 企业的应付账款。

C 企业老板及其家庭成员的生活开支不能纳入 C 企业的会计核算中。

值得注意的是，会计主体不同于法律主体。一般来说，法律主体必然是一个会计主体。例如，一个企业作为一个法律主体，应当建立财务会计系统，独立反映其财务状况、经营成果和现金流量等。但是，会计主体不一定是法律主体。例如，就企业集团而言，母公司拥有若干子公司，母、子公司虽然是不同的法律主体，但是母公司对子公司拥有控制权，为了全面反映企业集团的财务状况、经营成果和现金流量，有必要将企业集团作为一个会计主体，编制合并财务报表，在这种情况下，企业集团既是法律主体，又是会计主体。再如，由企业管理的证券投资基金、企业年金、基金等，尽管不属于法律主体，但属于会计主体，应当对每项基金进行会计确认、计量和报告。

二、持续经营

持续经营，是指在可以预见的将来，企业将会按当前的规模和状态持续经营下去，不会停业，也不会大规模削减业务。持续经营的前提规定了会计核算的时间范围。它要求会计确认、计量和报告应当以企业持续、正常的生产经营活动为前提，并在此前提下选择会计程序及会计处理方法。明确这个前提，会计人员就可在此基础上选择会计原则和方法，如资产能够按计量基础计算成本，费用能够定期进行分配。

企业会计准则体系是以企业持续经营为前提加以制定和规范的，涵盖了从企业成立到清算(包括破产)的整个期间的交易或者事项的会计处理。如果一个企业在不能持续经营时还假定企业能够持续经营，并仍然按持续经营基本假设选择会计确认、计量和报告的原则与方法，那就不能客观地反映企业的财务状况、经营成果和现金流量，会误导会计信息使用者的经济决策。

【例2-2】深圳赛格三星股份有限公司(股票简称：赛格三星，证券代码：000068)因全球市场萎缩对其生产经营产生重大不利影响，发生巨额亏损，持续经营能力存在重大不确定性，20×9年的年度报告被会计师事务所出具了无法表示意见的审计报告。

其审计报告如下。

审 计 报 告

立信大华审字〔201×年〕735号

深圳赛格三星股份有限公司全体股东：

我们接受委托，审计后附的深圳赛格三星股份有限公司(以下简称赛格三星)财务报表，包括20×9年12月31日的资产负债表、20×9年度的利润表、现金流量表和所有者权益变动表以及财务报表附注。

一、管理层对财务报表的责任

按照企业会计准则的规定编制财务报表是赛格三星管理层的责任。

这种责任包括：①设计、实施和维护与财务报表编制相关的内部控制，以使财务报表不存在由于舞弊或错误而导致的重大错报；②选择和运用恰当的会计政策；③作出合理的会计估计。

二、导致无法表示意见的事项

如财务报表附注十所述：

1. 鉴于CRT市场变化对赛格三星生产经营的重大影响，20×9年8月24日赛格三星董事会决定，在20×9年8月31日前全面停止运行CRT生产线，CRT终止生产。截至审计报告日，赛格三星的生产线仅有一条STN生产线正常运行，赛格三星未来生产经营情况存在重大不确定性。

2. 赛格三星在20×9年度发生亏损192 637万元，由于经营环境重大不利变化计提固定资产减值准备147 402万元。

3. 截至审计报告日，赛格三星尚无明确的重组计划。

由于存在上述情况，同时我们也无法通过其他程序就管理层运用持续经营假设编制财务报表的合理性获取充分、适当的审计证据，因此无法判断赛格三星管理层继续按照持续经营假设编制财务报表是否适当。

三、审计意见

上述事项可能产生的影响非常重大和广泛，我们无法对赛格三星 20×9 年度财务报表发表意见。

立信大华会计师事务所有限公司　　中国注册会计师：×××
中国·北京　　中国注册会计师：××
二○×九年三月二十九日

(资料来源：根据深圳证券交易所网站中深圳赛格三星股份有限公司 20×9 年年度报告的相关内容整理。)

【分析提示】《企业会计准则第 30 号——财务报表列报》及其指南中规定：企业应当以持续经营为基础，根据实际发生的交易和事项，按照《企业会计准则——基本准则》和其他各项会计准则的规定进行确认和计量，在此基础上编制财务报表。企业管理层应当评价企业的持续经营能力，对持续经营能力产生重大怀疑的，应当在附注中披露导致对持续经营能力产生重大怀疑的影响因素。企业决定或被迫在当期或将在下一个会计期间进行清算或停止营业的，表明其处于非持续经营状态，应当采用其他基础编制财务报表，并在附注中声明财务报表未以持续经营为基础列报、披露未以持续经营为基础的原因和财务报表的编制基础。

三、会计分期

会计分期，是指将一个企业持续不断的生产经营活动划分为一个个连续的、长短相同的期间。会计分期的目的在于，通过会计期间的划分，将持续经营的生产经营活动划分成连续、相等的期间，据以结算盈亏，按期编制财务报告，从而及时向财务报告使用者提供有关企业财务状况、经营成果和现金流量的信息。

正常情况下，企业一般会按当前的规模和状态持续经营下去。但是，无论是企业内部的生产经营决策还是投资者、债权人等有关各方的决策都需要及时的信息，因此，有必要将企业持续的生产经营活动划分为一个个连续的、长短相同的期间，分期确认、计量和报告企业的财务状况、经营成果和现金流量。明确会计分期假设意义重大，由于会计分期，才产生了当期与以前期间、以后期间的差别，才使不同类型的会计主体有了记账的基准，进而出现了折旧、摊销等会计处理方法。

在会计分期假设下，企业应当划分会计期间，分期结算账目和编制财务报告。会计期间通常分为年度和中期。中期，是指短于一个完整的会计年度的报告期间，包括月度、季度和半年度。

会计年度的运用，与各国或地区的政治、历史、习惯等密切相关。对会计年度的划分，主要有公历年度、预算年度、营业年度等标准。世界各国的会计年度有多种不同类型。有采用历年制的，如德国、俄罗斯等国家；有采用十月制的，从 10 月 1 日至次年 9

月 30 日为一个会计年度，如美国、墨西哥等国家；有采用七月制的，从 7 月 1 日至次年 6 月 30 日为一个会计年度，如瑞典、澳大利亚等国家；有采用四月制的，从 4 月 1 日至次年 3 月 31 日，如英国、加拿大等国家。我国《会计法》第十一条规定："会计年度自公历 1 月 1 日至 12 月 31 日止。"

四、货币计量

货币计量，是指在会计确认、计量和报告时以货币作为统一的、主要的计量单位，记录和反映会计主体的生产经营活动。货币计量有两层含义。

一是会计核算要以货币作为主要的计量尺度。我国《会计法》第十二条规定："会计核算以人民币为记账本位币。业务收支以人民币以外的货币为主的单位，可以选定其中一种作为记账本位币，但是编报的财务会计报表应当折算为人民币。"记账本位币是在会计核算中，日常登记账簿和编制会计报表用以计量的货币，也就是单位会计核算业务主要使用的货币单位。为了完整地反映经济业务全貌，在以货币作为主要计量单位的同时，有必要也应当以实物量度(如吨、件、立方米等)和劳动量度(如工作日、工时等)作为补充。

之所以选择货币为基础进行计量，是由货币本身的属性所决定的。货币是商品的一般等价物，是衡量一般商品价值的共同尺度，具有价值尺度、流通手段、贮藏手段和支付手段等特点，只有选择货币尺度进行计量，才能充分反映企业的生产经营情况。其他计量单位，如重量、长度、容积、台、件等，只能从一个侧面反映企业的生产经营情况，无法在量上进行汇总和比较，不便于会计计量和经营管理。但在有些情况下，统一采用货币计量也有缺陷，某些影响企业财务状况和经营成果的因素，如企业经营战略、研发能力、市场竞争力等，往往难以用货币来计量，而这些信息对于使用者制定决策也很重要，此时企业可以在财务报告中补充披露有关非财务信息来弥补上述缺陷。

二是假定币值稳定。只有在币值稳定或相对稳定的情况下，不同时点上的资产的价值才有可比性，不同期间的收入和费用才能进行比较，并计算确定其经营成果，会计核算提供的会计信息才能真实地反映会计主体的经济活动情况。

货币计量及币值不变，是组织正常会计核算的基本前提。但现实经济社会中，币值变动时有发生，有时甚至还可能发生急剧变动，出现恶性通货膨胀，此时应采用"通货膨胀会计"。

【例 2-3】国内某股份有限公司系外资合资企业，生产的产品在国内和国外均有销售。随着业务的拓展，外销业务不断扩大，到 20×2 年 12 月，外销业务占其全部业务的 80% 以上，而且主要集中在西欧国家。企业财务部门考虑收入业务主要是欧元区国家，而且每天按外汇牌价折算人民币也非常烦琐，于是便向公司董事会提出会计核算由人民币为记账本位币改为以欧元为记账本位币。

该企业改变记账本位币的依据是什么？若采用欧元作为记账本位币，其日常会计核算和会计报表的编报应遵守什么规定？

【分析提示】该企业改变记账本位币依据的是我国《会计法》第十二条规定，业务收支以人民币以外的货币为主的单位，可以选定其中一种货币作为记账本位币。若采用欧元作为记账本位币，该企业主要的会计核算业务即日常登记账簿使用的货币为欧元，但是编报的财务会计报表应当折算为人民币。

第二节　会计信息质量要求

会计信息质量关系到投资者决策、完善资本市场以及市场经济秩序等重大问题。会计信息质量要求是对企业财务报告中所提供的会计信息在质量上的基本规范，是使财务报告中所提供的会计信息有益于使用者作出决策应具备的基本特征。根据《企业会计准则——基本准则》的规定，会计信息质量要求包括可靠性、相关性、可理解性、可比性、实质重于形式、重要性、谨慎性和及时性等。

一、可靠性

可靠性要求企业应当以实际发生的交易或者事项为依据进行确认、计量和报告，如实反映符合确认和计量要求的各项会计要素及其他相关信息，保证会计信息真实可靠、内容完整。可靠性也称为客观性、真实性。

可靠性是高质量会计信息的重要基础和关键所在，企业以虚假的经济业务进行确认、计量、报告，属于违法行为，不仅会严重损害会计信息质量，而且会误导投资者，干扰资本市场，导致会计秩序混乱。为了贯彻可靠性要求，企业应当做到以下几点。

一是以实际发生的交易或者事项为依据进行确认、计量，将符合会计要素定义及其确认条件的资产、负债、所有者权益、收入、费用和利润等如实反映在财务报表中，不得根据虚构的、没有发生的或者尚未发生的交易或者事项进行确认、计量和报告。

二是在符合重要性和成本效益原则的前提下，保证会计信息的完整性，其中包括应当编报的报表及其附注内容等应保持完整，不能随意遗漏或者减少应予披露的信息，即与使用者决策相关的有用信息都应当充分披露。

三是在财务报告中的会计信息应当是中立的、无偏的。如果企业在财务报告中为了达到事先设定的结果或效果，通过选择或列示有关会计信息以影响决策和判断的，这样的财务报告信息就不是中立的。

【例 2-4】某公司 20×2 年销售情况良好，已超额完成年初确定的销售收入目标，但预计 20×3 年的第一个季度，公司销售可能会出现较大幅度的滑坡，因此未将 20×2 年年末实现的 400 万元销售收入确认入账，亦未结转相应的已销产品成本。公司管理层认为，既然销售收入已经实现的事实是真实存在的，那么，将其推迟至 20×3 年入账，也不违背可靠性要求。

该公司此种"平滑收入"的会计处理是否合理？是否违背了我国现行的会计法规？

【分析提示】该公司此种"平滑收入"的会计处理是不合规的，违背了我国现行的会计法规。《企业会计准则——基本准则》第十二条规定，企业应当以实际发生的交易或者事项为依据进行确认、计量和报告，如实反映符合确认和计量要求的各项会计要素及其他相关信息，保证会计信息真实可靠、内容完整。

二、相关性

相关性，也称为有用性，要求企业提供的会计信息应当与投资者等财务报告使用者的经济决策需要相关，有助于投资者等财务报告使用者对企业过去、现在或者未来的情况作出评价或者预测。

会计信息是否有用，是否具有价值，关键是看其与使用者的决策需要是否相关，是否有助于决策或者提高决策水平。相关的会计信息应当能够有助于使用者评价企业过去的决策，证实或者修正过去的有关预测，因而具有反馈价值。相关的会计信息还应当具有预测价值，有助于使用者根据财务报告所提供的会计信息预测企业未来的财务状况、经营成果和现金流量。

会计信息的首要质量要求是可靠性和相关性，我国《企业会计准则——基本准则》第四条规定，我国企业财务会计报告的目标是向财务会计报告使用者提供与企业财务状况、经营成果和现金流量等有关的会计信息，反映企业管理层受托责任履行情况，有助于财务会计报告使用者作出经济决策。这一规定要求企业在进行会计确认、计量和报告时，不应将两者对立起来，而是要充分考虑信息使用者的决策模式和信息需要，在会计信息可靠性前提下，尽可能地实现相关性，以满足投资者等财务报告使用者的决策需要。

【例 2-5】某公司于 20×2 年在市区购买某处房产，价值 1 000 万元，用于对外出租。近年来随着房地产价格的大幅飙升，该房产市价已高达 8 000 万元。20×2 年年末，因公司经营战略的调整，公司管理层面临着如下决策：以该房产对另一公司进行投资或者将该房产出售。

在公司的决策中，该房产的历史成本和市价哪一个更具有相关性？为什么？

【分析提示】在公司的决策中，该房产的当前市价更具有相关性。1 000 万元是取得该项房产时实际发生的成本，该信息具有可靠性；但是在当前的房地产市场交易中，这一信息已经"时过境迁"，该历史成本已不能满足决策者的会计信息需求。8 000 万元是该房产目前在市场上交易的价格，它对于投资作价或者出售定价，是一个非常重要和有用的依据。

三、可理解性

可理解性，也称为明晰性，要求企业提供的会计信息应当清晰明了，便于投资者等财务报告使用者理解和使用。

企业编制财务报告、提供会计信息的目的在于使用，而要让使用者能有效地利用会计信息，则应当让其能够理解会计信息的内涵，明白会计信息的内容，这就要求财务报告所提供的会计信息应当清晰明了、易于理解。只有这样，才能提高会计信息的有用性，实现财务报告的目标，满足向投资者等财务报告使用者提供决策有用信息的要求。投资者等财务报告使用者通过阅读、分析、使用财务报告信息，能够了解企业的过去和现状，以及企业净资产或企业价值的变化过程，预测未来发展趋势，从而作出科学决策。

什么样的会计信息是明晰的？图 2-1 能形象地说明这个问题。假设图 A 和图 B 代表不同的会计信息，很显然，图 A 不具有明晰性，而图 B 具有明晰性，因为它提供的信息是完整的,能让人清晰准确地理解。

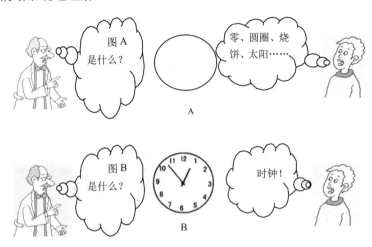

图 2-1　信息的明晰性

但是,会计信息毕竟是一种专业性较强的信息产品,在强调会计信息的可理解性要求的同时,还应假定使用者具有一定的有关企业经营活动和会计方面的知识,并且愿意付出努力去研究这些信息。对于某些复杂的信息,如交易本身较为复杂或者会计处理较为复杂,如果它与使用者的经济决策相关,企业就应当在财务报告中予以充分披露。

四、可比性

可比性要求企业提供的会计信息应当相互可比,主要包括以下两层含义。

(1) 同一企业不同时期可比,即纵向可比。会计信息质量的纵向可比要求同一企业不同时期发生的相同或者相似的交易和事项,应当采用一致的会计政策,不得随意变更。这样便于财务报告使用者了解企业财务状况、经营成果和现金流量等的变化趋势,比较企业在不同时期的财务报告信息,全面、客观地评价过去,预测未来,从而合理地作出决策。但是,满足会计信息可比性要求,并非表明企业不得变更会计政策,如果按照规定或者在会计政策变更后可以提供更可靠、更相关的会计信息,则可以变更会计政策。有关会计政策变更的情况,应当在附注中予以说明。会计信息的可比性如图 2-2 所示,即 A 企业提供的信息前后各期应具有纵向可比性,B、C、D 等企业亦如此。

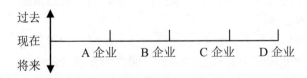

图 2-2　信息的纵向和横向可比

(2) 不同企业相同会计期间可比,即横向可比。为了便于投资者等财务报告使用者评价不同企业的财务状况、经营成果和现金流量及其变动情况,会计信息质量的可比性要求不同企业同一会计期间发生的相同或者相似的交易或者事项,应当采用统一规定的会计政策,确保会计信息口径一致、相互可比,以使不同企业按照一致的确认、计量和报告要求提供有关会计信息。如图 2-2 所示，即 A、B、C、D 等企业提供的信息相互间应具有横向可比性。

五、实质重于形式

实质重于形式要求企业应当按照交易或者事项的经济实质进行会计确认、计量和报告，而不仅仅以交易或者事项的法律形式为依据。

企业发生的交易或事项在多数情况下其经济实质和法律形式是一致的，但在有些情况下也会出现不一致。如果企业的会计核算仅仅按照交易或事项的法律形式或人为形式进行，而这些形式又没有反映其经济实质和经济现实，那么，其最终结果将不仅不会有利于会计信息使用者的决策，反而会误导会计信息使用者。实质重于形式在会计中的应用相当广泛，涉及财务会计确认、计量、记录和报告的每一环节。

例如，在企业合并中，经常会涉及"控制"的判断，有些合并，从投资比例来看，投资企业并未拥有被投资单位半数以上的表决权，但是根据公司章程或协议，投资企业有权决定被投资单位的财务和经营政策，也就等于能控制被投资单位的日常生产经营活动。这样，就不应当简单地以持股比例来判断控制权，而应根据实质重于形式的原则来判断投资企业对被投资单位的控制程度。

【例 2-6】某食品厂接到了大批量的订单，但苦于没有足够的资金来增添生产所需设备，于是采用融资租赁的方式租入了一台设备。

该融资租入的设备是否应确认为食品厂的资产？

【分析提示】根据租赁协议，以融资租赁方式租入的固定资产，租赁期间该设备的所有权归属于出租企业，从法律形式上来讲承租企业并不拥有其所有权。但是，一般来说，融资租赁合同中规定的租赁期相当长，接近于该资产的使用寿命；租赁期结束时承租企业有优先购买的选择权；在租赁期内承租企业有权支配资产并从中受益。所以，从经济实质上看，承租企业实质上取得了对该设备的控制权，控制了该项资产的使用权及受益权，并承担由该设备带来的有关风险(如因毁损而带来损失，或者因技术进步而引起贬值等)。根据实质重于形式的会计信息质量要求，承租企业应将融资租赁的固定资产视为企业的资产，予以确认入账核算。

六、重要性

重要性要求企业提供的会计信息应当反映与企业财务状况、经营成果和现金流量有关的所有重要交易或者事项。

企业在会计核算过程中应区别交易或事项的重要程度，并采用不同的核算方式。对资产、负债、损益等有较大影响，并进而影响财务会计报告使用者据以作出合理判断的重要会计事项，必须按照规定的会计方法和程序进行处理，并在财务会计报告中充分、准确地披露；对于次要的会计事项，在不影响会计信息真实性和不至于误导财务会计报告使用者作出正确判断的前提下，可适当简化处理。

如果财务会计报告中提供的会计信息的省略或者错报会影响投资者等使用者据此作出决策的，该信息就具有重要性。重要性的应用需要依赖职业判断，企业应当根据所处环境和实际情况,从项目的性质和金额大小两方面加以判断。例如,企业发生的某些支出,金额较小的,从支出收益期来看,可能需要若干会计期间进行分摊,但根据重要性要求,可以一次计入当期损益。

【例 2-7】甲公司注册资金为 5 000 万元,持有股票、债券等金融资产 800 万元,其中持有的 A 公司债券为 10 万元;乙公司注册资金为 100 万元,持有股票、债券等金融资产 40 万元,其中持有的 A 公司债券为 10 万元。

对于同时、等额持有 A 公司债券的甲公司和乙公司而言,持有的该项金融资产是否在会计核算中具有同等重要性?

【分析提示】对于同时持有 A 公司债券的甲公司和乙公司而言,该项金融资产在会计核算中不具有同等重要性。甲公司持有的金融资产占其注册资本的 16%,持有的 A 公司债券占金融资产的 1.25%;乙公司持有的金融资产占其注册资本的 40%,持有的 A 公司债券占金融资产的 25%,应按照会计信息质量的重要性要求进行核算和列报。

七、谨慎性

谨慎性要求企业对交易或者事项进行会计确认、计量和报告时应当保持应有的谨慎,不应高估资产或者收益,低估负债或者费用。

在市场经济环境下,企业的生产经营活动面临着许多风险和不确定性,如应收款项的可收回性、固定资产的使用寿命、无形资产的使用寿命、售出存货可能发生的退货或者返修等。这就要求企业在面临不确定性因素的情况下作出职业判断时,应当保持应有的谨慎,充分估计到各种风险和损失,既不高估资产或者收益,也不低估负债或者费用。

例如,对于企业发生的或有事项,通常不能确认或有资产,只有当相关经济利益基本确定能够流入企业时,才能作为资产予以确认。相反,相关的经济利益很可能流出企业而构成现时义务时,应当及时确认为预计负债。例如,对售出商品所提供的产品质量保证确认一项预计负债;或者相关的经济利益很可能流出企业而形成费用、发生损失,应当及时确认为费用、损失。对收不回来或者收回的可能性极小的应收款项应计提坏账准备。这些都是会计信息质量的谨慎性要求在会计实际工作中的具体运用。

谨慎性的应用不允许企业设置秘密准备,如果企业故意低估资产、收入,或者故意高估负债、费用,将不符合会计信息的可靠性和相关性要求,会损害会计信息质量,扭曲企业实际的财务状况和经营成果,从而对使用者的决策产生误导,这是不符合会计准则要求的。

八、及时性

及时性要求企业对于已经发生的交易或者事项,应当及时进行确认、计量和报告,不得提前或者延后。

会计信息有助于财务报告使用者作出相关经济决策,但它是具有时效性的。即使是可靠的、相关的会计信息,如果不及时提供,失去了时效性,也会大大降低对于使用者的效用,甚至不再具有实际意义。在会计确认、计量和报告过程中贯彻及时性,一是要求及时收集会计信息,即在经济交易或者事项发生后,及时收集整理各种原始单据或者凭证;二是要求及时处理会计信息,即按照会计准则的规定,及时对经济交易或者事项进行确认或者计量,并编制财务报告;三是要求及时传递会计信息,即按照国家规定的有关时限,及时将编制的财务报告传递给财务报告使用者,便于其及时使用和作出相应决策。

在实务中,为了及时提供会计信息,可能需要在有关交易或者事项的信息全部获得之前即进行会计处理,这样就满足了会计信息的及时性要求,但可能会影响会计信息的可靠性;反之,如果企业等到与交易或者事项有关的全部信息获得之后再进行会计处理,则可能会由于时效性问题,对于投资者等财务报告使用者决策的有用性将大大降低。这就需要在及时性和可靠性之间作相应权衡,以便更好地满足投资者等财务报告使用者的经济决策需要。

在上述会计信息质量的八项要求中,可靠性、相关性、可理解性和可比性是会计信息的首要质量要求,是企业财务报告中所提供会计信息应具备的基本质量特征;实质重于形式、重要性、谨慎性和及时性是会计信息的次要质量要求,是对可靠性、相关性、可理解性和可比性等首要质量要求的补充和完善,尤其是在对某些特殊交易或者事项进行处理时,需要根据这些质量要求来把握其会计处理原则。另外,及时性还是会计信息相关性和可靠性的制约因素,企业需要在相关性和可靠性之间寻求一种平衡,以确定信息及时披露的时间。

本 章 小 结

本章介绍了会计核算基本前提和会计信息质量要求。

会计核算基本前提是进行会计核算时必须明确的前提条件,包括会计主体、持续经营、会计分期和货币计量四项。

会计主体是指会计核算和监督的特定单位或者组织,它界定了从事会计工作和提供会计信息的空间范围。会计主体与法律主体(法人)并非是对等的概念,法律主体可作为会计主体,但会计主体不一定是法律主体。

持续经营是指会计主体在可以预见的未来,将根据正常的经营方针和既定的经营目标持续经营下去。即在可预见的未来,该会计主体不会破产清算,所持有的资产将正常营运,所负有的债务将正常偿还。

会计分期是指将一个会计主体持续经营的生产经营活动划分成若干相等的会计期间,以便分期结算账目和编制财务会计报告。会计期间分为年度、半年度、季度和月度。在我国,会计年度、半年度、季度和月度均按公历起讫日期确定。

货币计量是指会计主体在会计核算过程中采用货币作为统一的计量单位,并假定币值稳定。单位的会计核算应以人民币作为记账本位币。业务收支以外币为主的单位也可以选择某种外币作为记账本位币,但编制的财务会计报告应当折算为人民币。在境外设立的中国企业向国内报送的财务会计报告,应当折算为人民币。

会计信息质量要求是会计确认、计量和报告的质量保证,主要包括可靠性、相关性、可理解性、可比性、实质重于形式、重要性、谨慎性和及时性等。

《企业会计准则——基本准则》(2006)第十二条至第十九条分别对会计信息在质量要求上作出了相应规定。

第十二条 企业应当以实际发生的交易或者事项为依据进行会计确认、计量和报告,

如实反映符合确认和计量要求的各项会计要素及其他相关信息，保证会计信息真实可靠、内容完整。(可靠性)

第十三条 企业提供的会计信息应当与财务会计报告使用者的经济决策需要相关，有助于财务会计报告使用者对企业过去、现在或者未来的情况作出评价或者预测。(相关性)

第十四条 企业提供的会计信息应当清晰明了，便于财务会计报告使用者理解和使用。(可理解性)

第十五条 企业提供的会计信息应当具有可比性。同一企业不同时期发生的相同或者相似的交易或者事项，应当采用一致的会计政策，不得随意变更。确需变更的，应当在附注中说明。不同企业发生的相同或者相似的交易或者事项，应当采用规定的会计政策，确保会计信息口径一致、相互可比。(可比性)

第十六条 企业应当按照交易或者事项的经济实质进行会计确认、计量和报告，不应仅以交易或者事项的法律形式为依据。(实质重于形式)

第十七条 企业提供的会计信息应当反映与企业财务状况、经营成果和现金流量等有关的所有重要交易或者事项。(重要性)

第十八条 企业对交易或者事项进行会计确认、计量和报告应当保持应有的谨慎，不应高估资产或者收益，低估负债或者费用。(谨慎性)

第十九条 企业对于已经发生的交易或者事项，应当及时进行会计确认、计量和报告，不得提前或者延后。(及时性)

思 考 题

1. 会计核算四项基本前提之间的关系是怎样的？
2. 某企业每年结算一次账目并编制年度资产负债表和利润表。请问该企业会计期间的划分是否合理？会计期间划分太短与太长，各有何利弊？
3. 会计信息质量要求在会计核算工作中起什么作用？

 微课资源

第三章 会计要素与会计等式

会计的目标是提供会计主体的财务会计信息，以有助于信息使用者据以进行相关经济决策。会计的基本职能是核算与监督，核算与监督的对象是企业的资金运动及其所代表的经济活动。作为会计核算的对象，企业的资金运动及其所代表的经济活动内容繁多、包罗万象、涉及面广、性质各有不同，经济事项发生之后对企业本身及相关各方产生的影响也各不相同。如何对这些内涵丰富、错综复杂的内容进行核算和监督？管理学给我们提供了思路和方法。分类是管理的一种手段，如果能够将会计的对象按照其性质、特征等进行分类，不仅可以帮助我们找到核算和监督的"抓手"，分门别类地进行确认、计量、记录和报告，更有助于我们按类别进行分析，揭示各类别之间的内在联系，找出规律，为全面、系统、连续、完整地核算和监督经济活动提供理论依据。

会计要素就是对会计对象予以划分的类别，会计等式就是对各会计要素之间的内在经济关系，利用数学公式所作的概括表达，是设置会计科目和账户、复式记账、编制会计报表等会计核算专门方法的重要理论依据。

知识要点

1. 会计要素的定义和作用。
2. 企业会计六要素的定义、特征、确认和计量。(重点、难点)
3. 会计等式的表达方式及意义。(重点、难点)
4. 经济业务的基本类型，以及经济业务对会计等式的影响。(重点、难点)

课程思政

1. 资产的定义与特征——诚信也是一种资产(三聚氰胺奶粉事件之后，国产婴儿奶粉市场的萎缩)。
2. 负债的定义与特征——欠债还钱，天经地义(最高人民法院对"老赖"的处罚)。
3. 收入——君子爱财，取之有道。企业在获取收入的同时必须承担社会责任；个人在获取收入时要遵纪守法、依法纳税。
4. 费用——合理开支，量入为出，勤俭节约，不过度超前消费。
5. 会计等式——世间万物，能量守恒，提高环保意识，保护生态平衡。
6. 权责发生制与收付实现制——不同的角度，不同的结局。从不同的角度看问题，全面思考，拥抱多元世界。

第一节 会计要素及其确认和计量

会计要素是根据交易或者事项的经济特征，对会计核算对象进行的基本分类，是会计对象的具体化。按照企业交易和事项的经济特征和性质，企业会计要素分为资产、负债、所有者权益、收入、费用和利润六大类。其中，资产、负债和所有者权益要素侧重于反映企业的财务状况；收入、费用和利润要素侧重于反映企业的经营成果。会计要素的界定和分类可以使财务会计系统更加科学严密，为投资者等财务报告使用者提供更加有用的信息。

一、会计要素的确认

(一)资产

企业从事生产经营活动，必须具备一定的物质资源，或者说物质条件。在市场经济条件下，这些必备的物质条件表现为货币资金、原料、材料、厂房场地、机器设备等，除货币资金以及具有实物形态的资产以外，还包括那些不具备实物形态的权利，如债权、股权、专利权、商标权等，它们都是企业从事生产经营活动的基础。

1. 资产的定义及特征

资产是指由企业过去的交易或事项形成的、由企业拥有或者控制的、预期会给企业带来经济利益的资源。

资产具有以下特征。

(1) 资产应是企业拥有或者控制的资源。资产作为一项资源，应当由企业拥有或者控制，具体是指企业享有某项资源的所有权，或者虽然不享有某项资源的所有权，但该资源能被企业所控制。

企业享有资产的所有权，通常表明企业能够排他性地从资产中获取经济利益。一般而言，在判断资产是否属于企业时，所有权是考虑的首要因素。有些情况下，资产虽然不为企业所拥有，即企业并不享有其所有权，但企业控制了这些资产，同样表明企业能够从资产中获取经济利益，符合会计上对资产的定义。例如，某企业以融资租赁方式租入一项固定资产，尽管企业并不拥有其所有权，但是如果租赁合同规定的租赁期相当长，接近于该资产的使用寿命，表明企业控制了该资产的使用及其所带来的经济利益，应当将其作为企业资产予以确认、计量和报告。

(2) 资产预期会给企业带来经济利益。资产预期会给企业带来经济利益，是指资产直接或者间接导致现金和现金等价物流入企业的潜力。这种潜力可以来自企业日常的生产经营活动，也可以是非日常活动；带来经济利益的形式可以是现金或者现金等价物形式，也可以是能转化为现金或者现金等价物的形式，或者是可以减少现金或者现金等价物流出的形式。

资产预期能给企业带来经济利益是资产的重要特征。例如，企业采购的原材料、购置的固定资产等可以用于生产经营活动，对外出售后可收回货款，货款即为企业所获得的经济利益。如果某一项目预期不能给企业带来经济利益，那么就不能将其确认为企业的资产。前期已经确认为资产的项目，如果不能再为企业带来经济利益，也不能再确认为企业的资产。例如，已经毁损失去价值的财产、无法收回的债权等，由于不符合资产的定义，不应当确认为资产。

会计上狭义的"现金"通常是指企业的库存现金，广义的"现金"还包括随时可用于支付的企业银行存款和其他货币资金。现金等价物是指企业持有的具有以下四个特点的投资：①期限短(一般指从购买日起 3 个月内到期)；②流动性强(如短期债券)；③易于转换为已知金额(如可以合理计算确定的本金和利息)现金；④价值变动风险很小。

(3) 资产是由企业过去的交易或者事项形成的。资产应当是由企业过去的交易或者事项形成的，过去的交易或者事项包括购买、生产、建造行为或者其他交易或事项。换句话说，只有过去的交易或者事项才能产生资产，企业预期在未来发生的交易或者事项不能形成资产。例如，企业有购买某项存货的意愿或者计划，但是购买行为尚未发生，就不符合资产的定义，因而不能确认为存货资产。

2．资产的确认条件

将一项资源确认为资产，不仅需要符合资产的定义，还应同时满足以下两个条件。

(1) 与该资源有关的经济利益很可能流入企业。能否带来经济利益是资产的本质特征，但在现实生活中，由于经济环境瞬息万变，与资源有关的经济利益能否流入企业或者能够流入多少，带有不确定性。因此，资产的确认还应与经济利益流入的不确定性程度的判断结合起来。如果根据编制财务报表时所取得的证据，与资源有关的经济利益很可能流入企业，那么就应当将其作为资产予以确认；反之，不能确认为资产。

【例 3-1】20×2 年 12 月 20 日，A 公司状告 B 公司侵犯了其专利权。至 20×2 年 12 月 31 日，法院尚未对该起诉讼案进行公开审理，A 公司是否胜诉尚难判断。

对 A 公司来说，将来可能胜诉而获得的赔偿(即经济利益的流入)是否可确认为 20×2 年的一项资产？

【分析提示】A 公司将来可能胜诉而获得的赔偿不能确认为 20×2 年的一项资产。原因是法院尚未对该起诉讼案进行公开审理，A 公司是否胜诉尚难判断，没有足够的证据表明该经济利益很可能流入企业。

(2) 该资源的成本或者价值能够可靠计量。财务会计系统是一个确认、计量和报告的系统，其中可计量性是所有会计要素确认的重要前提，资产的确认也是如此。只有当有关资源的成本或者价值能够可靠计量时，资产才能予以确认。在实务中，企业取得的许多资产都是发生了实际成本的，例如，企业购买或者生产的存货，企业购置的厂房或者设备等，对于这些资产，只要实际发生的购买成本或者生产成本能够可靠计量，就视为符合了资产确认的可计量条件。在某些情况下，企业取得的资产没有发生实际成本或者发生的实际成本很小，例如，企业持有的某些衍生金融工具形成的资产，对于这些资产，尽管它们没有实际成本或者发生的实际成本很小，但是如果其公允价值能够可靠计量，也被认为符合了资产可计量性的确认条件。

一项资源在同时具备资产的三个特征的前提下，并同时满足资产确认的两项条件时，才可确认为资产。如果只符合资产的定义，但不符合资产的确认条件，则不得确认为资产。例如，一项债权，通常是作为资产处理的。但是，如果债务人的财务状况恶化，很可能无法偿付所欠企业的债务时，债权人企业就不应再将该笔债权视为资产披露。

3．资产的分类

资产可按不同标准进行分类。例如，按是否具有实物形态，资产可分为有形资产和无形资产；按来源不同，可分为自有资产和租入资产。最常见的是按流动性分类，资产的流动性是指资产转换成现金的能力，即通过对其正常使用，最终以现金的形式实现其价值的能力。这种能力的体现一般以其变现时间的长短作为衡量标准。按流动性分类，可以将资产分为流动资产和非流动资产。

流动资产是指可以在一年内(含一年)或者超过一年的一个正常营业周期内变现的资产，如交易性金融资产、应收账款、存货等。营业周期是指企业完成一次资金循环所需要的时间。有些企业经营活动比较特殊，其营业周期可能长于一年，如船舶、飞机、大型机械制造，从购料到销售商品直到收回货款，周期比较长，往往超过一年，在这种情况下，一般将变现时间是否超过一个营业周期作为划分资产流动性的标志。

非流动资产是指流动资产以外的资产，如债权投资、长期应收款、长期股权投资、投资性房地产、固定资产、无形资产等。

按流动性对资产进行分类，有助于掌握企业资产的变现能力，从而可以进一步分析企业的偿债能力和支付能力。一般来说，流动资产所占比重越大，说明企业资产的变现能力越强。流动资产中，货币资金、交易性金融资产比重越大，其短期支付能力越强。

资产的分类及一般企业资产的主要构成内容如图 3-1 所示。

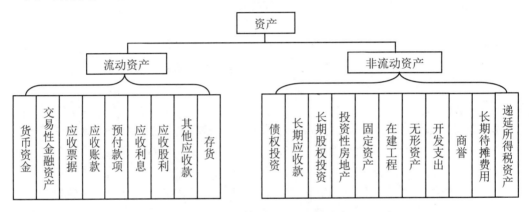

图 3-1 资产的分类及其主要内容

(二)负债

1. 负债的定义及特征

负债是指由企业过去的交易或者事项形成的、预期会导致经济利益流出企业的现时义务。负债具有以下特征。

(1) 负债是企业承担的现时义务。负债必须是企业承担的现时义务，这是负债的基本特征。现时义务是指企业在现行条件下已承担的义务。未来发生的交易或者事项形成的义务，不属于现时义务，不应当确认为负债。这里所指的义务可以是法定义务，也可以是推定义务。

法定义务是指因合同、法规或其他司法解释等产生的义务，通常是企业在经济管理和经济协调中，依照经济法律、法规的规定必须履行的责任。例如，企业购买原材料形成的应付账款、企业向银行借入款项形成的借款、企业按照税法规定应当缴纳的税款等，均属于企业承担的法定义务，需要依法予以偿还。

推定义务是指因企业的特定行为而产生的义务。企业的特定行为，泛指企业以往的习惯做法、已公开的承诺或已公开宣布的经营政策。由于以往的习惯做法，或通过这些承诺、公开的声明,企业向外界表明了它将承担特定的责任,从而使受影响的各方形成了其将履行那些责任的合理预期。

例如,甲公司是一家化工企业,因扩大经营规模,到 A 国创办了一家分公司。假定 A 国尚未针对甲公司这类企业的生产经营可能产生的环境污染制定相关法律,因而甲公司的分公司对在 A 国生产经营可能产生的环境污染不承担法定义务。但是,甲公司为在 A 国树立良好的形象,自行向社会公告,宣称将对生产经营可能产生的环境污染进行治理。甲公司的分公司为此承担的义务就属于推定义务。

(2) 负债预期会导致经济利益流出企业。预期会导致经济利益流出企业是负债的另一个基本特征,只有企业在履行义务时会导致经济利益流出企业的,才符合负债的定义。在履行现时义务清偿负债时,导致经济利益流出企业的形式多种多样,例如,用现金偿还,以实物资产形式偿还,以提供劳务形式偿还,以部分转移资产、部分提供劳务形式偿还,将负债转为资本等。

(3) 负债是由企业过去的交易或者事项所形成的。负债应当由企业过去的交易或者事项所形成。换句话说,只有过去的交易或者事项才形成负债,企业在未来发生的承诺、签订的合同等交易或者事项,不形成当前的负债。

2. 负债的确认条件

将一项现时义务确认为负债,需要符合负债的定义,还应当同时满足以下两个条件。

(1) 与该义务有关的经济利益很可能流出企业。负债预期会导致经济利益流出企业,但是履行义务所需流出的经济利益带有不确定性,尤其是与推定义务相关的经济利益通常需要依赖大量的估计。因此,负债的确认应当与经济利益流出的不确定性程度的判断结合起来。如果有确凿证据表明,与现时义务有关的经济利益很可能流出企业,就应当将其作为负债予以确认;反之,如果企业承担了现时义务,但是导致经济利益流出企业的可能性若已不复存在,就不符合负债的确认条件,不应将其作为负债予以确认。

(2) 未来流出的经济利益的金额能够可靠计量。负债的确认在考虑经济利益流出企业的同时,对于未来流出的经济利益的金额应当能够可靠计量。对于与法定义务有关的经济利益流出金额,通常可以根据合同或者法律规定的金额予以确定,考虑到经济利益流出的金额通常在未来期间,有时未来期间较长,有关金额的计量需要考虑货币时间价值等因素的影响。对于与推定义务有关的经济利益流出金额,企业应当根据履行相关义务所需支出的最佳估计数进行估计,并综合考虑有关货币时间价值、风险等因素的影响。

3. 负债的分类

负债可按不同的标准进行分类。例如,按应付金额是否确定,负债可分为应付金额肯定的负债(如应付票据)、应付金额视经营情况而定的负债(如应交税费)、应付金额需要估计的负债(如预计负债)等;按形成渠道和偿付对象,可分为应付金融机构的负债(如短期借款)、应付投资人的负债(如应付股利)、应付给供应单位的负债(如应付账款)、应付给国家的负债(如应交税费)、应付给企业内部职工个人的负债(如应付职工薪酬)等。最常见的是按偿还期限的长短分类,一般将负债分为流动负债和非流动负债。

流动负债是指将在一年内(含一年)或超过一年的一个正常营业周期内偿还的债务。例如,短期借款、应付账款、应付职工薪酬、应付利息、应付股利、应交税费、其他应付款等。

非流动负债是指流动负债以外的负债，例如，长期借款、应付债券、长期应付款等。

负债的分类及一般企业负债的主要构成内容如图3-2所示。

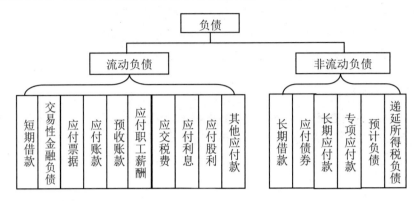

图 3-2　负债的分类及其主要内容

(三)所有者权益

1. 所有者权益的定义及特征

所有者权益是指企业资产扣除负债后由所有者享有的剩余权益。公司的所有者权益又称为股东权益。所有者权益是所有者对企业资产的剩余索取权，它是企业资产中扣除债权人权益后应由所有者享有的部分，既可反映所有者投入资本的保值增值情况，又体现了保护债权人权益的理念。

企业的所有者和债权人均是企业资金的提供者，因而所有者权益和负债(债权人权益)均是对企业资产的要求权，但二者之间又存在着明显的区别。所有者权益与债权人权益比较，一般具有以下四项差异。

(1) 所有者权益在企业经营期内可供企业长期、持续地使用，企业不必向投资人返还资本金，而负债则须按期还本付息给债权人。

(2) 企业所有者凭其对企业投入的资本，享受税后分配利润的权利，所有者权益是企业分配税后净利润的主要依据，它反映的是企业所有者对企业资产的索取权；债权人除按规定取得利息外，无权分配企业的盈利。负债反映的是债权人对企业资产的索取权，债权人对企业资产的索取权通常要优先于所有者对企业资产的索取权。即所有者享有的是企业资产的剩余索取权，两者在性质上有着本质区别。

(3) 企业所有者有权行使企业的经营管理权，或者授权管理人员行使经营管理权，但债权人并没有经营管理权。

(4) 企业的所有者对企业的债务和亏损负有无限的责任或有限的责任，而债权人与企业的其他债务不发生关系，一般也不承担企业的亏损。

2. 所有者权益的来源构成

所有者权益的来源包括所有者投入的资本、直接计入所有者权益的利得和损失、留存收益等，通常由实收资本(或股本)、资本公积(资本溢价或股本溢价)、盈余公积、未分配利润、其他综合收益构成，商业银行等金融企业按照规定在税后利润中提取的一般风险准备金,也构成所有者权益。

1) 所有者投入的资本

所有者投入的资本包括两部分内容,具体如下。

(1) 构成企业注册资本或者股本部分的金额。注册资本也叫法定资本,是公司制企业章程规定的全体股东或发起人认缴的出资额或认购的股本总额,并在公司登记机关依法登记。

(2) 投入资本超过注册资本或者股本部分的金额,即资本溢价或者股本溢价,按照我国企业会计准则规定计入资本公积,并在资产负债表的资本公积项目下反映。

2) 直接计入所有者权益的利得和损失

直接计入所有者权益的利得和损失,是指不应计入当期损益、会导致所有者权益发生增减变动的、与所有者投入资本或者向所有者分配利润无关的利得或者损失。例如,其他权益工具投资的公允价值的变动额;权益法下被投资单位除净利润以外其他所有者权益的变动等。

3) 留存收益

留存收益是企业历年实现的净利润留存于企业的部分,主要包括累计计提的盈余公积,以及尚未指定用途的未分配利润。

所有者权益的来源构成如图 3-3 所示。

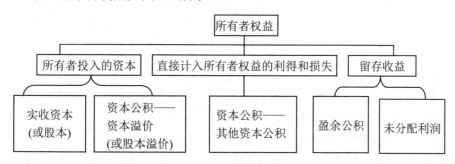

图 3-3 所有者权益的来源构成

3. 所有者权益的确认条件

所有者权益即企业的净资产,是企业资产总额中扣除债权人权益后的净额。所有者权益的确认、计量主要取决于资产、负债、收入、费用等会计要素的确认和计量。通常企业收入增加时,会导致资产增加,相应地会增加所有者权益;企业发生费用时,会导致负债增加,相应地会减少所有者权益。因此,企业日常经营的好坏和资产负债的质量将直接决定着企业所有者权益的增减变化和资本的保值增值。

企业在会计确认、计量和报告中应当严格区分负债和所有者权益,如实反映企业的财务状况,尤其是企业的偿债能力和产权比率等。在实务中,企业某些交易或者事项可能同时具有负债和所有者权益的特征,在这种情况下,企业应当将属于负债和所有者权益的部分分开核算和列报。例如,企业发行的可转换公司债券,企业应当将其中的负债部分和权益性部分进行分拆,分别确认负债和所有者权益。

以上分别介绍了企业会计要素中的资产、负债和所有者权益,这三项要素反映企业的财务状况,通过资产负债表列示其各项目的年初余额和期末余额。

【例3-2】××石油化工股份有限公司20×6年年度报告中的资产负债表见表3-1。该表反映了20×6年12月31日××石油化工股份有限公司的资产、负债、所有者权益的总体规模和结构,并可据以进行公司财务状况分析。

表3-1 资产负债表

20×6年12月31日

编制单位:××石油化工股份有限公司　　　单位:百万元　　　　　　　　　币种:人民币

资　产	期末余额	年初余额	负债和所有者权益 (或股东权益)	期末余额	年初余额
流动资产:			流动负债:		
货币资金	142 497	69 666	短期借款	30 374	74 729
交易性金融资产			交易性金融负债	6 000	30 000
应收票据	13 197	10 964	应付票据	5 828	3 566
应收账款	50 289	56 142	应付账款	174 301	130 558
预付款项	3 749	2 920	预收款项	95 928	92 688
其他应收款	25 596	21 453	合同负债		
存货	156 511	145 608	应付职工薪酬	1 618	1 185
合同资产			应交税费	52 886	32 492
持有待售资产			其他应付款	79 636	86 337
一年内到期的非流动资产			持有待售负债		
其他流动资产	20 422	26 904	一年内到期的非流动负债	38 972	11 277
流动资产合计	412 261	333 657	其他流动负债		
非流动资产:			流动负债合计	485 543	462 832
债权投资	11 408	10 964	非流动负债:一年内到期的非流动负债		
其他债权投资			应付债券	62 461	56 493
长期应收款			长期应付款	54 985	83 253
长期股权投资	116 812	84 293	租赁负债		
其他权益工具投资			预计负债	39 298	33 186
其他非流动金融资产			递延收益		
投资性房地产					
固定资产	690 594	733 449	递延所得税负债	7 661	8 259
在建工程	129 581	152 325	其他非流动负债	16 136	13 680
使用权资产			非流动负债合计	180 541	194 871
无形资产	85 023	81 086	负债合计	666 084	657 703

续表

资　产	期末余额	年初余额	负债和所有者权益 (或股东权益)	期末余额	年初余额
开发支出			所有者权益(或股东权益):		
商誉	6 353	6 271	实收资本(或股本)	121 071	121 071
长期待摊费用	13 537	13 919	其他权益工具		
递延所得税资产	7 214	7 469	资本公积	119 525	121 576
其他非流动资产	25 826	23 835	其他综合收益	(932)	(7 984)
非流动资产合计	1 086 348	1 113 611	专项储备	765	612
			盈余公积	196 640	196 640
			未分配利润	275 163	245 623
			归属于母公司所有者权益合计	712 232	677 538
			少数股东权益	120 293	112 027
			股东权益合计	832 525	789 565
资产总计	1 498 609	1 447 268	负债和所有者权益 (或股东权益)总计	1 498 609	1 447 268

法定代表人：　　　　　　主管会计工作负责人：　　　　　　会计机构负责人：

(资料来源：根据上海证券交易所相关资料整理。)

(四)收入

1. 收入的定义及特征

收入是指企业在日常活动中形成的、会导致所有者权益增加的、与所有者投入资本无关的经济利益的总流入。收入具有以下特征。

1) 收入是企业在日常活动中形成的

日常活动是指企业为完成其经营目标所从事的经常性活动以及与之相关的其他活动。例如，工业企业制造并销售产品、商业企业购进和销售商品、保险公司签发保单、咨询公司提供咨询服务、软件企业为客户开发软件、安装公司提供安装服务、商业银行对外贷款、租赁公司出租资产等，均属于企业的日常活动。

明确界定日常活动是为了将收入与利得相区分，日常活动是确认收入的重要判断标准。凡是日常活动所形成的经济利益的流入应当确认为收入；反之，非日常活动所形成的经济利益的流入不能确认为收入，而应当计入利得。例如，处置固定资产属于非日常活动，所形成的经济利益就不应确认为收入，而应当确认为利得。再如，无形资产出租取得的租金收入属于日常活动所形成的，应当确认为收入，但是处置无形资产属于非日常活动，所形成的经济利益，不应当确认为收入，而应当确认为利得。

2) 收入会导致所有者权益增加

与收入相关的经济利益的流入应当会导致所有者权益增加，不会导致所有者权益增加的经济利益的流入不符合收入的定义，不应确认为收入。例如，企业向银行借入款项，尽管也会导致企业经济利益的流入,但该流入并不导致所有者权益的增加,而使企业承担了一项现时义务,因此不应将其确认为收入,而应当确认为一项负债。

3) 收入是与所有者投入资本无关的经济利益的总流入

收入应当会导致经济利益的流入,从而导致资产的增加。例如,企业销售商品,应当收到现金或者在未来有权收到现金,才表明该交易符合收入的定义。但是,经济利益的流入有时是所有者投入资本的增加所致,所有者投入资本的增加不应当确认为收入,而应当确认为所有者权益。

收入可从狭义和广义两个角度来理解。狭义的收入强调收入产生于日常经营活动,而不是偶然的交易或事项。我国企业会计准则和国际会计准则使用的都是狭义的收入概念。我国《企业会计准则第 14 号——收入》中涉及的收入,包括转让商品收入和提供服务收入。广义的收入包括前述狭义收入,还包括与企业日常生产经营活动没有直接关系的各项收入,即营业外收入。营业外收入项目主要有债务重组利得、与企业日常活动无关的政府补助利得、接受捐赠利得、盘盈利得等。澳大利亚会计准则中使用的是广义的收入概念。

2. 收入的确认条件

企业在客户取得了相关商品控制权时确认收入是收入确认的一般原则。按照收入准则的规定,只有当企业与客户之间的合同同时满足下列条件时,企业才能在客户取得相关商品控制权时确认收入。

(1) 合同各方已批准该合同,并承诺将履行各自义务;
(2) 该合同明确了合同各方与所转让商品相关的权利和义务;
(3) 该合同有明确的与所转让商品相关的支付条款;
(4) 该合同具有商业实质,即履行该合同将改变企业未来现金流量的风险、时间分布或金额;
(5) 企业因向客户转让商品而有权取得的对价很可能收回。

3. 收入的分类

收入可按不同标准分类。收入按交易的性质,可分为转让商品收入和提供服务收入。

转让商品收入,是指企业通过销售产品或商品实现的收入,如工业企业销售产成品或半成品实现的收入,商业企业销售商品实现的收入,房地产开发商销售自行开发的房地产实现的收入等。工业企业销售不需用的原材料、包装物等存货实现的收入,也视同转让商品收入。

提供服务收入,是指企业通过提供各种服务实现的收入,如工业企业提供工业性劳务作业服务实现的收入,商业企业提供代购代销服务实现的收入,建筑企业提供建造服务实现的收入,金融企业提供各种金融服务实现的收入,交通运输企业提供运输服务实现的收入,咨询公司提供咨询服务实现的收入,软件开发企业为客户开发软件实现的收入,安装公司提供安装服务实现的收入,服务性企业提供客房餐饮等各类服务实现的收入等。

收入按在经营业务中所占的比重,可分为主营业务收入和其他业务收入。

主营业务收入,或称基本业务收入,是指企业通过为完成其经营目标所从事的主要经营活动实现的收入。不同行业的企业具有不同的主要业务。例如,工业企业的主营业务是制造和销售产成品及半成品，商业企业的主营业务是销售商品，商业银行的主营业务是存贷款和办理结算，保险公司的主营业务是签发保单，租赁公司的主营业务是出租资产，咨询公司的主营业务是提供咨询服务，软件开发企业的主营业务是为客户开发软件，安装公司的主营业务是提供安装服务，旅游服务企业的主营业务是提供景点服务及客房、餐饮服务。企业通过主营业务形成的经济利益的总流入属于主营业务收入，主营业务收入经常发生，并在收入中占有较大的比重。

其他业务收入，或称附营业务收入，是指企业通过除主要经营业务以外的其他经营活动实现的收入，如工业企业出租固定资产、出租无形资产、出租周转材料、销售不需用的原材料等实现的收入。其他业务收入不常发生，金额一般较小，在收入中所占比重较小。

收入的分类如图3-4所示。

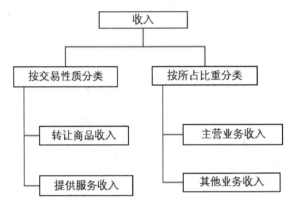

图3-4　收入的分类

(五)费用

1. 费用的定义及特征

费用是指企业在日常活动中发生的、会导致所有者权益减少的、与向所有者分配利润无关的经济利益的总流出。费用具有以下特征。

1) 费用是企业在日常活动中形成的

费用是企业在日常生产经营过程中发生的各项耗费，即企业在生产经营过程中为取得收入而支付或耗费的各项资产。日常活动产生的费用通常包括销售成本(营业成本)、管理费用等。将费用界定为日常活动所形成的，目的是将其与损失相区分，企业非日常活动所形成的经济利益的流出不能确认为费用，而应当计入损失。

2) 费用会导致所有者权益减少

与费用相关的经济利益的流出应当会导致所有者权益减少，不会导致所有者权益减少的经济利益流出不符合费用的定义，不应确认为费用。

费用的发生意味着资产的减少或者负债的增加，最终将导致经济利益流出企业，具体表现为企业实际的现金或非现金支出，如支付销售费用和工资、消耗原材料等。

但企业的偿债性支出不属于费用，如企业以银行存款偿付一项债务，只是一项资产和一项负债的等额减少，对所有者权益没有影响。向所有者分配股利或利润也不是费用，它属于最终利润的分配。费用应该同盈利活动相联系，即费用是企业在取得收入过程中所发生的各项支出。

费用可从狭义和广义两个角度来理解。狭义的费用强调费用因企业的日常活动而发生，不是产生于偶然的交易或事项，是指企业因销售商品、提供劳务、让渡资产使用权等日常经营活动而形成的经济利益的总流出。广义的费用包括前述狭义费用，还包括与企业日常生产经营活动没有直接关系的各项支出，即营业外支出。营业外支出项目主要有捐赠支出、罚款支出、固定资产盘亏、处置固定资产净损失、处置无形资产净损失、债务重组损失、非货币性资产交换损失等。

2．费用的确认条件

费用的确认除了应当符合定义外，也应当满足严格的条件，即费用只有在经济利益很可能流出从而导致企业资产减少或者负债增加、经济利益的流出额能够可靠计量时才能予以确认。

3．费用的分类

企业在日常活动中发生的费用，可划分为两类：一类是企业为生产产品、提供劳务等发生的生产费用，应计入产品成本、劳务成本，包括直接材料、直接人工和制造费用，且企业应当在确认产品销售收入、劳务收入等时将已销产品、已提供劳务的成本等结转为当期损益；另一类是不计入成本的期间费用，包括销售费用、管理费用和财务费用，企业应当在其发生时确认为费用，直接计入当期损益。

费用的分类如图 3-5 所示。

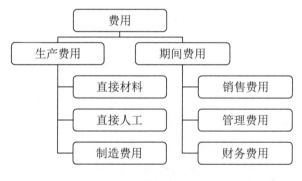

图 3-5　费用的分类

(六)利润

1．利润的定义

利润是指企业在一定会计期间的经营成果。通常情况下，如果企业实现了利润，表明企业的所有者权益将增加，业绩得到了提升；反之，如果企业发生了亏损(即利润为负数)，表明企业的所有者权益将减少，业绩下降。利润是评价企业管理层业绩的指标之一，也是投资者等财务报告使用者进行决策时的重要参考依据。

2．利润的来源构成

利润包括收入减去费用后的净额、直接计入当期利润的利得和损失等。其中收入减去费用后的净额反映企业日常活动的经营业绩,直接计入当期利润的利得和损失反映企业非日常活动的业绩。直接计入当期利润的利得和损失是指应当计入当期损益、最终会引起所有者权益发生增减变动的、与所有者投入资本或者向所有者分配利润无关的利得或者损失,如营业外收入、营业外支出等。企业应严格区分收入和利得、费用和损失,以更加客观地反映企业的经营业绩。

3. 利润的确认条件

利润反映收入减去费用、利得减去损失后的净额。利润的确认主要依赖收入和费用以及利得和损失的确认,其金额的确定也主要取决于收入、费用、利得、损失金额的计量。

以上分别介绍了企业会计要素中的收入、费用和利润,这三项要素反映企业的经营成果,通过利润表列示其各项目的本期发生额和全年累计金额。

【例3-3】××股份有限公司20×6年年度报告中的利润表见表3-2。

表中列示了20×6年以及上年同期××股份有限公司的经营成果。该表反映了企业一定会计期间的收入实现情况、费用耗费情况、生产经营活动的成果,即净利润的实现情况。将利润表中的信息与资产负债表中的信息相结合,可以进一步进行财务分析。

表3-2 利润表

20×6年

编制单位:××股份有限公司 单位:百万元 币种:人民币

项 目	本期金额	上期金额
一、营业收入	38 726 178	845 285
减:营业成本	38 513 514	609 596
税金及附加	158 373	172 568
销售费用	2 365	2 628
管理费用	41 724	41 327
财务费用	3 851	6 152
勘探费用(包括干井成本)	11 012	10 430
资产减值损失	14 044	5 052
加:公允价值变动收益(损失以"-"填列)	33	(292)
投资收益(损失以"-"填列)	4 543 519	30 582
其中:对联营企业和合营企业的投资收益		
二、营业利润(亏损以"-"填列)	24 847	27 822
加:营业外收入	3 095	4 361
减:营业外支出	1 813	1 482
其中:非流动资产减值损失		
三、利润总额(亏损总额以"-"填列)	26 129	30 701
减:所得税费用	2 539	(179)
四、净利润(净亏损以"-"填列)	23 590	30 880

续表

项 目	本期金额	上期金额
五、其他综合收益		
以后将重分类进损益的其他综合收益(已扣除税项及重分类调整)		
现金流量套期	557	47
应占联营公司的其他综合(损失)/收益	(149)	14
六、其他综合收益总额	408	61
七、综合收益总额	23 998	30 941

法定代表人：　　　　　　　主管会计工作负责人：　　　　　　　会计机构负责人：

(数据来源：根据上海证券交易所的相关资料整理。)

综上所述，会计要素项目分类如图 3-6 所示。

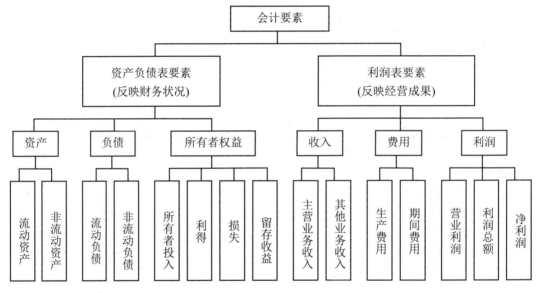

图 3-6　会计要素项目分类

二、会计要素的计量

(一)会计要素的计量属性

会计计量是为了将符合确认条件的会计要素登记入账并列报于财务报表而确定其金额的过程。企业应当按照规定的会计计量属性进行计量，确定相关金额。计量属性是指予以计量的某一要素的特性，如桌子的长度、材料的重量、楼房的面积等。从会计角度来看，计量属性反映的是会计要素金额的确定基础，主要包括历史成本、重置成本、可变现净值、现值和公允价值等。

1. 历史成本

历史成本，又称实际成本，就是取得或制造某项财产物资时所实际支付的现金或其他等价物金额。在历史成本计量下，资产按照其购置时支付的现金或者现金等价物的金额，或者按照购置资产时所付出的对价的公允价值计量；负债按照其因承担现时义务而实际收到的款项或者资产的金额，或者承担现时义务的合同金额，或者按照日常活动中为偿还负债预期需要支付的现金或者现金等价物的金额计量。

2．重置成本

重置成本，又称现行成本，是指按照当前市场条件，重新取得同样一项资产所需支付的现金或现金等价物金额。在重置成本计量下，资产按照现在购买相同或者相似资产所需支付的现金或者现金等价物的金额计量；负债按照现在偿付该项债务所需支付的现金或现金等价物的金额计量。在实务中，重置成本多应用于盘盈固定资产的计量等。

3．可变现净值

可变现净值，是指在正常生产经营过程中，以资产预计售价减去进一步加工成本和预计销售费用以及相关税费后的净值。在可变现净值计量下，资产按照其正常对外销售所能收到现金或者现金等价物的金额扣减该资产至完工时估计将要发生的成本、估计的销售费用以及相关税费后的金额计量。可变现净值通常应用于存货资产减值情况下的后续计量。

4．现值

现值，是指对未来现金流量以恰当的折现率进行折现后的价值，是考虑货币时间价值的一种计量属性。在现值计量下，资产按照预计从其持续使用和最终处置中所取得的未来净现金流入量的折现金额计量；负债按照预计期限内需要偿还的未来净现金流出量的折现金额计量。

5．公允价值

公允价值，是指市场参与者在计量日发生的有序交易中，出售一项资产所能收到或者转移一项负债所需支付的价格。市场参与者，是指在相关资产或负债的主要市场(或最有利市场)中，同时具备下列特征的买方和卖方：一是市场参与者应当相互独立，不存在《企业会计准则第 36 号——关联方披露》所述的关联方关系；二是市场参与者应当熟悉情况，能够根据可取得的信息对相关资产或负债以及交易具备合理认知；三是市场参与者应当有能力并自愿进行相关资产或负债的交易。有序交易，是指在计量日前一段时期内相关资产或负债具有惯常市场活动的交易。

(二)各种计量属性之间的关系

在各种会计要素计量属性中，历史成本通常反映的是资产或者负债过去的价值，而重置成本、可变现净值、现值以及公允价值通常反映的是资产或者负债的现时成本或者现时价值，是与历史成本相对应的计量属性。

公允价值相对于历史成本而言，具有很强的时间概念。也就是说，当前环境下某项资产或负债的历史成本可能是过去环境下该项资产或负债的公允价值，而当前环境下某项资产或负债的公允价值也许就是未来环境下该项资产或负债的历史成本。一项交易在交易时点通常是按公允价值交易的，随后就变成了历史成本，资产或者负债的许多历史成本就是根据交易时有关资产或者负债的公允价值确定的。例如，在非货币性资产交换中，如果交换具有商业实质,且换入、换出资产的公允价值能够可靠计量,换入资产入账成本的确定应当以换出资产的公允价值为基础,除非有确凿证据表明换入资产的公允价值更加可靠。在非同一控制下的企业合并交易中,合并成本也是以购买方在购买日为取得对被购买方的控制权而付出的资产、发生或承担的负债等的公允价值确定的。

企业以公允价值计量相关资产或负债,应当采用在当前情况下适用并且有足够可利用数据和其他信息支持的估值技术。企业使用估值技术的目的,是为了估计在计量日当前市场条件下,市场参与者在有序交易中出售一项资产或者转移一项负债的价格。

(三)计量属性的应用原则

《企业会计准则——基本准则》规定,企业在对会计要素进行计量时,一般应当采用历史成本,采用重置成本、可变现净值、现值、公允价值计量的,应当保证所确定的会计要素金额能够取得并可靠计量。

企业会计准则体系适度、谨慎、有条件地引入公允价值这一计量属性,是因为随着我国资本市场的发展,越来越多的股票、债券、基金等金融产品在交易所挂牌上市,使得这类金融资产的交易已经形成了较为活跃的市场,因此,我国已经具备了引入公允价值的条件。在这种情况下,引入公允价值,更能反映企业的实际情况,对投资者等财务报告使用者的决策更具有相关性。同时,又考虑到我国尚属新兴和仍在转型的市场经济国家,如果不加限制地引入公允价值,有可能出现公允价值计量不可靠,甚至借机人为操纵利润的现象。因此,在投资性房地产和生物资产等具体准则中规定,只有存在活跃市场、公允价值能够取得并可靠计量的情况下,才能采用公允价值计量。

第二节 会计等式与经济业务

会计等式是指反映各项会计要素之间基本关系的表达式。由于它是用数学方程式来表示各项会计要素之间客观存在的数量恒等关系,因此,也称为会计恒等式、会计平衡公式或会计方程式。从形式上看,会计等式反映了会计对象的具体内容,即各项会计要素之间的内在联系;从实质上看,会计等式揭示了会计主体的产权关系和基本财务状况。

一、会计等式

(一)静态会计等式

资产是企业正常生产经营的物质基础,任何企业要从事生产经营活动,首先必须拥有一定数量的资产。一方面,这些资产是企业所拥有的经济资源的一种实际存在或表现形式,例如,库存现金、银行存款等货币资金,材料、机器设备、厂房等实物资产等。另一方面,这些资产必定有其提供者。通常,企业的资产主要依托投资者的原始投入,此外,企业还可以通过向债权人举债的方式获取资产,所以说,企业的资产不外乎从投资者和债权人这两条渠道取得。

一般来说,投资者不会无偿地将经济资源(即资产)让渡出去。也就是说,企业中任何资产都有其相应的权益要求,谁提供了资产谁就对资产拥有索偿权。这种索偿权在会计上称为权益。权益和资产紧密相连,是对同一个企业的经济资源从两个不同的角度进行的表述。资产表明的是企业经济资源存在的形式及分布情况,而权益则表明企业经济资源所产生的利益的归属。因此资产与权益从数量上总是相等的,有多少资产就应有多少权益,用公式表示即为

$$资产=权益 \tag{3-1}$$

由于企业资产的提供者包括债权人和投资者,因而对资产的要求权分为债权人权益和投资者权益(通常称为所有者权益)。债权人权益,即负债,是以债权人的身份向企业提供资产而形成的权益,债权人享有要求企业到期还本付息的权利。所有者权益是以投资者的身份向企业投入资产而形成的权益,是指所有者对企业资产抵减负债后的净资产所享有的权利。从性质上来看,所有权与债权人享有的索偿权完全不同。债权人对企业资产的索偿权,一般具有明确的偿还日期和金额;而投资者提供的资产一般不规定偿还期限,也不规定企业应定期偿付的资产报酬,其享有的金额等于投入资本加上企业自创立以来所累积的资本增值,因此,所有者权益又称净权益。

综上所述,权益由负债和所有者权益组成,基于法律上债权人权益优于所有者权益,则会计等式表示为

$$资产=负债+所有者权益 \tag{3-2}$$

这一等式称为会计基本等式,也称会计恒等式,因其表明了资产、负债和所有者权益三个静态会计要素之间的基本关系,又称为静态会计等式。它反映的是企业在某一特定时点所拥有的资产,以及债权人和投资者对企业资产要求权的基本状况。这一等式是设置账户、复式记账、试算平衡和编制资产负债表的理论依据。

(二)动态会计等式

企业运用债权人和投资者所提供的资产,经其经营运作后获得收入,同时以发生相关费用为代价,将一定期间实现的收入与费用配比,就能确定该期间企业的经营成果。用公式表示如下:

$$收入-费用=利润 \tag{3-3}$$

该会计等式由收入、费用和利润三个动态会计要素组合而成,因而称为动态会计等式。它说明了收入、费用和利润三大会计要素的内在关系,是编制利润表的理论依据。

(三)综合会计等式

收入会引起资产增加或者负债减少,进而使所有者权益增加;费用会引起资产减少或者负债增加,进而使所有者权益减少。因此在会计期间,会计恒等式又有如下的转化形式:

$$资产=负债+所有者权益+(收入-费用) \tag{3-4}$$

企业定期结账形成利润,取得的利润在按规定分配给股东之后,剩余的归投资者享有,是所有者权益的组成部分。因此,在会计期末,会计恒等关系又恢复至其基本形式,即"资产=负债+所有者权益"。

式(3-2)为基本等式,反映的是企业某一时点的全部资产及其相应的资金来源情况;式(3-3)反映的是企业某一时期的盈利或亏损情况,是对基本等式的补充;式(3-4)是基本会计等式的发展,它将财务状况要素(即资产、负债和所有者权益)和经营成果要素(即收入、费用和利润)进行有机结合,反映了企业财务状况和经营成果的内在联系。

二、经济业务对会计等式的影响

(一)经济业务

经济业务是指在经济活动中使会计要素发生增减变动的交易或者事项。与经济业务相近的表述有会计事项、会计经济事项、交易事项等。经济业务可分为对外经济业务和内部经济业务两类。对外经济业务是指企业与其他单位或个人发生交易行为而产生的经济交易。例如,向投资者筹集资金、从供货方采购材料物资、向银行归还借款、向客户销售产品等。对内经济业务是指企业内部成本、费用的耗用,以及因各会计要素之间的调整而产生的经济事项。例如,生产经营过程中耗用材料、机器设备计提折旧、工资分配以及收入与费用的结转等。

每一笔经济业务的发生,都会对会计要素产生一定的影响。一项会计要素发生增减变动,其他有关会计要素也必然随之发生等额变动。例如,以银行存款 1 万元偿还短期借款,资产减少 1 万元,同时负债也等额减少 1 万元。或者一项会计要素的某一具体项目发生增减变动,同一会计要素的其他相关项目也会随之等额变动。例如,收回应收账款 2 万元存入银行,资产中的应收账款减少 2 万元,同时资产中的银行存款等额增加 2 万元。

(二)经济业务的发生影响会计等式的规律

企业日常发生的经济业务纷繁复杂、多种多样,但是无论发生什么样的经济业务,都不会破坏会计等式的平衡关系,即企业的资产总量总是与负债和所有者权益的总量相等。归纳起来,经济业务的发生引起等式两边会计要素发生增减变动的规律有两个。

规律一:影响会计等式双方;增减变化规律为双方同增或同减,增减金额相等。

规律二:影响会计等式某一方;增减变化规律为单方有增有减,增减金额相等。

根据以上规律,经济业务的发生对会计等式各个会计要素的影响方式,具体划分为四种类型,如图 3-7 所示。

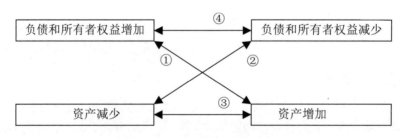

图 3-7 会计要素增减变化图

图 3-7 中:

① 资产以及负债和所有者权益双方项目同时增加相等金额。
② 资产以及负债和所有者权益双方项目同时减少相等金额。
③ 资产内部项目有增有减,增减金额相等。
④ 负债和所有者权益内部项目有增有减,增减金额相等。

会计要素增减变动的四种类型还可以进一步细分为九种情况,如表 3-3 所示。

表3-3 会计要素增减变动的九种情况

序号	会计要素增减变动情况
1	一项资产增加，另一项资产减少
2	一项负债增加，另一项负债减少
3	一项所有者权益增加，另一项所有者权益减少
4	一项资产增加，一项负债增加
5	一项资产增加，一项所有者权益增加
6	一项资产减少，一项负债减少
7	一项资产减少，一项所有者权益减少
8	一项负债减少，一项所有者权益增加
9	一项负债增加，一项所有者权益减少

现以某企业经济业务为例，对上述九种情况分别予以说明。

【例3-4】洪江公司20×0年度发生的部分经济业务及对会计要素的影响如表3-4所示。

表3-4 经济业务发生对会计要素的影响

单位：万元

序号	经济业务摘要	资产	负债	所有者权益
1	以银行存款4万元购入设备一台	+4 -4		
2	签发商业承兑汇票①，抵付前欠货款1万元		+1 -1	
3	以盈余公积金5万元转增资本			+5 -5
4	赊购材料2万元	+2	+2	
5	投资者以固定资产作为资本投入，投资双方协商作价10万元	+10		+10
6	以银行存款20万元归还银行贷款	-20	-20	
7	经董事会批准，以银行存款退还某投资人股金15万元	-15		-15
8	向银行借入的为期4年的长期借款50万元已到期，经双方协商，将此笔借款转作银行在本企业的投资		-50	+50
9	宣告现金股利分配方案，分配金额为30万元		+30	-30
	合计	-23	-38	+15

上例表明，每笔经济业务发生后，都会对会计要素产生影响，或者影响不同会计要素发生增减变动，或者影响某个会计要素内部项目一增一减变动。

---

① 商业承兑汇票是指由收款人签发，交由付款人承兑，或由付款人签发并承兑的商业汇票。商业承兑汇票的出票人，为在银行开立存款账户的法人以及其他组织，与付款人具有真实的委托付款关系，具有支付汇票金额的可靠资金来源。商业承兑汇票具有以下特点：付款期限最长不超过6个月；提示付款期限自汇票到期日起10天；可以背书转让；可以向银行申请贴现；适用于同城或异地结算。

在表 3-4 中，资产的变动金额为-23 万元，等于负债的变动金额-38 万元加上所有者权益的变动金额+15 万元。会计等式左右两边变动的金额相等，说明经济业务的发生，不会破坏会计等式的平衡关系。

第三节　权责发生制与收付实现制

一、会计基础

会计基础亦称为会计记账基础，或者会计处理基础，是指确定一个会计期间的收入和费用，从而确定损益的标准。

【例 3-5】小吴、小王等 5 人同为会计专业的学生，在开设会计专业课之前，同时去了一家企业的会计部门，希望能够通过实践积累一些对会计的感性认识。在月末结算企业利润时，他们对一些经济业务有不同的看法。这些业务如下。

(1) 企业本月销售一批产品，价款为 5 万元，产品已经发出，销货发票已经开具给购货方，货款尚未收到。

(2) 企业预收某公司货款 4 万元已存入银行，约定从下月开始按订单中的品种和型号规格进行生产。

(3) 企业本月以存款支付管理部门的水电费 3 万元，其中 1 万元为上月的水电费，1 万元为本月的水电费，1 万元为预付下月的水电费。

小吴认为：业务(1)中的 5 万元不计入本月收入，业务(2)中的 4 万元计入本月收入，业务(3)中的 3 万元都计入本月费用。

小王却认为：业务(1)中的 5 万元应该计入本月收入，业务(2)中的 4 万元不能计入本月收入，业务(3)中的 3 万元，只有本月的 1 万元才能计入本月的费用。

其余 3 人有偏向认同小吴意见的，有偏向认同小王意见的，也各自提出了一些与小吴和小王不同的看法。

一时间，大家谁也说服不了谁，于是带着满腹疑问，请教了单位的会计老陈。经过老陈的详细解释，大家才明白，原来在会计上，确认各个会计期间的收入和费用存在着两种会计基础，一种叫作收付实现制，另一种叫作权责发生制，小吴的看法符合前一种会计基础的要求，而小王的看法符合后一种会计基础的要求。

企业在发生交易或者事项的过程中，经常存在着收入和费用的归属期与相应款项的收付期不一致的情况，为了保证信息的可比性和有用性，必须采用某种一致的标准，确认各个会计期间的收入和费用，从而确定各个会计期间的经营成果。

会计核算的基础有权责发生制和收付实现制两类。简单地说，权责发生制是以归属期为标准来确认各个会计期间的收入和费用的；收付实现制是以款项的收付期为标准来确认各个会计期间的收入和费用的。不同性质的会计主体，其提供会计信息的目的和经济业务存在差异性，可采用不同的会计核算基础。

二、权责发生制

(一)权责发生制的定义

权责发生制又称权责制、应计制、应收应付制。它是以权利与责任的形成和发生为标准来处理经济业务,确定本期收入和费用,计算本期盈亏的会计基础。

由于会计核算是分期进行的,因而需要对某些收入和费用在相邻的会计期间进行划分。按照权责发生制的要求,凡是归属于当期的、已经实现的收入和已经发生或者应当负担的费用,无论款项是否收付,都应当确认为本期的收入或者费用,计入利润表;凡是不属于本期的收入和费用,即使款项已在当期收付,也不应当确认为本期的收入和费用。

《企业会计准则——基本准则》规定,企业应当以权责发生制为基础进行会计确认、计量和报告。

【例 3-6】某企业 12 月份发生的经济业务以及采用权责发生制会计基础确定本月的收入和费用,如表 3-5 所示。

表 3-5 权责发生制下的本月收入和费用

单位:元

序号	经济业务摘要	收入	费用
1	本月耗用办公费 500 元,以现金支付	—	500
2	销售 A 产品 1 000 件,单价 50 元,货款 50 000 元已存入银行	50 000	—
3	销售 B 产品 100 件,每件 80 元,货款尚未收到	80 000	—
4	支付本年度贷款利息 240 000 元,其中 12 月份 20 000 元	—	20 000
5	收到某公司预付购货款 50 000 元	—	—
	合 计	130 000	20 500

业务(1)中费用的归属期和款项的收付期一致,都属于本期,确认为权责发生制下的费用。

业务(2)中收入的归属期和款项的收付期一致,都属于本期,确认为权责发生制下的收入。

业务(3)中收入的归属期和款项的收付期不一致,但收入已经实现,企业已经获得了收取款项的权利,因此确认为权责发生制下的收入。

业务(4)中 12 月份的 20 000 元利息费用,归属期和款项的收付期一致,都属于本期,确认为权责发生制下的费用。其余的 220 000 元利息费用应分别归属于 1~11 月份,在权责发生制下不作为本期的费用确认。

业务(5)中的 50 000 元为预收款项,相关的销售尚未发生,收入尚未实现,在权责发生制下不作为本期的收入确认。

(二)权责发生制的优点、缺点及适用范围

1. 权责发生制的优点

权责发生制以收取款项的权利已经获得和支付款项的责任已经形成为标准,确认各个

会计期间所实现的收入和为实现收入所应负担的费用,因而能够准确核算企业收入和应负担的费用,从而可以把各期的收入与其相关的费用、成本相配比,能够恰当地反映某一会计期间的经营成果。

2. 权责发生制的缺点

采用权责发生制会计基础,要考虑预收款项和预付款项,以及应计收入和应计费用,会计期末需要进行有关的账项调整,核算手续比较复杂。

权责发生制在反映企业的经营业绩时有其合理性,但在反映企业的财务状况时却有其局限性:一个在利润表上看来经营业绩很好的企业,在资产负债表上却可能没有相应的变现资金而陷入财务困境。这是由于权责发生制把应计的收入和费用都反映在利润表上,而在资产负债表上则部分反映为现金收支,部分反映为债权债务。

3. 权责发生制的适用范围

因权责发生制在计算盈亏、确定经营成果方面的合理性,所以,以营利为目的的会计主体(如企业)往往采用权责发生制。此外,事业单位的经营性收支业务因类似于企业的经营活动,以及政府会计中的某些特殊事项,其会计核算也采用权责发生制。

三、收付实现制

(一)收付实现制的定义

收付实现制又称现金制、现金收付制、实收实付制。它是以款项的实际收付为标准来处理经济业务,确定本期收入和费用,计算本期盈亏的会计基础。

按照收付实现制的要求,凡在本期实际收到的现款收入,不论其是否归属于本期,均应作为本期收入处理;凡在本期实际以现款付出的费用,不论其是否在本期收入中获得补偿,均应作为本期的费用处理;反之,凡本期还没有以现款收到的收入和没有用现款支付的费用,即使它们归属于本期,也不作为本期的收入和费用处理。

【例3-7】某工厂20×1年1月收到20×0年已销产品货款80 000元,存入银行,尽管该项收入不是20×1年1月实现的,但因为该项收入是在1月收到的,所以在收付实现制基础下应作为20×1年1月的收入。同样,该工厂20×0年第四季度耗用电费12 000元,于20×1年1月以银行存款支付,该项费用的实际归属期为20×0年第四季度,但在收付实现制基础下应作为20×1年1月的费用。

以收付实现制为基础,会计在处理经济业务时不考虑预收收入、预付费用以及应计收入和应计费用的问题,会计期末也不需要进行账项调整,因为实际收到的款项和付出的款项均已登记入账,所以可以根据账簿记录来直接确定本期的收入和费用,并加以对比以确定本期盈亏。

【例3-8】某商品零售小企业因为规模小、经营业务简单,采用收付实现制会计记账基础。该企业12月份发生的经济业务以及采用收付实现制会计基础确定本月的收入和费用,如表3-6所示。

业务(1)、(2)、(3)、(4)有实际的货币资金支付,虽然其中有上月耗用的水电费、本月耗用的工资、本月购进的存货和预付的商品定金,但在收付实现制下,都确认为本月的费用；业务(7)有实际的货币资金收取，确认为本月的收入。

业务(5)和业务(6)，从费用的归属期来看，属于本月，但没有货币资金支付，不确认为本月的费用。

表 3-6 收付实现制下的本月收入和费用

单位：元

序号	经济业务摘要	收 入	费 用
1	以现金支付上月水电费 800 元	—	800
2	购进商品 6 000 元，以存款支付	—	6 000
3	以存款预付某紧俏商品定金 1 000 元	—	1 000
4	以现金支付营业员本月工资 2 000 元	—	2 000
5	本月营业场地租金 3 000 元，尚未支付	—	—
6	本月水电费 900 元，尚未支付	—	—
7	销售商品 12 000 元已存入银行	12 000	—
	合 计	12 000	9 800

(二)收付实现制的优点、缺点及适用范围

1. 收付实现制的优点

收付实现制操作简单，需要用到的会计知识较少，易于被使用者理解，数据处理成本比较低廉。收付实现制能反映企业实际拥有的现金，而企业能否按期偿还债务、支付利息、分派股利等，很大程度上取决于企业实际拥有的现金。此外，以收付实现制为基础的现金流量能为长期投资提供更有用的决策依据。

2. 收付实现制的缺点

收付实现制的不足之处主要体现在各个会计期间确认的收入和费用不配比，不能合理、准确地反映各期盈亏情况。此外，收付实现制不利于单位进行成本核算、提高效率和绩效考核，不能全面、准确地记录和反映单位的负债情况，不利于防范财务风险。

3. 收付实现制的适用范围

非营利性组织一般不以营利为目的，往往采用收付实现制会计核算基础。目前，我国的政府会计除某些特殊事项采用权责发生制，事业单位会计除经营业务可采用权责发生制外，其他大部分业务采用收付实现制。

下面以同一例子分别按权责发生制和收付实现制确认收入和费用并计算盈亏，对比两种会计处理基础下对业务处理的异同。

【例3-9】某公司 20×1 年 6 月份的有关经济业务如下。

(1) 销售产品一批，售价 80 000 元，货款尚未收到。

(2) 预付下半年的财产保险费 12 000 元。

(3) 支付水电费 20 000 元，其中 5 月份 9 000 元，6 月份 11 000 元。

(4) 预收销货款 25 000 元。

(5) 收到产品销售款 70 000 元，其中，30 000 元为上月销售产品而本月收取的货款，40 000 元为本月销售产品收取的货款。

(6) 计提本月借款利息 30 000 元。

分别按权责发生制和收付实现制确定 6 月份的收入和费用并计算盈亏情况，如表 3-7 所示。

表 3-7 本月收入、费用和盈亏情况

单位：元

	收 入	费 用	盈 亏
权责发生制	(1)80 000	(3)11 000	79 000
	(5)40 000	(6)30 000	
小 计	120 000	41 000	
收付实现制	(4)25 000	(2)12 000	63 000
	(5)70 000	(3)20 000	
小 计	95 000	32 000	

本 章 小 结

本章介绍了会计要素、会计等式和会计基础。

会计要素又称为财务报表要素，是会计对象——企业经济活动的具体化。会计要素按照内容分为两大类，即反映企业财务状况的会计要素和反映企业经营成果的会计要素。前者包括资产、负债和所有者权益，后者包括收入、费用和利润。会计要素的界定和分类可以使财务会计系统更加科学严密，为投资者等财务报告使用者提供更加有用的信息。

会计等式，也称会计平衡公式、会计方程式、会计恒等式，它是对各会计要素的内在经济关系利用数学公式所作的概括表达，即反映各会计要素的数量关系，提示各会计要素之间的联系。"资产=负债+所有者权益"为基本等式，反映的是企业某一时点的全部资产及其相应的资金来源情况，它是设置账户、复式记账、试算平衡和编制会计报表的理论依据；"收入-费用=利润"是对基本等式的补充，反映的是企业某一时期的盈利或亏损情况；"资产=负债+所有者权益+(收入-费用)"是基本会计等式的发展，它将会计要素有机结合起来，反映了企业财务状况和经营成果的内在联系。

会计基础是指确定一个会计期间的收入和费用，从而确定损益的标准，包括权责发生制和收付实现制两类。权责发生制以收入和费用的实际归属期为标准来确认各个会计期间的收入和费用，一般适用于营利性组织。收付实现制以收入和费用的实际收付期为标准来确认各个会计期间的收入和费用，一般适用于非营利性组织。

思 考 题

1. 资产和权益的内在联系是怎样的？
2. 经济业务的发生是如何影响会计等式的？
3. 收入实现及费用发生对资产、负债、所有者权益有何影响？
4. 某企业一个会计年度的收入是否等于同期收到的现金？若不等，其原因是什么？试举例说明。
5. 比较权责发生制与收付实现制的异同，并说明两种会计基础各有何优缺点及其适用范围。

 微课资源

资产

负债

收入

费用

权责发生制与收付实现制

自测题

第四章 会计账户与复式记账

在第三章里我们已经将会计的对象——企业的资金运动及其所代表的经济活动根据交易或者事项的经济特征作出了基本的分类。然而，若是根据此分类进行核算和监督，还是很难满足管理的需求。以资产这一要素为例，企业一般拥有很多不同的资产，如现金、存放在银行里的款项、购买的有价证券、生产用的各种原材料、完工的产品、用于生产经营的机器设备、房屋、建筑物、交通运输工具、知识产权、应当向其他会计主体追索的债权等，仅以"资产"类别来进行核算和监督显然无法满足管理的需求。其他会计要素也是如此。因此，很有必要对每个会计要素再进一步地分类。

会计科目就是对会计要素分类核算的标志，也是账户的名称。要核算和监督各会计科目，就必须采用一种合适的记录方法。从会计发展的历史轨迹来看，会计核算方法中的记账历史最为悠久，记账方法也从单式记账法过渡到更合理、科学的复式记账法。借贷记账法是目前世界各地普遍使用的一种复式记账法，被誉为"人类智慧的绝妙创造"，它使得会计信息成为通用的"国际商业语言"。

知识要点

1. 会计科目和会计账户的设置原则及分类。
2. 账户的基本结构和账户中的数量关系。(重点)
3. 复式记账的基本原理。(重点)
4. 借贷记账法的基本内容及运用，包括编制会计分录、过账和试算平衡。(重点、难点)

课程思政

1. 会计科目与账户——分类管理，条理清晰。
2. 记账——记账方法的演进是优胜劣汰的结果。只有全面完整地了解情况，才可能进行准确判断和决策。

第一节 会计科目与会计账户

一、会计科目

(一)会计科目的定义

会计科目是指对会计要素按其经济内容进行分类核算的项目。

会计核算的对象是企业发生的各项经济业务，虽然通过会计要素的设置，可以使这些经济业务按资产、负债、所有者权益、收入、费用和利润进行分类归纳与整理，但由于会计要素是对会计对象所作的最基本的分类，只能反映经济业务的性质，而无法反映其具体内容。例如，资产只能反映企业拥有或者控制的、能以货币计量的经济资源，不能反映企业拥有哪种资源；负债只能反映企业承担的、能以货币计量的、将来需要以资产或劳务偿还的债务，不能反映企业负有什么样的债务及对谁负有债务等。因此，它所提供的分类信息仍不能满足企业日常管理的需要。

为了提供更为详细有用的信息，必须根据经济业务的特点和经济管理的需要，对会计对象具体内容进行科学的分类，即在会计六大要素之下，分别设置若干具体项目，将性质相同的经济现象归为一类，设置一个标志或项目，反映一个方面的经济情况，这些项目统称为会计科目。例如，设置银行存款、原材料、固定资产等会计科目，反映和监督各项资产的增减变动情况；设置短期借款、应付账款、长期借款等会计科目，反映和监督各项负债的增减变动情况；设置实收资本、资本公积等会计科目，反映和监督所有者权益的增减变动情况等。

【例4-1】企业某日动用银行存款20万元购入原材料，对这项经济业务，如果仅通过会计要素加以记录和反映，则银行存款属于资产，原材料也属于资产，只能记录为一项资产增加20万元，另一项资产减少20万元，企业资产总量没有变。这种记录并不能提供任何新的更有用的信息。

如果通过会计科目来记录和反映，原材料增加20万元，同时银行存款减少20万元，这样就能说明：通过这项经济活动，货币资金减少了20万元，材料的储备增加了20万元，还可以进一步综合利用与此相关的一些其他信息进行加工，获得管理者及有关各方所需要的更多的有用信息。

(二)设置会计科目的意义

会计人员通过编制会计凭证、登记账簿、编制会计报表等方法，对日常大量、分散的各种经济业务进行分类、汇总，为经济管理提供有用的会计信息。会计科目使编制会计凭证、登记账簿和编制会计报表有了分类、汇总的依据。

会计科目是对会计要素进行分类后的项目，可据以对各项经济业务进行科学的归类、整理和记录，为会计信息使用者提供各种分类的核算指标；可据以连续、系统、全面地核算企业的经济活动，最后提供系统化的数据和资料。

设置会计科目是有效监督的重要手段。会计科目的核算内容和会计科目之间的相互关系是会计制度来规定的。各个单位原则上都必须按照有关会计科目的规定处理会计业务，防止会计核算内容混乱，防止不合理、不合法的经济业务随意计入会计系统，以利于加强对会计工作的有效监督。

(三)设置会计科目的原则

会计科目作为反映会计要素的构成情况及其变化情况，为投资者、债权人、企业管理者等提供会计信息的重要手段，在其设置过程中应努力做到科学、合理、实用，因此在设置会计科目时应遵循以下基本原则。

1. 要符合国家会计法规的规定

国家的会计法规体系，体现了国家对会计工作的要求。因此，设置会计科目首先要以此为依据，符合《会计法》以及企业会计准则等的相关规定，以便编制会计凭证，登记账簿，查阅账目，实行会计电算化，并提高会计信息质量。

2. 要结合会计对象的特点

要根据不同单位经济业务的特点，本着全面核算其经济业务的全过程及结果的目的来确定应该设置哪些会计科目。

设置会计科目要结合所反映会计要素的特点，具有一定的灵活性。设置会计科目必须对会计要素的具体内容进行分类，以便分门别类地反映和监督各项经济业务，不能有任何遗漏，即所设置的会计科目应能覆盖企业所有的要素。例如，有些公司是制造工业产品，根据这一业务特点就必须设置反映和监督其经营情况和生产过程的会计科目，如"主营业务收入""生产成本"等科目；而农业企业就应当设置"消耗性生物资产""生产性生物资产"等科目；金融企业则应设置反映和监督吸收和贷出存款相关业务的会计科目，如"利息收入""利息支出"等科目。

3. 要符合经济管理的要求

设置会计科目要符合经济管理的要求，主要包括三个方面的内容：一是要符合国家宏观经济管理的要求，根据宏观经济管理的要求来划分经济业务的类别，设定分类的标识；二是要符合企业自身经济管理的要求，为企业的经营预测、决策及管理提供会计信息；三是要符合包括投资者在内的有关各方了解企业财务状况、经营成果等情况的要求。

4. 要将统一性与灵活性结合起来

由于企业的经济业务千差万别，在分类核算会计要素的增减变动时，需要将统一性与灵活性相结合。统一性，就是在设置会计科目时，要根据企业会计准则的要求对一些主要会计科目的设置进行统一规定，对于核算指标的计算标准、口径都要统一。灵活性，就是在能够提供统一核算指标的前提下，各个单位可以根据自己的具体情况及信息使用者的需求，增补、分拆或者合并会计科目。

5. 会计科目的名称要简单明确、字义相符、通俗易懂

会计科目的名称作为分类核算的标识，要求简单明确、字义相符、通俗易懂，这样才能避免误解和混乱。简单明确是指根据经济业务的特点尽可能简洁明确地规定科目名称；字义相符是指按照中文习惯确定科目名称，不致产生误解；通俗易懂是指要尽量避免使用晦涩难懂的文字，便于大多数人能够正确理解。此外，会计科目的名称还要尽量符合经济生活中的习惯表达方式，以避免不必要的误解。

6. 要保持相对稳定性

为了便于在不同时期分析比较会计核算指标和在一定范围内汇总核算指标，应保持会计科目相对稳定，不能经常变动会计科目的名称、内容、数量，使核算指标保持可比性。

(四)会计科目的分类

1. 按反映的经济内容分类

按反映的经济内容不同，会计科目可分为六大类，包括资产类、负债类、共同类、所有者权益类、成本类和损益类。本书不对共同类会计科目作详细介绍。

依据《企业会计准则——应用指南》的附录《会计科目和主要账务处理》，一般企业使用的会计科目如表4-1所示。

表4-1 会计科目

顺序	编号	会计科目名称	顺序	编号	会计科目名称
一、资产类			36	1703	无形资产减值准备
1	1001	库存现金	37	1711	商誉
2	1002	银行存款	38	1801	长期待摊费用
3	1012	其他货币资金	39	1811	递延所得税资产
4	1101	交易性金融资产	40	1901	待处理财产损溢
5	1121	应收票据	二、负债类		
6	1122	应收账款	41	2001	短期借款
7	1123	预付账款	42	2101	交易性金融负债
8	1131	应收股利	43	2201	应付票据
9	1132	应收利息	44	2202	应付账款
10	1221	其他应收款	45	2203	预收账款
11	1231	坏账准备	46	2211	应付职工薪酬
12	1321	代理业务资产	47	2221	应交税费
13	1401	材料采购	48	2231	应付利息
14	1402	在途物资	49	2232	应付股利
15	1403	原材料	50	2241	其他应付款
16	1404	材料成本差异	51	2314	代理业务负债
17	1405	库存商品	52	2401	递延收益
18	1406	发出商品	53	2501	长期借款
19	1407	商品进销差价	54	2502	应付债券
20	1408	委托加工物资	55	2701	长期应付款
21	1411	周转材料	56	2702	未确认融资费用
22	1471	存货跌价准备	57	2711	专项应付款
23	1511	长期股权投资	58	2801	预计负债
24	1512	长期股权投资减值准备	59	2901	递延所得税负债
25	1521	投资性房地产	三、共同类		
26	1531	长期应收款	60	3101	衍生工具
27	1532	未实现融资收益	61	3201	套期工具
28	1601	固定资产	62	3202	被套期项目
29	1602	累计折旧	四、所有者权益类		
30	1603	固定资产减值准备	63	4001	实收资本
31	1604	在建工程	64	4002	资本公积
32	1605	工程物资	65	4003	其他综合收益
33	1606	固定资产清理	66	4101	盈余公积
34	1701	无形资产	67	4103	本年利润
35	1702	累计摊销	68	4104	利润分配

续表

顺 序	编 号	会计科目名称	顺 序	编 号	会计科目名称
69	4201	库存股	79	6301	营业外收入
五、成本类			80	6401	主营业务成本
70	5001	生产成本	81	6402	其他业务成本
71	5101	制造费用	82	6403	税金及附加
72	5201	劳务成本	83	6601	销售费用
73	5301	研发支出	84	6602	管理费用
六、损益类			85	6603	财务费用
74	6001	主营业务收入	86	6701	资产减值损失
75	6051	其他业务收入	87	6702	信用减值损失
76	6101	公允价值变动损益	88	6711	营业外支出
77	6111	投资收益	89	6801	所得税费用
78	6201	其他收益	90	6901	以前年度损益调整

除了以上资产类、负债类、所有者权益类、成本类、损益类等较为常用的会计科目，近些年来，随着企业会计准则的不断完善，对会计信息质量的要求不断提高，以及新的交易和事项出现，核算的细化和复杂化程度提高，因而设置了一些相应的会计科目，如衍生金融资产、应收款项融资、合同资产、持有待售资产、债权投资、其他债权投资、其他权益工具投资、其他非流动金融资产、使用权资产等资产类科目；衍生金融负债、合同负债、持有待售负债、租赁负债等负债类科目；其他收益、其他综合收益等损益类科目。

2. 按反映信息的详细程度分类

会计科目按其反映信息的详细程度不同，或者说按其提供核算资料的详略程度不同，可分为总分类科目和明细分类科目两类，这两类会计科目之间具有隶属关系，明细分类科目隶属于总分类科目。

(1) 总分类科目。总分类科目也称总账科目或一级科目，是对会计对象的具体内容进行总括分类的项目，它提供的是总括核算资料，反映会计对象增减变动的概况。总分类科目由财政部或企业主管部门统一制定，企业在不违反会计准则中确认、计量和报告规定的前提下，可以根据本单位的实际情况增设、分拆、合并会计科目，并报经批准或备案。表4-1中所列的会计科目均为总分类科目。

(2) 明细分类科目。明细分类科目也称明细科目，是对总分类科目做进一步分类，提供更加具体、详细的核算资料的科目。例如"固定资产"是总分类科目，核算企业持有的固定资产原价，可按固定资产类别和项目设置明细分类科目，如"厂房""办公楼""机器设备"等，反映企业固定资产的详细情况。明细分类科目中除了少数由财政部或企业主管部门统一制定外，大多由企业根据会计制度中有关设置会计科目的原则或要求，按本行业、本企业的特点和需要自行设置。

在某一总分类科目下面设置的明细科目如果较多，可以增设二级科目，也称子目。在子目下还可以增设三级及更多级次的明细科目，称为细目。子目和细目统称为明细科目。例如，在"原材料"总分类科目下，可按材料的类别(如原料及主要材料、辅助材料、外购半成品、修理用备件、包装材料、燃料等)设置二级科目,再在二级科目下按材料的品种(如甲材料、乙材料、丙材料等)设置明细科目。

二、会计账户

(一)账户的定义

会计账户通常简称为账户,它是根据会计科目设置的,具有一定格式,用于分类反映会计要素增减变动情况及其结果的记账载体。

会计账户和会计科目是既有联系又有区别的两个概念。它们之间的联系是:两者都是用来分门别类地反映会计对象具体内容的。会计科目是设置会计账户的依据,是会计账户的名称,会计账户是会计科目的具体运用,会计科目规定的核算内容就是账户应记录反映的经济内容。它们之间的区别是:会计科目只是对会计要素的具体内容进行了划分,使得经济业务的分类核算有更具体的项目或标志,会计科目本身没有结构;而账户则是企业根据需要在账簿中开设的,具有一定结构,可用来系统、连续地记载各项经济业务的一种手段。但在会计实务中,会计科目和会计账户这两个概念经常互相通用,并未严格区分。

(二)设置账户的意义

设置账户是会计核算的重要方法之一,设置账户的意义主要体现在以下两个方面。

(1) 通过账户可以将会计核算系统所接纳的原始数据转化为初级的会计信息。企业的客观经济活动是复杂多样的,它们可以形成定量化与定性化的数据,在经过会计确认和计量,并按账户分类和正式记录之后,这些数据就转化为以账户为标志的会计信息,从而与非会计信息产生了本质的区别。

(2) 通过账户可以压缩信息数量,确保信息质量。人们从经济活动中捕捉到的数据往往是零散的、单个的,缺乏有机联系。单个数据必然会割裂价值运动的内在联系。况且,会计信息使用者要求会计提供的是连续、系统、全面的信息,而绝不是零碎的、重复的数据。为此,需要对这些数据根据类别形成既有联系又有区别的信息群,形成会计信息系统的有序性与层次性。此时,账户的设置与运用就显得十分必要且重要了。

(三)账户的结构

1. 账户的基本结构

会计账户的结构就是指账户的格式。为全面、清晰地记录各项经济业务,每一个会计账户既要有明确的经济内容,又要有一定的结构。经济业务会引起资产、负债、所有者权益、收入、费用和利润发生变动。这些变动尽管错综复杂,但从数量上来看,不外乎是增加和减少两种情况。因此,用来记录经济业务的账户也相应地划分为两个基本部分:一部分反映数额的增加;另一部分反映数额的减少。通常,会计账户分为左右两方,分别用来记录增加额和减少额,至于哪一方记录增加额,哪一方记录减少额,要根据账户的性质来确定。会计账户一般应包括以下基本内容。

(1) 会计账户名称,即会计科目。

(2) 日期,用以说明账户记录的时间。

(3) 凭证字号，用以说明账户所记录内容的来源。

(4) 摘要，对经济业务作概要说明。

(5) 金额，增加和减少的金额以及余额。

账户的基本结构如表 4-2 所示。

表 4-2　账户的基本结构

会计科目(账户名称)

年		凭证号数	摘　要	借　方	贷　方	借或贷	余　额
月	日						

在教学中，通常使用简化的 T 形账户(或称丁字形账户)，如表 4-3 和表 4-4 所示。

表 4-3　T 形账户(1)

借方	会计科目(账户名称)	贷方
期初余额		
发生额(增加数)	发生额(减少数)	
本期发生额(增加合计)	本期发生额(减少合计)	
期末余额		

表 4-4　T 形账户(2)

借方	会计科目(账户名称)	贷方
	期初余额	
发生额(减少数)	发生额(增加数)	
本期发生额(减少合计)	本期发生额(增加合计)	
	期末余额	

在借贷记账法下，会计账户的左方称为"借方"，右方称为"贷方"。每个账户在一定会计期间内记入借方的金额合计称为借方发生额，记入贷方的金额合计称为贷方发生额。

2. 账户的数量关系

会计账户中存在四个基本的数量：期初余额、本期增加额、本期减少额和期末余额。在每个会计期末，会计人员需要结出账户的本期增加额、本期减少额和期末余额。这四个数量之间的关系可以用公式表示如下：

$$期末余额 = 期初余额 + 本期增加额 - 本期减少额 \tag{4-1}$$

对于资产类账户而言，其借方本期发生额代表的是本期增加额，贷方本期发生额代表的是本期减少额，所以资产类账户中四个数量之间的关系可以用公式表示如下：

$$期末余额 = 期初余额 + 本期借方发生额 - 本期贷方发生额 \tag{4-2}$$

对于负债和所有者权益类账户而言,其借方本期发生额代表的是本期减少额,贷方本期发生额代表的是本期增加额,所以负债和所有者权益类账户中四个数量之间的关系可以用公式表示如下:

$$期末余额=期初余额+贷方本期发生额-借方本期发生额 \quad (4-3)$$

【例4-2】企业6月1日银行存款余额为50 000元。6月份发生影响银行存款的4笔经济业务如下:

(1) 发生设备维修费8 000元,签发现金支票付讫。
(2) 销售产品10 000元,货款以转账支票结算并已存入银行。
(3) 从银行提取现金1 000元备用。
(4) 收到客户以转账支票5 000元偿付前欠货款,已存入银行。

以上4笔经济业务在银行存款账户中的记录如表4-5所示。

表4-5 账户登记

借方		银行存款		贷方
期初余额	50 000			
(2)	10 000	(1)		8 000
(4)	5 000	(3)		1 000
本期发生额	15 000	本期发生额		9 000
期末余额	56 000			

银行存款账户中的数量关系如下:

$$期末余额=期初余额+借方本期发生额-贷方本期发生额$$
$$56\ 000 = 50\ 000 + 15\ 000 - 9\ 000$$

(四)总分类账户和明细分类账户

会计账户的开设应与会计科目相适应。会计科目可按不同标志进行分类,会计账户亦如此。关于会计账户的分类详见第六章"账户的分类"。本章仅介绍总分类账户和明细分类账户的平行登记。

会计科目按照反映信息的详细程度不同,分为总分类科目和明细分类科目;会计账户也相应地分为总分类账户(总账、一级账户)和明细分类账户(明细账)。两者之间的关系是:总分类账户所属的各明细分类账户的余额总计,应与总分类账户的余额相等,总分类账户所属的各明细分类账户的借(贷)方发生额总计,应与总分类账户的借(贷)方发生额相等。总分类账户是明细分类账户的统驭账户,对明细分类账户起着控制作用;明细分类账户是总分类账户的从属账户,对总分类账户起着辅助和补充的作用。两者结合起来就能反映同一经济业务的核算内容。

总分类账户和明细分类账户采用平行登记方式。平行登记是指在经济业务发生后,以会计凭证为依据,一方面要在有关的总分类账户进行总括登记,另一方面要在总分类账户所属的明细分类账户进行详细登记。平行登记可以概括为同时登记、同向登记和等额登记三个要点。

(1) 同时登记。对发生的每项经济业务,应根据审核无误后的同一凭证,在同一会计期间内，一方面记入有关的总分类账户，另一方面记入同期该总分类账所属的有关各明细分类账户。

(2) 同向登记。登记总分类账户及其所属的明细分类账户的方向(指变动方向)应当相同。

(3) 等额登记。记入总分类账户的金额与记入其所属的各明细分类账户的金额合计数相等。

【例 4-3】 某企业 6 月初"应收账款"总账余额及其所属的明细账余额如表 4-6～表 4-8 所示。

表 4-6　总分类账

借方	应收账款	贷方
期初余额　　100 000		

表 4-7　明细分类账

借方	A 公司	贷方
期初余额　　40 000		

表 4-8　明细分类账

借方	B 公司	贷方
期初余额　　60 000		

6 月份发生的应收账款有关经济业务如下。

(1) 收回 A 公司货款 30 000 元。

(2) 收回 B 公司货款 40 000 元。

(3) 向 A、B、C 公司分别赊销商品 10 000 元、20 000 元、50 000 元。

上述经济业务发生后，依据会计凭证，在"应收账款"总分类账户及其所属的明细分类账户中进行平行登记，如表 4-9～表 4-12 所示。

表 4-9　总分类账

借方		应收账款		贷方
期初余额	100 000	(1)		30 000
(3)	80 000	(2)		40 000
本期发生额	80 000	本期发生额		70 000
期末余额	110 000			

表 4-10　明细分类账

借方		A 公司	贷方	
期初余额	40 000	(1)		30 000
(3)	10 000			
本期发生额	10 000	本期发生额		30 000
期末余额	20 000			

表 4-11　明细分类账

借方		B 公司	贷方	
期初余额	60 000	(2)		40 000
(3)	20 000			
本期发生额	20 000	本期发生额		40 000
期末余额	40 000			

表 4-12　明细分类账

借方		C 公司	贷方	
期初余额	—			
(3)	50 000			
本期发生额	50 000	本期发生额		—
期末余额	50 000			

总分类账户和明细分类账户都是根据同一会计分录或记账凭证进行登记的，但相互不能转录，即总分类账户不能根据明细分类账户登记，明细分类账户也不能根据总分类账户登记。

平行登记将总括记录与详细记录有机地结合起来，从而满足了管理上的不同信息需求，同时便于账户之间的检查核对，确保核算资料的正确完整。在实际工作中，总分类账户与其所属明细分类账户的核对，是通过定期编制"明细分类账户本期发生额及余额试算表"进行的。

第二节　单式记账与复式记账

记账方法是根据单位所发生的经济业务，采用特定的记账符号并运用一定的记账原理，在账簿中进行登记的方法。按照登记经济业务方式的不同，记账方法可分为单式记账法和复式记账法。

一、单式记账法

单式记账法是对所发生的经济业务一般只在一个账户中进行登记的方法。这种记账方法通常只记录银钱收付、债权债务结算，除非同时涉及才在双方账户中进行登记，至于其他经济业务只作单方面的登记，或者未设置有关账户而不予登记。

例如，用银行存款购买材料，只记"银行存款"账户，不记"原材料"账户；购买材料，货款未付时，只记"应付账款"账户，不记"原材料"账户；收到应收款或偿付应付款时，则同时登记"现金"或"银行存款"账户和"应收账款"账户。对于固定资产折旧、材料物资的耗用等经济业务，因不涉及现金或银行存款的收付，故而不予登记。

单式记账法在人类历史上存在了相当长的一段时间，尽管复式记账法在 13 世纪已经诞生，但是直到 19 世纪后半叶德国克虏伯最大的企业仍然采用单式记账法(朱小平，2001)。单式记账法适应了当时社会经济发展的需要，但其缺点也非常明显。单式记账法记录的内容只是经济业务的一个方面，虽然这是个重要的方面，但是仍然不可能反映经济业务的全貌；单式记账法记录的数据不存在相互钩稽关系，不便于进行检查核对，也不便于对经济活动进行监督。因此，单式记账是一种不完整的简易记账方法。

二、复式记账法

由于每一笔经济业务的发生，一定会引起会计要素中的两个或两个以上项目的增减变动，且资产与权益之间存在着自然的平衡关系，人们利用这一规律指导会计实践，便成为复式记账的理论基础。复式记账法是指对每一笔经济业务，都要用相等的金额，在两个或两个以上相互联系的账户中进行记录的记账方法。

例如，企业以银行存款购买生产设备，这笔业务的发生导致企业的银行存款减少，同时企业的固定资产增加，所以要在"银行存款"账户和"固定资产"账户中分别进行登记，即在"银行存款"账户中登记减少额，在"固定资产"账户中登记增加额。

与单式记账法相比，复式记账法是一种更完善、科学的记账方法，其优势主要体现在以下三个方面。

(1) 对于每一项经济业务，都要在相互联系的两个或两个以上的账户中进行登记，这样就可以通过账户的对应关系，全面、清晰地反映经济业务的来龙去脉。

(2) 对于每一项经济业务，都要以相等的金额在有关账户中进行登记，因此，可以运用账户体系的平衡关系来检查全部会计记录的正确性。

(3) 该记账方法下需要设置一套完整的账户体系，因而能记录和反映经济活动的全过程及结果。

复式记账法根据记账符号、记账规则等的不同，又可分为借贷记账法、增减记账法和收付记账法等。借贷记账法是目前世界各国普遍采用的记账方法。在我国的会计实务中，曾使用过增减记账法和收付记账法等，目前企业和行政事业单位统一都使用借贷记账法。

增减记账法由我国首创，经过初期试点，于 1964 年开始在我国商业系统全面推行，工业企业和其他行业也有采用这种记账方法的。增减记账法以"增""减"作为记账符号，以"资金来源=资金占用"等式为依据，将账户分为"资金来源类"和"资金占用类"，以"同类账户，有增有减；异类账户，同增同减"作为记账规则，采用差额平衡等式进行试算平衡，即"资金占用类增方合计数-资金占用类减方合计数=资金来源类增方合计数-资金来源类减方合计数"。

收付记账法在我国预算会计(包括总预算会计、事业单位和行政单位会计)中使用了一段较长的时间。它以"收""付"作为记账符号，以"资金来源总额-资金运用总额=资金结存总额"等式为依据,将账户分为"资金来源类""资金运用类"和"资金结存类",以"同收、同付、有收有付"作为记账规则,即资金来源类或资金运用类账户与资金结存类账户发生对应关系,引起资金结存增加或减少时,要同时记收同时记付,同收或同付金额相等;资金来源类账户和资金运用类账户或同类各账户之间发生对应关系,不涉及资金结存增减变化时,要分别记收和记付,收付金额相等。收付记账法的试算平衡可以采用余额平衡法,也可以采用发生额平衡法。余额平衡法的平衡公式为"资金来源类收方余额合计－资金运用类付方余额合计=资金结存类收方余额合计",发生额平衡法的平衡公式为"资金来源类收付方发生额的差额－资金运用类收付方发生额的差额=资金结存类收付方发生额的差额"。收付记账法按其记账主体的不同,分为资金收付记账法、财产收付记账法和现金收付记账法。

增减记账法和收付记账法有其产生和存在的历史背景,各有优点,也存在不足,其中最重要的一点是影响会计信息的国际和国内的相互交流。1993年7月1日我国《企业会计准则——基本准则》发布实施后,规定各类企业统一使用借贷记账法。1998年预算会计改革时,《事业单位会计准则》《行政单位会计制度》等都要求按规定废除收付记账法,统一采用借贷记账法。

第三节 借贷记账法

借贷记账法是以"借"和"贷"作为记账符号的一种复式记账方法,其主要内容包括理论依据、记账符号、账户结构、记账规则和试算平衡等。

一、起源和发展

借贷记账法起源于13世纪的意大利,这个时期的西方资本主义商品经济有了长足发展,在商品交换中,基于商业资本和借贷资本经营者管理的需要,逐步形成了借贷记账法。

"借""贷"二字的含义,最初是从借贷资本家的角度来解释的。借贷资本家以经营货币资金的借入和贷出为主要业务,对于借进的款项,记在贷主名下,表示自身的债务增加;对于贷出的款项,记在借主名下,表示自身的债权减少。这样,"借""贷"二字分别表示债权(应收款)、债务(应付款)的变化。

随着商品经济的发展,经济活动内容日趋复杂,记录的经济业务也不再仅限于货币资金的借贷业务,而逐渐扩展到财产物资、经营损益和经营资本等的增减变化。这时,为了求得记账的一致,对于非货币资金借贷业务,也利用"借""贷"二字说明经济业务的变化情况。因此,借贷记账方法中的"借""贷"二字逐渐失去了其原来的字面含义,转化为记账符号,成为会计上的专门术语。

到15世纪,借贷记账法得到进一步完善,被用来反映资本的存在形态和所有者权益的增减变化。与此同时,西方国家的会计学者提出了借贷记账法的理论依据,即"资产=负债+所有者权益"会计等式,并依据该理论确立了借贷记账规则。借贷记账法成为一种科学的记账方法,被世界上许多国家广泛采用。世界各国普遍使用借贷记账法记账,使得会计信息成为一种国际信息,成为一种通用的国际商业语言。

二、理论依据

会计核算对象是会计要素的增减变动过程及其结果,这个过程及结果可以用会计基本等式"资产=负债+所有者权益"来表示。该等式主要揭示了三个方面的内容。

(1) 各会计要素增减变动的相互联系。任何经济业务的发生,要么引起不同会计要素下的相关项目发生增减变动,要么引起某一个会计要素内部的不同项目发生增减变动。

(2) 各会计要素之间的数量平衡关系。任何经济业务的发生,要么引起等式的左边或者右边的某一会计项目增加(或减少),同时另一会计项目等额减少(或增加);要么引起等式两边的会计要素同时发生等额增加或等额减少变动。无论怎样变动,都不会影响会计等式的数量平衡关系。

(3) 会计等式两边的有关因素是对立统一的关系。例如,负债要素在等式的右边,从数量关系来看,若要移到等式的左边,就应在负债之前使用"-",即"资产-负债=所有者权益"。

增减变动的相互联系要求,对于发生的每笔经济业务,在一个账户中进行记录的同时,必须在另外的相关账户中进行记录与之对应;数量平衡关系要求,对于发生的每笔经济业务,在相互联系的对应账户中进行登记时,金额必须相等;对立统一关系决定了在借贷记账法下,不同性质的账户其结构不同。这三个方面的内容贯穿了借贷记账法的始终。会计等式对记账方法的要求决定了借贷记账法的账户结构、记账规则和试算平衡的基本理论,因此,会计基本等式是借贷记账法的理论依据。

三、记账符号和账户结构

借贷记账法以"借""贷"作为记账符号,将每个账户划分为"借方""贷方"和"余额"三栏,借方在左,贷方在右,记录和反映会计要素的增减变化情况及结果。

借贷记账法使用的"借""贷"二字,已同其本来字义脱节,演变成记账符号,有其专门的含义。"借""贷"的含义因账户的性质不同而相反。

在资产类账户中,增加数记入借方,减少数记入贷方,余额在借方;在负债和所有者权益类账户中,增加数记入贷方,减少数记入借方,余额在贷方。

借贷记账法下,资产类账户以及负债和所有者权益类账户的结构如表 4-13 和表 4-14 所示。

成本类账户以及损益类账户中核算成本、费用和损失的账户在记账方向上和资产类账户相同,但通常没有余额;损益类账户中核算收入和利得的账户在记账方向上与负债和所有者权益类账户相同,但通常没有余额。

表 4-13 资产类账户

借方	会计科目(账户名称)	贷方
期初余额		
发生额(增加数)		发生额(减少数)
本期发生额(增加合计)		本期发生额(减少合计)
期末余额		

表 4-14　负债和所有者权益类账户

借方	会计科目(账户名称)	贷方
	期初余额	
发生额(减少数)	发生额(增加数)	
本期发生额(减少合计)	本期发生额(增加合计)	
	期末余额	

综合以上各类账户结构的说明，归纳各类账户的借方和贷方记录增减金额的规律，如表 4-15 所示。

表 4-15　会计账户

借方	贷方
资产增加	资产减少
负债减少	负债增加
所有者权益减少	所有者权益增加
收入减少	收入增加
成本、费用增加	成本、费用减少

在借贷记账法下，根据经济业务的需要，可以设置和运用双重性质的账户。所谓双重性质账户，是指既可以用来核算资产、费用，又可以用来核算负债、所有者权益和收入的账户。这类账户期末可能出现借方余额，也可能出现贷方余额。根据双重性质账户期末余额的方向，可以确定账户的性质。如果余额在借方，就是资产类性质的账户；如果余额在贷方，就是负债类性质的账户。

例如，可设置"其他往来"账户来核算一个与本企业既有债权同时又有债务关系企业的经济业务。当该账户期末余额在贷方时，表明本企业承担了债务，是一种"应付"的性质，属于负债；当该账户期末余额在借方时，表明本企业对对方的债权，是一种"应收"的性质，属于资产。此外，"待处理财产损溢""投资收益"等也是双重性质的账户。双重性质的账户可以看作是把应由两个账户核算的内容合并在了一起，并同时具有合并前两个账户的功能，所以设置双重性质账户，可以减少账户数量，使账务处理简便灵活。

四、记账规则

根据复式记账原理，对每项经济业务都要以相等的金额，同时在两个或两个以上相互联系的账户中进行登记。一方面记入一个或几个账户的借方，另一方面记入一个或几个账户的贷方，记入借方的金额与记入贷方的金额相等。这就是借贷记账法的记账规则，可概括为"有借必有贷，借贷必相等"。

【例 4-4】某企业接受投资者投入的生产设备一台，价值 100 000 元，专利权一项，价值 200 000 元。

该业务导致企业所有者权益中实际收到的资本金增加 300 000 元，应记入"实收资本"账户的贷方;同时企业资产中的固定资产和无形资产分别增加 100 000 元和 200 000 元,应记入"固定资产"和"无形资产"账户的借方,如表 4-16~表 4-18 所示。

表 4-16 固定资产

借方		贷方	
期初余额	—		
本期增加额	100 000		
本期发生额	100 000	本期发生额	—
期末余额			

表 4-17 无形资产

借方		贷方	
期初余额	—		
本期增加额	200 000		
本期发生额	200 000	本期发生额	—
期末余额	—		

表 4-18 实收资本

借方		贷方	
		期初余额	—
		本期增加额	300 000
本期发生额	—	本期发生额	300 000
		期末余额	—

五、试算平衡

企业日常发生的经济业务都要记入有关账户,内容庞杂,次数繁多,记账稍有疏忽,便可能出现差错。因此,对全部账户的记录必须定期进行试算,借以验证账户记录是否正确。试算平衡是根据会计恒等式"资产=负债+所有者权益"以及借贷记账法的记账规则,通过汇总、检查和验算确定所有账户记录是否正确的一种验证方法,它包括发生额试算平衡和余额试算平衡。

(一)试算平衡的种类

1. 发生额试算平衡

发生额试算平衡包括两方面的内容:一是每一笔经济业务都按"有借必有贷,借贷必相等"的规则进行记录,借方发生额必然等于贷方发生额;二是在一定期间内,所有账户的借方发生额合计必然等于所有账户的贷方发生额合计。用公式表示如下:

$$\text{本期全部账户借方发生额合计}=\text{本期全部账户贷方发生额合计} \quad (4-4)$$

发生额试算平衡是根据借方与贷方发生额的平衡关系,来检验本期发生额记录是否正确的方法。在会计实务中,这项工作是通过编制"发生额试算平衡表"进行的。

2. 余额试算平衡

在某一时点上，资产类账户的余额在借方，负债和所有者权益类账户的余额在贷方，把全部资产类账户的借方余额加计起来就是企业的资产总额，把全部负债和所有者权益类账户的贷方余额加计起来就是企业的权益总额；而资产与权益之间存在着恒等关系，即"资产=负债+所有者权益"，所以，全部账户的借方余额合计必然与全部账户的贷方余额合计相等。无论是期初余额还是期末余额，都存在这样的相等关系，用公式表示如下：

全部账户的期末借方余额合计=全部账户的期末贷方余额合计　　　(4-5)

全部账户的期初借方余额合计=全部账户的期初贷方余额合计　　　(4-6)

余额试算平衡是根据资产与权益的平衡关系，来检验本期余额记录是否正确的方法。在会计实务中，这项工作是通过编制"余额试算平衡表"进行的。

(二)试算平衡表的编制

在实际工作中，可根据需要单独编制"发生额试算平衡表"和"余额试算平衡表"，也可以合并编制"发生额和余额试算平衡表"，如表 4-19 所示。

表 4-19　发生额和余额试算平衡表

年　　月　　日　　　　　　　　　　　　　　　　单位：元

账户名称	期初余额		本期发生额		期末余额	
	借方	贷方	借方	贷方	借方	贷方
合　计						

编制试算平衡表的步骤如下。

(1) 确定已将本期发生的全部经济业务登记入账。

(2) 在账户中结出各总分类账户的借方发生额和贷方发生额，并根据各总分类账户的期初余额和发生额的数量关系计算期末余额。

(3) 将总分类账簿中所使用的账户，按照某种顺序(如按其在账簿中的顺序或者按其在会计科目表中的顺序)依次填入试算平衡表的"账户名称"栏中。

(4) 将所有账户的期初余额、本期发生额和期末余额依次填入试算平衡表的相应栏目中。

(5) 加计各金额栏的合计数，填入"合计"栏内，分别检验发生额和余额的借方合计与贷方合计是否相等。

第四节　借贷记账法的运用

一、编制会计分录

(一)会计分录的含义和种类

会计上需要设置的账户很多，为了保证账户记录的正确性，准确反映账户之间的对应关系与登记金额，以利于会计工作的顺利进行，在每项交易或者事项发生后、正式记入账户之前，都必须编制会计分录。会计分录简称分录，是依据借贷记账规则，对每项经济业务确定其所涉及的账户名称、记账金额以及应借、应贷方向的一种书面记录形式。一笔会计分录主要包括三个要素：会计科目、记账符号、变动金额。

会计分录按其反映经济业务的复杂程度不同，可分为简单分录和复合分录两种。一项经济业务的发生，只涉及一个借方账户和一个贷方账户的会计分录是简单分录，涉及一个借方账户和多个贷方账户，或者多个借方账户和一个贷方账户，或者多个借方账户和多个贷方账户的会计分录是复合分录。一个复合分录可以拆分为几个简单分录，复合分录有利于反映整个交易或者事项的全貌，简化记账工作，提高会计工作效率。

在借贷记账法下，可以编制"一借一贷""一借多贷""多借一贷"的会计分录。由于"多借多贷"的会计分录不能清晰地反映账户之间的对应关系，所以除非经济事项特殊，确有必要，否则不宜编制"多借多贷"的会计分录，尤其不宜将多笔性质不同的经济业务合并在一起编制"多借多贷"的会计分录。

(二)会计分录的编制

在借贷记账法下，会计分录可按以下步骤编制。

(1) 分析经济业务发生引起的会计要素变动所涉及的账户名称，并确定所涉及账户的变动是增加还是减少。

(2) 分析所涉及账户的性质，根据账户的结构，确定将账户的增加或减少记在借方还是贷方。

(3) 确定所涉及账户应记入的金额，根据记账规则检查是否有借有贷且借贷相等。

(4) 编制完整的会计分录，会计分录的格式要求先写借方，后写贷方，借贷分行书写，且贷方向右错开。

【例4-5】某企业7月份发生以下经济业务。

(1) 以银行存款40 000元偿还前欠某公司货款。

该业务涉及"银行存款"和"应付账款"两个账户，引起银行存款减少40 000元，应付账款减少40 000元。由于"银行存款"是资产类账户，所以资产的减少应记"银行存款"账户的贷方；"应付账款"是负债类账户，负债的减少应记"应付账款"账户的借方。编制会计分录如下：

　　借：应付账款　　　　　　40 000
　　　　贷：银行存款　　　　　　40 000

(2) 以现金支付管理部门办公费用900元。

该业务涉及"库存现金"和"管理费用"两个账户，引起库存现金减少900元，管理费用增加900元。由于"库存现金"是资产类账户，所以资产的减少应记"库存现金"账户的贷方；"管理费用"是损益类账户中核算费用的账户，费用的增加应记"管理费用"账户的借方。编制会计分录如下：

　　借：管理费用　　　　　　900
　　　　贷：库存现金　　　　　　900

(3) 收到投资者投入的生产设备一台，价值100 000元，专利权一项，价值200 000元。

该业务涉及"固定资产""无形资产"和"实收资本"三个账户，引起固定资产增加100 000元，无形资产增加200 000元，实收资本增加300 000元。由于"固定资产"和"无形资产"是资产类账户，所以资产的增加应记"固定资产"和"无形资产"账户的借方；"实收资本"是所有者权益类账户，所有者权益的增加应记"实收资本"账户的贷方。编制会计分录如下：

  借：固定资产   100 000
    无形资产   200 000
   贷：实收资本   300 000

从例4-5中可见，业务(1)和业务(2)编制的是一借一贷的简单分录，业务(3)编制的是多借一贷的复合分录，该分录可以拆分为两个简单分录，即

  借：固定资产   100 000
   贷：实收资本   100 000
  借：无形资产   200 000
   贷：实收资本   200 000

会计实务工作中，会计分录是在专用格式的记账凭证上编写填制的，其详细介绍见第七章"会计凭证"的相关内容。

下面以M公司202×年6月份发生的经济业务为例，说明借贷记账法的具体运用，包括编制会计分录、过账和试算平衡等过程。

【例4-6】M公司202×年6月1日全部账户的余额如表4-20所示。

表4-20 M公司全部账户期初余额表

单位：元

账户名称	期初余额	
	借 方	贷 方
库存现金	2 000	
银行存款	220 000	
原材料	110 000	
固定资产	420 000	
短期借款		250 000
应付账款		102 000
实收资本		400 000
合　计	752 000	752 000

202×年6月份，M公司发生以下经济业务。

(1) 购买原材料20 000元已验收入库，货款尚未支付。
(2) 从银行提取3 000元现金备用。
(3) 接受投资者投入的设备一台，价值80 000元。
(4) 以银行存款90 000元偿还短期借款。

根据以上经济业务资料，编制会计分录如下。

(1) 借：原材料   20 000
   贷：应付账款   20 000

(2) 借：库存现金　　　　　3 000
　　　贷：银行存款　　　　　　3 000
(3) 借：固定资产　　　　　80 000
　　　贷：实收资本　　　　　　80 000
(4) 借：短期借款　　　　　90 000
　　　贷：银行存款　　　　　　90 000

二、过账

各项经济业务编制会计分录以后，即应记入有关账户，该记账步骤通常称为"过账"。过账以后，一般要在月末进行结账，即结算出各账户的本期发生额和期末余额。

【例 4-7】沿用例 4-6 的资料，将 M 公司各经济业务的会计分录记入各账户，如表 4-21～表 4-27 所示。

表 4-21　库存现金

借方		贷方	
期初余额	2 000		
(2)	3 000		
本期发生额	3 000	本期发生额	—
期末余额	5 000		

表 4-22　银行存款

借方		贷方	
期初余额	220 000	(2)	3 000
		(4)	90 000
本期发生额	—	本期发生额	93 000
期末余额	127 000		

表 4-23　原材料

借方		贷方	
期初余额	110 000		
(1)	20 000		
本期发生额	20 000	本期发生额	—
期末余额	130 000		

表 4-24　固定资产

借方		贷方	
期初余额	420 000		
(3)	80 000		
本期发生额	80 000	本期发生额	—
期末余额	500 000		

表 4-25　短期借款

借方		贷方	
(3)	90 000	期初余额	250 000
本期发生额	90 000	本期发生额	—
		期末余额	160 000

表 4-26　应付账款

借方		贷方	
		期初余额	102 000
		(1)	20 000
本期发生额	—	本期发生额	20 000
		期末余额	122 000

表 4-27　实收资本

借方		贷方	
		期初余额	400 000
		(3)	80 000
本期发生额	—	本期发生额	80 000
		期末余额	480 000

三、编制试算平衡表

为了验证和保障编制会计分录、过账和结账(结算本期发生额和期末余额)等日常核算工作的准确性，必须在会计期末进行试算平衡。

【例 4-8】沿用例 4-6 和例 4-7 的资料，编制 M 公司 202×年 6 月末的总分类账发生额及余额试算平衡表，如表 4-28 所示。

表 4-28　M 公司总分类账发生额及余额试算平衡表

202×年 6 月 30 日　　　　　　　　　　单位：元

账户名称	期初余额		本期发生额		期末余额	
	借方	贷方	借方	贷方	借方	贷方
库存现金	2 000		3 000		5 000	
银行存款	220 000			93 000	127 000	
原材料	110 000		20 000		130 000	
固定资产	420 000		80 000		500 000	
短期借款		250 000	90 000			160 000
应付账款		102 000		20 000		122 000
实收资本		400 000		80 000		480 000
合　计	752 000	752 000	193 000	193 000	762 000	762 000

从表 4-28 中可以看出，M 公司总分类账户的期初余额、本期发生额和期末余额的借方合计数与贷方合计数，各自保持平衡，说明记账过程是准确的。如果不等，则表明账户记录有错误，应认真检查更正。利用试算平衡表除了可以检查账户记录的准确性以外，还可以通过它提供的资料，了解企业经济活动的概况，以方便编制资产负债表。

值得注意的是，试算平衡表只是通过借贷金额是否平衡来检查账户记录是否正确，却不能查出记账过程中的全部错误，因为有些错误对于借贷双方的平衡并不产生影响。不能通过试算平衡查出的错误主要包括以下几项。

(1) 重记经济业务。

(2) 漏记经济业务。

(3) 会计分录中借贷发生额相等，但与实际发生额不符，包括借方与贷方同时多计或同时少计。

(4) 借方或者贷方错记金额，一多一少，恰好相互抵销。

(5) 会计分录中记错了账户，或者颠倒了记账的借贷方向。

对于上述错误，应使用合理的方法和技巧查找错账，并采用规定的方法予以更正。关于错账的查找和更正方法，详见第八章"会计账簿"的有关内容。

本 章 小 结

本章介绍了会计科目和会计账户、复式记账原理、借贷记账法的基本内容及其运用。

会计科目是按照经济业务的内容和经济管理的要求，对会计要素的具体内容进行分类核算的项目。会计科目为进行分类核算、提供更加有用的会计信息提供了依据。会计科目可按照不同的标准进行分类：按其反映的经济内容不同，可分为资产类、负债类、共同类、所有者权益类、成本类和损益类；按其反映信息的详细程度不同，或者说按其提供核算指标的详略程度不同，可分为总分类科目和明细分类科目。

会计账户是根据会计科目设置的，具有一定的结构，用于分类反映会计要素增减变动情况及其结果的载体。会计科目就是账户的名称，会计科目规定的核算内容就是账户应记录反映的经济内容。会计账户一般应包括以下基本内容：账户名称、日期、凭证字号、摘要、增加和减少的金额以及余额。在教学中和会计实务工作底稿中，通常使用简化的 T 形账户(或称丁字形账户)。会计账户中四个基本的数量之间的关系可以用公式表达为：期末余额=期初余额+本期增加额-本期减少额。总分类账户和所属的明细分类账户应平行登记，平行登记可以概括为同时登记、同向登记和等额登记三个要点。

记账方法是根据单位发生的经济业务，运用特定的记账符号和记账原理，在账簿中进行登记的方法，可分为单式记账法和复式记账法两种。单式记账法是一种不科学的简易记账方法。复式记账法是以资产与权益平衡关系作为记账基础，对于每一笔经济业务，都要以相等的金额在两个或两个以上相互联系的账户中进行登记，系统地反映资金运动变化结果的一种记账方法。借贷记账法是目前世界各国普遍采用的复式记账方法。

借贷记账法中的"借""贷"二字，作为记账符号已脱离其本来字义，用以指明记账的增减方向、账户之间的对应关系和账户余额的性质等。借贷记账法以"资产=负债+所有者权益"为理论依据,以"有借必有贷,借贷必相等"为记账规则。资产、成本、费用账户的增加额记借方,减少额记贷方;负债、所有者权益、收入账户的增加额记贷方,减少额记借方。此外,资产、负债、所有者权益和部分成本账户期末一般有余额,收入和费用账户期末一般无余额。

为确保账户记录的准确性,经济业务发生之后、登记账户之前,必须编制会计分录。会计分录是指依据借贷记账规则,对经济业务列示应借、应贷账户及其变动金额的一种书面记录。会计分录包括三个要素:账户名称、借贷方向和金额。将会计分录过账后,应于期末结账,结算出各个账户的本期发生额和期末余额,并应依据借贷记账规则和资产与权益的平衡原理进行发生额和余额的试算平衡,以检验记账的准确性。

思 考 题

1. 试述会计对象、会计要素、会计科目和会计账户之间的关系。
2. 为什么既要设置总分类账,又要设置明细分类账?两者是什么关系?两者采用什么方法进行登记?
3. 为什么要进行试算平衡?试算平衡的原理是什么?试算平衡方法有哪些?试算平衡的局限性是什么?

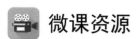 微课资源

单式记账与复式记账

自测题

第五章　制造业企业主要经济业务的核算

网络购物方式出现后，我们发现，当我们浏览网页的时候，往往会弹出一些页面，向我们推荐商品或服务。而这些商品或服务的类型，通常和我们曾经购买过的商品或服务或浏览过的页面有关。也就是说，网络根据我们购买(或浏览)过的商品或服务信息，通过大数据进行了汇总和分析，确定我们的喜好或需求，据此有针对性地向我们推送商品或服务。即我们的消费数据和信息，为商家的推送提供了决策依据。

网络时代，会计信息越来越重要。与个人的经济活动相比，企业的经济活动更加复杂，会计信息使用者对企业会计信息的需求也更加多元化。作为实体经济的制造业，其经营情况关系到整个国民经济的发展。恰当反映制造业的经济活动，为会计信息使用者提供有用的决策信息至关重要。

知识要点

1. 制造业企业的主要生产经营过程。
2. 制造业企业主要生产经营过程中常用的账户及其应用。(重点)
3. 制造业企业主要生产经营过程中发生的经济业务的核算。(重点)
4. 制造业企业主要生产经营过程中会计核算的流程。(难点)

课程思政

1. 筹资业务利息费用——天下没有免费的午餐，要得到，先付出，幸福是奋斗出来的。
2. 采购费用的分配——谁受益，谁负担，追求公平合理。
3. 生产过程的核算——认真做事，才能准确核算成本。
4. 利润分配的顺序——依法经营管理，培养法治意识。

第一节　制造业企业生产经营过程

前面几章阐述了有关会计的一些基本知识，介绍了如何设置账户，以及借贷记账法的原理和记账规则。本章将以业务活动相对比较复杂的制造业企业为例，阐述如何运用账户和借贷记账法等会计方法来记录和传递企业生产经营过程中的各项信息。

企业的经济活动一般包括筹资活动、投资活动和经营活动。要从事生产经营活动，首先必须有资金(或者资本，即本钱)。资金从哪里来呢？从常识的角度说，无非是两个渠道。一个是投资人自有资金(这个资金可以是现金，也可以是原材料、商品、房屋、机器设备，或者是专利技术等)的投入，这种投入可以是直接投入，例如将上述资产直接投入企业；也可以是间接投入，例如通过购买企业股票的方式投入。另一个是借入，例如向银行或其他金融机构申请贷款。

有了资金，企业就可以开始生产经营活动了。制造业的主要经营活动是生产产品、销售产品。为生产产品，企业要购置生产用的原材料和生产设备，生产过程中要投入材料，投入人力和其他支出，生产完工的产品要通过质量检查验收送入成品库房等待销售，接下来产品被投入市场销售以赚取利润，最后企业计算赚取的利润额并进行分配。因此，在制造业企业的生产经营过程中会发生筹资业务、供应业务、生产业务、销售业务、利润形成及分配业务、投资业务。

上述制造业企业在生产经营过程中所发生的经济业务可以用图 5-1 来表述。

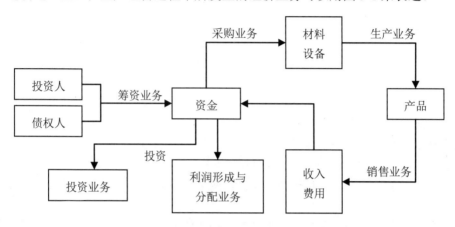

图 5-1 制造业企业的生产经营过程

一、资金进入企业的筹资过程

这一过程主要是企业通过吸收投资和举借债务的方式获得从事生产经营所必需的资金。所发生的经济业务就是筹资业务。由于投资人投资的方式多种多样，可以用现金投入，也可以用房屋、建筑物、机器设备或者专利技术等其他资产投入，因此企业所获得的资金具体表现为各种资产，该资产可能是货币形态的，也可能是非货币形态的。会计核算的内容就是对企业从不同渠道筹集的不同形态的资金进行确认、计量和记录。

二、购置生产设备和生产资料的供应过程

这一过程所发生的主要经济业务是采购业务，例如购置厂房、机器设备和原材料等，包括材料采购业务、材料采购成本计算、固定资产购置业务等。会计核算的内容就是对上述经济业务对会计要素产生的影响进行确认、计量和记录。

三、产品的生产过程

这一过程所发生的经济业务是生产业务，包括材料的投入、人工成本及其他费用的发生等。会计核算主要是核算生产过程中发生的各项生产费用，计算确定产品生产成本。

四、产品的销售过程

这一过程所发生的经济业务是销售业务。会计核算的内容主要是确认商品销售收入，

核算销售成本，反映发生的各项销售费用以及应当负担的销售税金等。

五、利润计算和分配过程

这一过程所发生的经济业务是利润形成与分配业务。会计核算的内容主要是计算确定利润额，并对实现的利润进行分配。

六、投资业务

投资是企业为了获得收益或实现资本增值而向被投资单位投放资金的经济行为。广义的投资包括对内投资和对外投资。对内投资是指投资于设备、厂房等用于企业内部生产经营的资产，所投出的资金仍然在企业内部参与生产经营周转。对外投资则是将资金投向企业外部。会计上所说的投资是指对外投资。

投资有很多种分类。从性质上划分，投资可分为债权性投资与权益性投资；从管理者持有意图划分，可分为交易性投资、可供出售投资、持有至到期投资等；按照投资对象划分，可分为金融资产投资和长期股权投资两类。不同类型的投资，其会计核算也有所不同。

本章将分别介绍制造业企业从筹集资金到利润的形成与分配过程的有关经济业务。投资业务的具体内容将在《中级会计实务》中学习，本书不作介绍。读者也可登录财政部网站查询《企业会计准则第 2 号——长期股权投资》《企业会计准则第 22 号——金融工具确认与计量》等相关准则，了解投资的相关内容。

第二节 筹资业务的核算

一、筹资业务的内容

前已述及，企业筹集生产经营所需资金的渠道有两个：一是吸收投资，二是借入。因此，筹资业务有两类：一类是吸收投资的业务；另一类则是借款业务。吸收投资使企业产生了所有者或者股东，他们是企业的主人，对企业资产享有要求权，即形成了所有者权益；借款使企业产生了债务，即负债。

设立公司必须在公司登记机关登记注册资本。注册资本的投资形式多种多样，可以用货币出资，也可以用实物、知识产权、土地使用权等可以用货币估价并可以依法转让的非货币财产作价出资。目前，《公司法》对公司注册资本没有金额要求，各地公司登记管理机关为便于管理，对注册资本金额一般都实行人民币一元起。法律、行政法规以及国务院决定对公司注册资本实缴，注册资本最低限额另有规定的，从其规定。《公司法》规定投资人不得抽回出资。

有关吸收投资的经济业务的核算内容主要包括投入资金的入账价值、投资人在企业所享有的权益的确认和计量。

借入资金是企业为满足生产经营过程中资金周转的需要或为扩大经营规模等而借入的

款。广义地说，借入的款项、赊购的材料物资都属于借入资金。但会计上在资金筹集过程中的借入资金通常仅指借款和发行债券①所形成的资金。有关借入资金的经济业务的核算内容包括本金的借入和借入资金的使用费(即利息的确认和支付)。筹资渠道与筹资业务的内容如图5-2所示。

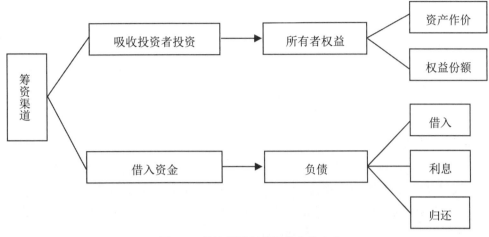

图 5-2 筹资渠道与筹资业务的内容

二、筹资业务的账务处理

(一)筹资业务核算设置的账户

会计核算的起点是设置账户。筹资业务涉及的账户主要有"银行存款""固定资产""无形资产""实收资本"(或"股本")"资本公积""应付债券""短期借款""长期借款""财务费用""应付利息"等。这里仅介绍其中一些常用的账户。

1．实收资本或股本账户

"实收资本"或"股本"账户，用来核算企业接受投资者投入的实收资本。"实收资本"账户属于所有者权益类账户。其贷方登记企业实际收到的投资人投入的资本中，按照规定应当记入本科目的金额，即投资人在注册资本或股本中所占的份额；借方登记企业按法定程序报经批准减少的注册资本金额。期末贷方余额，反映企业实收资本或股本总额。

我国目前实行的是注册资本制度，要求企业的实收资本与注册资本相一致。企业接受各方投资者投入的资本金应遵守资本保全制度的要求，除法律法规有规定者外，不得随意抽回，并且企业减资必须符合国家有关法律法规的规定，因此，本账户一般很少有借方发生额。本账户可按投资者进行明细核算。

"实收资本"账户的结构如下：

借方	实收资本	贷方
按法定程序报经批准减少的注册资本金额	实收资本的增加额(投资人在注册资本或股本中所占的份额)	
	期末余额：实收资本或股本总额	

---

① 发行债券的业务参见《财务会计》或《中级会计实务》相关章节，本书不作介绍。

2. 银行存款账户

"银行存款"账户，用来核算企业存入银行和其他金融机构的各种存款。"银行存款"是资产类账户，其借方登记企业存入银行或其他金融机构的各种存款；贷方登记企业支出的银行存款。期末借方余额，表示企业期末实际存在银行或其他金融机构的款项。本账户应按开户银行和其他金融机构、存款种类等，分别设置银行存款日记账。

"银行存款"账户的结构如下。

借方	银行存款	贷方
银行存款的增加额	银行存款的减少额	
期末余额：银行存款的实际余额		

3. 固定资产账户

"固定资产"账户，用来核算企业持有的固定资产原价。这里的原价通常指取得成本。"固定资产"账户是资产类账户，其借方登记企业从不同渠道获得的固定资产的原价；贷方登记企业减少的固定资产的原价。期末借方余额，反映企业固定资产的原价。本账户可按固定资产类别和项目进行明细核算。

"固定资产"账户的结构如下。

借方	固定资产	贷方
增加固定资产的原价	减少固定资产的原价	
期末余额：固定资产的原价		

4. 无形资产账户

"无形资产"账户，用来核算企业持有的无形资产成本，包括专利权、非专利技术、商标权、著作权、土地使用权等。无形资产是指企业拥有或控制的没有实物形态的可辨认非货币性资产。"无形资产"账户是资产类账户，其借方登记企业从不同渠道获得的无形资产的成本；贷方登记企业减少的无形资产的成本。期末借方余额，反映企业无形资产的成本。本账户可按无形资产项目进行明细核算。

"无形资产"账户的结构如下。

借方	无形资产	贷方
增加的无形资产成本	减少的无形资产成本	
期末余额：无形资产的成本		

5. 短期借款账户

"短期借款"账户，用来核算企业向银行或其他金融机构借入的期限在 1 年(含 1 年)以内的各种借款。"短期借款"账户是负债类账户，其贷方登记企业借入的各种短期借款的本金；借方登记企业归还的各种借款的本金。期末贷方余额，表示尚未归还的短期借款的本金。本账户可按借款种类、贷款人和币种进行明细核算。

"短期借款"账户的结构如下。

借方	短期借款	贷方
归还的短期借款本金	借入的短期借款本金	
	期末余额：尚未归还的短期借款本金	

6. 长期借款账户

"长期借款"账户，用来核算企业向银行或其他金融机构借入的期限在 1 年以上(不含 1 年)的各项借款。"长期借款"账户是负债类账户，其贷方登记企业借入的各种长期借款的本金，以及按合同利率计算确定的应付未付利息与按实际利率计算确定的利息之间的差额；借方登记企业归还的长期借款的本金，以及借入长期借款时实际收到的金额与借款本金之间的差额。期末贷方余额，表示企业尚未偿还的长期借款。本账户可按贷款单位和贷款种类，分"本金""利息调整"等进行明细核算。

"长期借款"账户的结构如下。

借方	长期借款	贷方
①归还的长期借款的本金 ②借入长期借款时，实际收到的金额与借款本金之间的差额	①借入的长期借款本金 ②按合同利率计算确定的应付未付利息与按实际利率计算确定的利息之间的差额	
	期末余额：尚未偿还的长期借款	

7. 财务费用账户

"财务费用"账户，用来核算企业为筹集生产经营所需资金等而发生的筹资费用，包括利息支出(减利息收入)、汇兑损益以及相关的手续费等。"财务费用"账户是损益类账户，其借方登记企业各种财务费用的发生额；贷方登记企业发生的应冲减财务费用的利息收入、汇兑收益以及期末转入"本年利润"账户的财务费用净额，结转后本账户应无余额。本账户应按费用项目进行明细核算。

"财务费用"账户的结构如下(双横线表示该账户期末没有余额，下同)。

借方	财务费用	贷方
财务费用的发生额	应冲减财务费用的利息收入等 期末转入"本年利润"账户的财务费用	

8. 应付利息账户

"应付利息"账户，用来核算企业按照合同约定应支付的利息(包括分期付息到期还本的长期借款、企业债券的利息)。"应付利息"账户是负债类账户，其贷方登记按合同利率计算确定的应付未付利息；借方登记企业实际支付的利息。期末贷方余额，反映企业应付未付的利息。本账户可按债权人或存款人进行明细核算。

"应付利息"账户的结构如下。

借方	应付利息	贷方
实际支付的利息	应付未付利息	
	期末余额：应付未付的利息	

(二)资金筹集业务的核算原则

1. 实收资本入账价值的确定

【例 5-1】A、B、C 三家公司共同出资设立甲公司，注册资本为 200 万元。根据投资协议约定，A 公司投入银行存款 40 万元；B 公司投入厂房一栋，经过资产评估，各方协议确定价值为 100 万元；C 公司投入全新小轿车一辆、货运汽车两辆，购货发票注明小轿车 24 万元，货运汽车每辆 18 万元，按发票价值作为投资额。

假设三家公司的投资已全部到位。那么，对于甲公司而言，收到 A、B、C 三家公司的投资时应当如何确定每位投资者的投入资本？

投资者的投入资本确定为多少，决定着该投资者在被投资企业注册资本或股本中拥有的份额(或股份比例)，同时决定着该投资者在被投资企业中享有的权利和应承担的义务以及投资者在被投资企业的地位。因此，应当严格加以界定。

总体来说，投资者投入资本是按照实际收到的投资额入账的，但是由于投入资本形式的不同，所以投资者投入资本的入账价值也有所不同，主要有以下几种情况。

(1) 投资人以货币出资的，以实际收到的金额作为资产的入账价值。

例 5-1 中，甲公司收到 A 公司投入的银行存款形成的实收资本的入账价值，就应当是 40 万元。

(2) 投资人以其他形式出资的，按照投资合同或协议约定的价值确定，但合同或协议约定价值不公允的除外。

例 5-1 中，甲公司收到 B 公司投入的厂房形成的实收资本的入账价值，应当是 100 万元；收到 C 公司投入的小轿车和货运汽车形成的实收资本的入账价值，应当是 60 万元。

根据上述确认结果，A、B、C 三个投资人在甲公司注册资本中所占的份额分别是 20%、50%、30%。

(3) 投入资本的入账价值与其在注册资本或股本中所占份额的差额，应作为超份额缴入资本，作为资本公积金处理。

2. 借款利息的确认与计量

俗话说"天下没有免费的午餐"，借款除了要"欠债还钱"之外，通常还要支付使用该笔借款的利息及一些辅助费用(如手续费等，统称借款费用，本书仅讨论利息)，作为对提供借款方在相应的时间里放弃使用该笔款项的补偿。

借款按用途可分为专门借款和一般借款。专门借款是指为购建或者生产符合资本化条件的资产[①]而专门借入的款项。一般借款则是指专门借款以外的借款。无论是专门借款还

---

① 符合资本化条件的资产，是指需要经过相当长时间的购建或者生产过程才能达到预定可使用或者可销售状态的固定资产、投资性房地产和存货等资产。

是一般借款，其借款费用的确认和计量都包括资本化和费用化两种情况。其基本原则是：借款利息可直接归属于符合资本化条件的资产的购建或者生产的，应当予以资本化，计入相关资产成本；其他借款利息，应当在发生时根据其发生额确认为费用，计入当期损益，即费用化。具体应按照《企业会计准则第 17 号——借款费用》的规定处理。资本化的借款费用的计算与核算将在以后的课程中系统学习。本书只介绍一般借款费用化的借款利息的确认与计量。

费用化的借款利息属于筹资费用，应计入"财务费用"账户。其具体处理方式，根据权责发生制和重要性原则要求，分为以下情况。

(1) 按月支付的利息，应当在支付时根据有关付款凭证直接借记"财务费用"账户，贷记"银行存款"账户。即

借：财务费用　　×××(支付金额)
　　贷：银行存款　　×××(支付金额)

(2) 按季度或半年、一年等期间支付的利息，根据权责发生制，其处理一般分为两步。

首先，应当于每月末计算本月应当负担的借款利息金额，借记"财务费用"账户，贷记"应付利息"账户。这种做法通常称为"计提"(即计算提取的意思)。即

借：财务费用　　×××
　　贷：应付利息　　×××

其次，实际支付时，已经计入"应付利息"账户的金额，即以前期间计提的金额，借记"应付利息"账户；尚未计入"应付利息"账户的金额，即本期应负担的利息额(本期尚未计提的金额)，借记"财务费用"账户，贷记"银行存款"账户。即

借：应付利息　　×××(以前期间计提的金额)
　　财务费用　　×××(本期尚未计提的金额，即本期应负担的利息额)
　　贷：银行存款　　×××(支付金额)

(3) 如果按季度或半年、一年等期间支付的利息金额较小，根据重要性原则，也可以不在每个月末时作上述处理，只在实际支付时借记"财务费用"账户，贷记"银行存款"账户。即与(1)的做法相同。

借款利息的有关计算公式如下：

$$\text{利息} = \text{借款本金} \times \text{利率} \times \text{计息时间} \tag{5-1}$$

其中，利率在理论上一般按年利率计算(年利率通常以百分数表示)。在具体计算时，通常要根据计息时间是年或月或天数，对利率进行折算。为简化计算，一般一年按 360 天计算①。在以年利率计算利息时，若计息时间为整年的，直接按年数计算；计息时间为整月的，则将年利率除以 12，折算为月利率(通常按千分数表示)，再按月计算；计息时间为天数的，则将年利率除以 360，折算为日利率，再按天计算。

例如：一笔本金为 100 万元的借款，年利率为 7.2%，则每年、每月、每天的利息计算结果如下。

年利息=100×7.2%×1=7.2(万元)
月利息=100×7.2%×1÷12=0.6(万元)

---

① 目前，我国银行在计算存款利息时，一年按 360 天计算。

日利息=100×7.2%×1÷360=0.02(万元)

(三)筹资业务核算举例

A、B、C 三家公司出资创办 W 公司，用 C 公司的专利技术生产两种节能环保产品。根据投资协议，投资总额为 100 万元。A 公司投入银行存款 30 万元；B 公司投入厂房和办公楼各一栋；C 公司投入专利技术一项及配套全新设备两台。各项资产均须在三个月内一次投入。合同自签订之日(3 月 1 日)起生效。合同签订后，W 公司发生如下经济业务。

【例5-2】3 月 16 日，接到开户银行通知，A 公司投入的资金 30 万元已转入银行。

这项经济业务的发生，使公司的银行存款和实收资本各自增加了 30 万元，应分别记入"银行存款"账户的借方和"实收资本"账户的贷方。应编制会计分录如下：

　　借：银行存款　　　300 000
　　　　贷：实收资本　　　300 000

【例5-3】4 月 3 日，收到 B 公司投入的厂房和办公楼的房产证等相关所有权凭证，投资各方对房产进行了移交，经过有关专家的评估，各方确认其公允价值为 35 万元。

这项经济业务的发生，一方面应确认 W 公司的固定资产增加了 35 万元，另一方面实收资本增加了 35 万元，应分别记入"固定资产"账户的借方和"实收资本"账户的贷方。应编制会计分录如下：

　　借：固定资产　　　350 000
　　　　贷：实收资本　　　350 000

【例5-4】4 月 18 日，收到 C 公司按投资协议约定投入的专利权所有权凭证及配套设备两台，各方确认该专利权价值为 30 万元，两台设备共计 5 万元。

这项经济业务的发生，使公司的无形资产增加了 30 万元，固定资产增加了 5 万元，同时，使公司的实收资本增加了 35 万元，应分别记入"无形资产"账户、"固定资产"账户的借方和"实收资本"账户的贷方。应编制会计分录如下：

　　借：无形资产　　　300 000
　　　　固定资产　　　 50 000
　　　　贷：实收资本　　　350 000

5 月 8 日，W 公司获得了工商行政管理部门颁发的营业执照，公司正式开业。

【例5-5】5 月 31 日，接到开户银行通知，向工商银行某营业部申请的一般借款 60 万元已存入公司银行账户，贷款期限为 9 个月，年利率为 6%，到期一次还本付息。

这项经济业务的发生，一方面使公司的银行存款增加了 60 万元，另一方面使公司的短期借款增加了 60 万元，应分别记入"银行存款"账户的借方和"短期借款"账户的贷方。应编制会计分录如下：

　　借：银行存款　　　600 000
　　　　贷：短期借款　　　600 000

【例5-6】6 月 30 日，计算本月应负担的上述短期借款利息。

根据权责发生制，每月应当计提借款的利息，为简化核算，假设每月均按 30 天计算。计算利息金额如下：

短期借款月利息=600 000×6%×1÷12=3 000(元)

这项经济业务的发生，一方面使公司的财务费用增加了 3 000 元，另一方面使公司的应付利息增加了 3 000 元。编制会计分录如下。

  借：财务费用　　　3 000
   贷：应付利息　　　3 000

从 7 月到次年 1 月，各月利息计算和账务处理均与本年 6 月份的相同，这里不再重复。

【例 5-7】7 月 31 日，收到银行通知，向建设银行申请的一般借款 400 000 元已存入企业账户，期限为 3 年，年利率为 7.2%，每年 6 月 30 日和 12 月 31 日支付利息，到期还本并支付剩余利息。

这项经济业务的发生，一方面使公司的银行存款增加了 400 000 元，另一方面使公司的长期借款增加了 400 000 元，应分别记入"银行存款"账户的借方和"长期借款"账户的贷方。编制会计分录如下。

  借：银行存款　　　400 000
   贷：长期借款　　　400 000

【例 5-8】8 月 31 日，计算本月应负担的长期借款利息。

长期借款月利息额=400 000×7.2%×1÷12=2 400(元)

这项经济业务的发生，一方面使公司财务费用增加了 2 400 元，另一方面使公司的应付利息增加了 2 400 元，应分别记入"财务费用"账户的借方和"应付利息"账户的贷方。编制会计分录如下。

  借：财务费用　　　2 400
   贷：应付利息　　　2 400

9 月、10 月、11 月的处理与 8 月的相同。

【例 5-9】12 月 31 日，支付本年度长期借款利息。

本年度应支付 5 个月的利息共计 12 000 元。其中，8~11 月份 4 个月的利息已经记入"应付利息"账户。12 月份的利息可于支付时直接计入财务费用。因此，这项经济业务的发生，一方面使公司的银行存款减少 12 000 元；另一方面使公司的应付利息减少了 9 600(即 4×2 400)元，财务费用增加了 2 400 元，应分别记入"应付利息"账户、"财务费用"账户的借方和"银行存款"账户的贷方。编制会计分录如下。

  借：应付利息　　　9 600
   财务费用　　　2 400
   贷：银行存款　　　12 000

【例 5-10】第二年 2 月末，收到银行的付款通知，归还前述短期借款本金 600 000 元及 9 个月利息 27 000 元，共计付款 627 000 元。

这项经济业务的发生，使公司的两项负债——短期借款和应付利息同时减少。短期借款减少本金 600 000 元，应付利息的账面余额为截至第二年 1 月 31 日累计计提的 8 个月利息 24 000 元(见 6 月 30 日对该笔借款利息的处理)。2 月份的利息于还本时直接支付，作为 2 月份发生的财务费用，不必再另行计提。同时减少银行存款。因此，这项经济业务的发生，应当分别记入"短期借款"账户、"应付利息"账户、"财务费用"账户的借方和"银行存款"账户的贷方。编制会计分录如下。

借：短期借款　　　600 000
　　应付利息　　　24 000
　　财务费用　　　3 000
　　贷：银行存款　　　627 000

如果公司根据重要性原则决定对上述短期借款利息不采取每月计提的方式处理，而是于还本时直接计入当期财务费用，则第一年6月至第二年1月均不需做计提利息的会计处理。第二年2月末还本付息时的会计分录为

借：短期借款　　　600 000
　　财务费用　　　27 000
　　贷：银行存款　　　627 000

筹资业务的核算流程如图5-3所示(图中带圈数字代表例题序号，下同，例9、10略)。

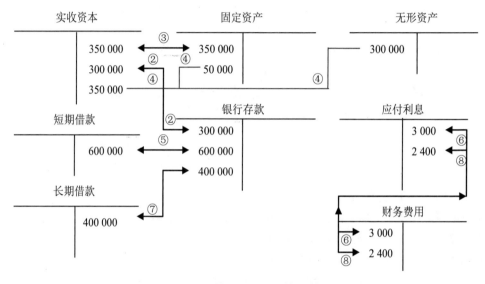

图 5-3　筹资业务的核算流程

第三节　供应业务的核算

俗话说"巧妇难为无米之炊"，要做好饭菜(制作出产品)，就要先准备好米、面、油等(原材料)和炊具(生产设备)。供应过程就是购置生产所需的各种材料物资，为生产做准备的过程，也是制造业生产经营过程的第一个阶段。因此，供应阶段企业的经济业务主要包括设备等的采购、材料的购进与入库、材料采购成本的计算，以及与供应单位往来款项的结算等。

一、固定资产购置业务的核算

(一)固定资产的含义

生活中我们常常会说到"固定资产"这个词，例如家庭居住的房子、使用的一些家用

电器、越来越多的人购置的小汽车、企业的各种机械设备等都属于固定资产。但是有些东西就不是固定资产，例如手机。那么到底什么是固定资产呢？在会计学中，固定资产是指为生产商品、提供劳务、出租或经营管理而持有的，使用寿命超过一个会计年度的有形资产，例如房屋、建筑物、机器设备、运输工具、器具、工具等。使用寿命是指企业使用固定资产的预计期间，或者该固定资产所能生产产品或提供劳务的数量。一项资源要能够被确认为固定资产，必须同时满足第三章介绍的资产的确认条件。

(二)固定资产入账价值与入账时间的确定

企业取得任何一项资产后，必须首先确定其入账价值，即进行初始计量，才能登记入账。固定资产应当按照成本进行初始计量，成本取决于固定资产的来源渠道。固定资产的来源包括外购、自行建造、投资者投入等多种方式。本书仅介绍外购固定资产支付成本的内容。

外购固定资产支付的成本，包括购买价款，相关税费，使固定资产达到预计可使用状态前所发生的可归属于该项资产的运输费、装卸费、安装费和专业人员服务费等。如果该固定资产不需要安装即可使用，则不包括安装费。其中，相关税费中不包括按规定可以抵扣的增值税进项税额。

应当注意的是，这一成本内涵反映的是截止到固定资产达到预计可使用状态时所发生的全部成本，也就是说，"达到预计可使用状态"是固定资产的入账时间。即当固定资产达到预计可使用状态的那一刻，就应当根据此前所发生的成本，确定固定资产的入账价值，登记固定资产账户，反映固定资产增加。以下分别举例说明不需要安装的固定资产和需要安装的固定资产购置业务的核算。

(三)固定资产购置业务核算举例

【例 5-11】 W 公司 8 月份购入一辆汽车，买价为 78 000 元，发生运输费、装卸费等 2 000 元。全部款项均以银行存款支付。

为简化起见，在固定资产购置业务核算中，假设不考虑增值税。有关外购固定资产增值税的处理，见本节第二部分中"(一)材料采购成本的确定"的内容。

根据固定资产的定义及其确认条件，可以确定公司增加了一项固定资产，汽车是不需要安装即可达到预计可使用状态的，因此其成本为 80 000(78 000+2 000)元，同时减少了 80 000 元的银行存款，应当分别记入"固定资产"账户的借方和"银行存款"账户的贷方。编制会计分录如下。

借：固定资产　　80 000
　　贷：银行存款　　80 000

【例 5-12】 W 公司 9 月份购入一台设备，买价为 57 000 元，发生运输费、装卸费等 1 000 元，设备已运抵企业，投入安装。

由于这项设备需要安装，否则就无法达到可使用状态，因此其安装费用也应计入成本。为便于确定使其达到使用状态所发生的各项费用，对于需要安装的固定资产，先通过"在建工程"账户核算，待安装完毕达到预定可使用状态时，再从"在建工程"账户转出，转入"固定资产"账户。"在建工程"账户核算企业安装、更新改造等在建工程发生的支出。该账户是资产类账户，借方登记在建工程发生的各项费用；贷方登记达到预定可使用状态时转入固定资产账户的成本。期末借方余额，反映企业尚未达到预定可使用状态的在建工程的成本。本账户可按"建筑工程""安装工程""在安装设备"等进行明细核算。

"在建工程"账户结构如下。

借方	在建工程	贷方
在建工程发生的各项费用	达到预定可使用状态时转入固定资产账户的在建工程成本	
期末余额：尚未达到预定可使用状态的在建工程的成本		

因此，这项经济业务的发生，一方面使公司在建工程增加了 58 000 元，另一方面使银行存款减少了 58 000 元，应分别记入"在建工程"账户的借方和"银行存款"账户的贷方。编制会计分录如下。

借：在建工程　　　58 000
　　贷：银行存款　　　58 000

【例 5-13】 承例 5-12，根据购货合同，该设备由销售设备的厂家负责安装，W 公司向销售设备的厂家支付安装费 2 000 元。

设备的安装费构成固定资产成本，因此支付的安装费应当记入"在建工程"账户的借方，支付的银行存款则相应记入"银行存款"账户的贷方。编制会计分录如下。

借：在建工程　　2 000
　　贷：银行存款　　2 000

【例 5-14】 承例 5-13，设备安装完毕，经试用达到预定可使用状态，办理了完工验收手续，并投入使用。结转完工工程成本。

设备已达到预计可使用状态，意味着该工程的"在建"状态已经结束，正式成为固定资产了。即"在建工程"减少，而固定资产增加。因此，应将工程成本全部转入"固定资产"账户，分别记入"固定资产"账户的借方和"在建工程"账户的贷方。编制会计分录如下。

借：固定资产　　60 000
　　贷：在建工程　　60 000

固定资产购置业务核算流程如图 5-4 所示(图中连接线上的数字 11、12、13、14 代表例题序号，下同)。

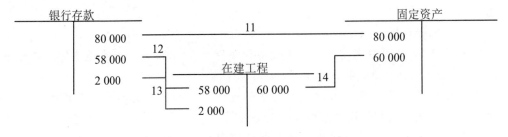

图 5-4　固定资产购置业务核算流程

二、材料采购业务的核算

(一)材料采购成本的确定

制造业企业要生产产品、销售产品,必须首先购置进行生产经营必不可少的劳动对象,即原材料。原材料包括原料及主要材料、辅助材料、外购半成品(外购件)、修理用备件(备品备件)、包装材料以及燃料等。材料在使用过程中通常会改变其原有的实物形态,构成产品的组成部分,或被消耗掉,其价值一次性转入产品成本。材料的入账价值要按照成本进行初始计量。因此,材料成本的高低直接影响产品成本的高低,关系到企业的竞争能力。

企业生产经营所需的材料通常都是外购的,因此,在供应阶段的会计核算中,一个重要的内容就是确定材料的采购成本。企业在对会计要素进行计量时,一般应当采用历史成本,对于资产而言,按历史成本计量就是按照购置资产时支付的现金或者现金等价物[①]的金额,或者按照购置资产时所付出的对价的公允价值计量。制造业企业应当做好材料的采购计划,科学安排采购批量,以降低采购和仓储成本,保证既能及时满足生产经营的需要,又不会造成库存积压,导致不必要的资金占用。

材料的采购成本是指材料从采购到入库前所发生的全部支出,包括购买价款,相关税费,运输费、装卸费、保险费以及其他可归属于材料采购成本的费用。

1. 购买价款

购买价款俗称买价,即企业与供应单位的成交价格,是指供应单位的发票账单上列明的价格。应当注意的是,这里的发票价格,指的是不包括按规定可以抵扣的增值税额的价格。至于增值税进项税额是否应当计入材料的采购成本,取决于企业是增值税的哪一种纳税人、是否取得增值税专用发票、购进材料是否用于应纳增值税的项目等必备条件。关于这些内容,将在下面介绍。

2. 相关税费

采购材料的相关税费,是指企业购买材料发生的进口关税、消费税、资源税和不能抵扣的增值税进项税额等应计入材料采购成本的税费。

进口关税是指进口材料所交纳的关税。进口关税一律计入购入材料的采购成本。

消费税和资源税属于价内税。价内税是指包含在价格中的税费。由于价内税已包含在价格中,即包含在购买价款中,前已述及,购货价格计入采购成本,所以消费税和资源税不必单独考虑;增值税是价外税,价外税是指不包含在价格中的流转税。由于价外税不包括在企业产品价目表定价之内,在销售时根据企业价目表价格另行计算,随同购买价款向购买方一并收取。其具体表示方式是,在增值税专用发票中单独表示税金的金额。而对于不能使用增值税专用发票的企业,增值税直接包含在商品的发票价格中,也不必单独考虑。

采购业务(含材料、固定资产等各类物资的采购)中,增值税进项税额是否应当计入材

[①] 现金等价物是指企业持有的期限短、流动性强、易于转换为已知金额现金、价值变动风险很小的投资。

料和固定资产等物资的采购成本，应根据以下情况确定。

(1) 经税务机关确定为小规模纳税人①的企业，其购买材料物资、服务、无形资产或不动产时，采购过程中所支付的增值税(即增值税进项税额，下同)，无论是否取得增值税专用发票，一律计入相关成本费用或材料物资等资产的成本，不通过"应交税费——应交增值税"科目核算。

(2) 经税务机关确定为一般纳税人的企业，其采购过程中所支付的增值税，凡取得增值税专用发票等扣税凭证，并且所购进的材料物资等用于应纳增值税项目(例如，用采购的材料生产的产品销售时，该产品按税法规定应当交纳增值税)的，则应当支付的增值税进项税额允许抵扣，不计入材料、固定资产等物资的采购成本，具体处理如下。

① 采购等业务进项税额允许抵扣的账务处理。

一般纳税人购进货物、无形资产或不动产，采购时即确认抵扣(下月15日之前报税)的进项税额，借记"应交税费——应交增值税(进项税额)"科目；采购时未确认抵扣的进项税额，借记"应交税费——待认证进项税额"科目。以后确定抵扣时，借记"应交税费——应交增值税(进项税额)"科目，贷记"应交税费——待认证进项税额"科目。

② 采购等业务进项税额不得抵扣的账务处理。

一般纳税人购进货物、无形资产或不动产，用于简易计税方法计税项目、免征增值税项目、集体福利或个人消费等，其进项税额按照现行增值税法规规定不得从销项税额中抵扣。

若采购时即确定不能抵扣的，应在采购时先将增值税进项税额借记"应交税费——应交增值税(进项税额)"科目，贷记有关科目；同时，借记有关资产或成本费用科目，贷记"应交税费——应交增值税(进项税额转出)"科目。

若采购时未确定不能抵扣的，应在采购时先将增值税进项税额借记"应交税费——待认证进项税额"科目。以后确定不能抵扣时，应借记有关资产或成本费用科目，贷记"应交税费——应交增值税(进项税额转出)"科目。

如果一般纳税人未能取得增值税专用发票，则不存在增值税抵扣问题。

③ 一般纳税人采购材料、固定资产等物资用于应纳增值税项目的，采购过程中所支付的运费和包装费、装卸费、运输途中的保险费等运输辅助费用(通常称为杂费)，取得分别开具的增值税专用发票的，按照税法规定，增值税作为进项税额抵扣，不计入材料、固定资产等物资的采购成本，即计入"应交税费"账户的借方。具体处理方法与上述①相同。

其他有关企业采购材料、固定资产等物资过程中允许扣除的增值税项目，可以参考相关税法的规定，这里不再介绍。此外，需要注意的是，为简化起见，除非特别指明，本书材料采购以外的业务均不考虑增值税的抵扣问题。

---

① 小规模纳税人与一般纳税人是增值税纳税人的两种类型。小规模纳税人的标准是：年应征增值税销售额(以下简称应税销售额)在500万元以下(含本数，下同)的增值税纳税人。应税行为的年应税销售额超过上述标准的纳税人为一般纳税人。有关增值税的更多内容，请登录国家税务总局网站查询增值税条例及其实施细则或参考《税法》教材。

3. 采购费用

企业在购买材料时，除了要向供应单位支付买价外，还会发生一些采购费用，如运输费、装卸费、保险费等。采购费用就是指企业外购材料在验收入库以前需要支付的有关费用，也称购货费用或进货费用，主要包括以下几项。

(1) 运输费、装卸费、保险费。对于一般纳税人，计入采购成本的运费中不包括按规定可以抵扣的增值税进项税额以及装卸费、保险费等杂费按规定可以抵扣的增值税进项税额。

(2) 其他可归属于存货采购成本的费用。这是指除上述各项之外的应当计入材料采购成本的费用。例如，在材料采购过程中发生的仓储费、包装费、运输途中的合理损耗、入库前的挑选整理费用等。运输途中的合理损耗，指材料在运输途中可能发生的合理损耗或必要的自然损耗。例如，生产水果罐头的企业采购的新鲜水果可能在运输途中发生的损耗。入库前的挑选整理费用，指材料在入库前进行挑选整理而发生的工资等有关费用以及必要的损耗扣除下脚废料价值后的余额。

在具体计算采购费用时，能够分清负担对象的，即能够确定属于为某种材料发生的费用，应直接计入该材料的采购成本；不能分清负担对象的，即属于为几种材料共同发生的费用，应按照一定的标准在几种材料之间进行分配。分配标准包括重量、体积、买价、数量等。所选择的分配标准，应当与被分配对象密切相关。例如，运费通常按照重量收取，因此可以按重量标准分配。

应当注意的是，企业供应部门或材料仓库所发生的机构经费、采购人员的差旅费以及市内零星运杂费、材料入库后的仓储费用等不计入材料的采购成本，直接计入管理费用。

(二)材料采购业务的账户设置

企业的材料可以按实际成本进行日常核算，也可以按计划成本进行日常核算。具体采用哪种方法，作为一项会计政策由企业自己决定。一般来说，对于规模较小、原材料种类较少，并且原材料的收发业务不是很频繁的企业，通常比较适合采用实际成本对材料进行日常核算，可以准确地计算确定生产出来的产品成本中材料成本的金额。而对于规模较大、原材料品种繁多、收发业务频繁的企业，采用实际成本法进行材料的日常核算，工作量较大，且从管理的角度说，不便于分析、考核材料采购业务的工作成绩和监督材料采购成本的开支情况。因此，这类企业往往使用计划成本进行材料的日常核算。

采用不同的成本进行材料的日常核算时，所使用的账户有所不同。在采用实际成本进行材料日常核算时，应设置"在途物资"账户；而在采用计划成本进行材料日常核算时，应设置"材料采购"账户、"材料成本差异"账户。计划成本应当尽可能接近实际成本。除特殊情况外，计划成本在年度内不得随意变更。

此外，材料采购业务涉及的账户还有"原材料"账户、"应交税费"账户、"应付账款"账户、"银行存款"账户、"预付账款"账户和"应付票据"账户等。

1. 原材料账户

"原材料"账户，用来核算企业库存的各种材料，包括原材料及主要材料、辅助材料等的计划成本或实际成本。"原材料"账户是资产类账户，其借方登记企业验收入库的各种材料的实际成本或计划成本；贷方登记企业出库的各种材料的实际成本或计划成本。期末借方余额，表示企业期末库存材料的实际成本或计划成本。也就是说，虽然无论采用实际成本还是计划成本对材料进行日常核算的企业都要设置"原材料"账户，但是在不同的成本计价方式下，本账户的内涵是不同的。具体来说，就是采用实际成本进行材料日常核算的企业，"原材料"账户的借方、贷方、期末余额反映的都是材料的实际成本；而采用计划成本进行材料日常核算的企业，"原材料"账户的借方、贷方、期末余额反映的都是计划成本。本账户可按材料的保管地点(仓库)、材料的类别、品种和规格等进行明细核算。

"原材料"账户的结构如下。

借方	原材料	贷方
入库材料的实际(或计划)成本	出库材料的实际(或计划)成本	
期末余额：库存材料的实际(或计划)成本		

2. 材料采购账户

"材料采购"账户，用来核算企业采用计划成本进行材料日常核算时购入材料的采购成本。采用实际成本进行材料日常核算的，购入材料的采购成本，在"在途物资"账户核算，不在本账户核算。"材料采购"账户是资产类账户，其借方登记采购业务发生时企业支付的材料价款、运杂费等按规定应计入材料采购成本的金额，以及入库外购材料的实际成本小于计划成本的节约差异；当采购的材料验收入库时，意味着采购过程结束，将入库外购材料的计划成本和外购材料实际成本大于计划成本的超支差异登记在本账户的贷方。期末借方余额，反映企业在途材料的采购成本。本账户可按供应单位和材料品种进行明细核算。

"材料采购"账户的结构如下。

借方	材料采购	贷方
①材料采购成本	①入库材料的计划成本	
②入库材料实际成本小于计划成本的节约差异	②入库材料实际成本大于计划成本的超支差异	
期末余额：在途材料的采购成本		

3. 材料成本差异账户

"材料成本差异"账户，用来核算企业采用计划成本进行日常核算的材料计划成本与实际成本的差额。企业也可以在"原材料"账户下设置"成本差异"明细账户。"材料成本差异"账户是资产类账户，其借方登记两个内容，一是入库材料发生的从"材料采购"账户贷方转入的实际成本大于计划成本的超支差异，二是结转发出材料应负担的实际成本小于计划成本的节约差异；贷方也登记两个内容，一是入库材料发生的从"材料采购"账户借方转入的实际成本小于计划成本的节约差异，二是结转发出材料应负担的实际成本大于计划成本的超支差异。期末余额可能在借方，也可能在贷方。借方余额，反映企业库存材料等的实际成本大于计划成本的超支差异；贷方余额反映企业库存材料等的实际成本小于计划成本的节约差异。本账户可以分"原材料""周转材料"等按照类别或品种进行明细核算。

"材料成本差异"账户的结构如下。

借方	材料成本差异	贷方
①入库材料实际成本大于计划成本的超支差异 ②发出材料应负担的实际成本小于计划成本的节约差异		①入库材料实际成本小于计划成本的节约差异 ②发出材料应负担的实际成本大于计划成本的超支差异
期末余额：库存材料实际成本大于计划成本的超支差异		期末余额：库存材料实际成本小于计划成本的节约差异

4. 在途物资账户

"在途物资"账户，用来核算企业采用实际成本进行材料等物资的日常核算、货款已付尚未验收入库的在途物资的采购成本。采用计划成本进行材料日常核算的企业，购入材料的采购成本，在"材料采购"账户核算，不在本账户核算。"在途物资"账户是资产类账户，其借方登记货款已经支付但尚未验收入库的材料按规定应计入采购成本的金额，贷方登记验收入库材料的成本。期末借方余额，反映企业在途物资等的采购成本。本账户可按供应单位和物资品种进行明细核算。

"在途物资"账户的结构如下。

借方	在途物资	贷方
材料物资采购成本		入库材料物资的成本
期末余额：在途物资的采购成本		

若采用验货付款方式采购材料，则可在材料验收入库时，将按规定应计入采购成本的金额直接记入"原材料"账户的借方，不通过"在途物资"账户核算。

5. 应交税费账户

"应交税费"账户，用来核算企业按照税法等规定应交纳的各种税费，包括增值税、消费税、所得税、资源税、土地增值税、城市维护建设税、房产税、土地使用税、车船使用税、教育费附加、矿产资源补偿费，以及企业代扣代缴的个人所得税等。"应交税费"账户是负债类账户，其贷方登记企业按规定应当交纳的税费，借方登记企业已经交纳的税费以及购入的材料等货物按规定可以抵扣的增值税进项税额。期末贷方余额，反映企业尚未交纳的税费；期末如为借方余额，反映企业多交或待扣的税费。本账户可按应交税费项目进行明细核算。

"应交税费"账户的结构如下。

借方	应交税费	贷方
①已经交纳的税费 ②可以抵扣的增值税进项税额		应交未交的税费
期末余额：多交或尚未抵扣的税费		期末余额：尚未交纳的税费

6. 应付账款账户

"应付账款"账户，用来核算企业因购买材料、商品和接受劳务等经营活动应支付的款项。"应付账款"账户是负债类的账户，其贷方登记企业购入材料、商品和接受劳务而发生的应付未付款项，借方登记企业支付的应付账款。期末贷方余额，反映企业尚未支付的应付账款。本账户可按债权人名称或姓名进行明细核算。

"应付账款"账户的结构如下。

借方	应付账款	贷方
支付的款项	采购材料或接受劳务等应付未付的款项	
	期末余额：尚未支付的应付款项	

7. 预付账款账户

"预付账款"账户，用来核算企业按照合同规定预付的款项。"预付账款"账户是资产类账户，其借方登记企业因购货而预付的款项和应付款项大于预付款项而补付的款项，贷方登记收到所购物资应支付的金额和应付款项小于预付款项而收到的供货单位退回的款项。期末余额可能在借方，也可能在贷方。借方余额，反映企业预付的款项；贷方余额，反映企业尚未补付的款项。本账户可按供货单位进行明细核算。预付款项情况不多的，也可以不设置本账户，而将预付的款项直接记入"应付账款"账户的借方。

"预付账款"账户的结构如下。

借方	预付账款	贷方
①预付的款项 ②补付预付款项的不足金额	①收到所购物资应支付的金额 ②收到因应付金额小于预付金额而退回的款项	
期末余额：预付的款项	期末余额：尚未补付的款项	

(三) 材料采购业务按实际成本核算举例

在采用实际成本进行材料的日常核算时，材料的收入与发出均采用实际成本计算，填制有关材料的收、发凭证，并据以登记材料的总账和明细账。

1. 会计主体为一般纳税人的处理

以下仍以前述 W 公司为例说明。W 公司是经税务机关确定的增值税一般纳税人，为简化起见，假设 W 公司当月购进的所有材料，其增值税进项税额均在当月抵扣。本年 12 月份，公司发生如下采购业务。

【例5-15】12 月 2 日，从 S 公司购入生产用甲材料 5 000 kg，单价 10 元/kg，增值税专用发票上注明买价为 50 000 元，增值税 6 500 元，运杂费增值税专用发票上注明运费 900 元，增值税 81 元，包装费、装卸费等各项杂费 200 元，增值税 12 元。全部款项合计 57 693 元，以银行存款支付，材料尚未到达企业。

这项经济业务发生以后，公司应首先确定材料的采购成本。由于公司为增值税一般纳税人，所购材料用于应纳增值税项目(除非特别指明，本书所述外购材料均用于应纳增值税项目），且公司取得了增值税专用发票。因此，增值税进项税额可以抵扣，记入"应交税费"科目，不计入材料的采购成本。该批材料的进项税额由三部分组成：一是所购材料取得的增值税专用发票上注明的进项税额；二是运杂费增值税专用发票上注明的运费进项税额；三是运杂费增值税专用发票上注明的杂费进项税额。计算如下。

该材料全部进项税额=6 500+81+12=6 593(元)
应计入材料采购成本的运杂费=900+200=1 100(元)
材料采购成本=50 000+1 100=51 100(元)

这项经济业务的发生，一方面使公司的在途物资增加了 51 100 元，由于增值税进项税额可以抵扣，使公司的应交税费减少了 6 593 元，另一方面使公司的银行存款减少了 57 693 元，应分别记入"在途物资"账户、"应交税费"账户的借方和"银行存款"账户的贷方。编制会计分录如下。

借：在途物资——S公司(甲材料)   51 100
　　应交税费——应交增值税(进项税额)   6 593
　　贷：银行存款   57 693

【例5-16】12月3日，从K公司购入材料一批，其中，乙材料5 000 kg，单价10元/kg；丙材料1 000 kg，单价30元/kg。增值税专用发票上注明：乙材料买价为50 000元，增值税6 500元；丙材料买价为30 000元，增值税3 900元。运费增值税专用发票上注明运费600元，增值税54元。合计价款91 054元。材料已到并验收入库，财务部门已收到收料单，货款尚未支付。

进项税额=6 500+3 900+54=10 454(元)

应计入采购成本的采购费用 600 元，由于是为采购乙、丙两种材料共同发生的，前已述及，为采购几种材料发生的共同费用，应当在各种材料之间按照一定标准进行分配，以分别确定每一种材料的采购成本。分配的标准通常有重量、体积、买价、数量等。对于分配标准的选择，一般来说，应当选择几种参考标准中与所分配的费用最相关的。对于运杂费，通常以重量作为分配标准。分配方法如下。

(1) 计算分配率。

$$\text{分配率} = \frac{\text{采购费用}}{\text{各种材料分配标准之和}} \quad (5-2)$$

(2) 计算每种材料应分配的采购费用。

$$\text{每种材料的分配额} = \text{该材料的分配标准} \times \text{分配率} \quad (5-3)$$

根据上述公式，计算两种材料各自应负担的采购费用如下。

$$\text{分配率} = \frac{600}{(5000+1000)} = 0.1(\text{元}/\text{kg})$$

乙材料分配额=5 000×0.10=500(元)
丙材料分配额=1 000×0.10=100(元)
乙材料采购成本=50 000+500=50 500(元)
丙材料采购成本=30 000+100=30 100(元)

这项经济业务的发生，一方面使公司的库存材料增加了 80 600 元，使公司的应交税费减少了 10 454 元；另一方面使公司的应付账款增加了 91 054 元，应分别记入"原材料"

账户、"应交税费"账户的借方和"应付账款"账户的贷方。编制会计分录如下。

  借：原材料——乙材料   50 500
     ——丙材料   30 100
   应交税费——应交增值税(进项税额) 10 454
   贷：应付账款——K公司   91 054

同时，为明确每一种材料的采购成本，公司应编制材料采购成本计算表，并据以登记原材料明细账户。材料采购成本计算表的格式如表5-1所示。

表5-1 材料采购成本计算表

单位：元

项目	乙材料		丙材料	
	总成本(5 000 kg)	单位成本	总成本(1 000 kg)	单位成本
买价	50 000	10.00	30 000	30.00
采购费用	500	0.10	100	0.10
材料采购成本合计	50 500	10.10	30 100	30.10

【例5-17】12月4日，材料仓库转来收料单，本月2日从S公司购入的甲材料已到，验收入库。

这项经济业务的发生，一方面使公司的库存材料增加了51 100元，另一方面使在途物资减少了51 100元，应分别记入"原材料"账户的借方和"在途物资"账户的贷方。编制会计分录如下。

  借：原材料——甲材料   51 100
   贷：在途物资——S公司 51 100

【例5-18】12月10日，收到D公司发来的丁材料1 000 kg，增值税专用发票上注明买价为80 000元，增值税10 400元，合计90 400元。材料已验收入库。上个月已经向D公司预付货款50 000元，欠D公司40 400元货款尚未补付。

这项经济业务的发生，一方面使公司的库存材料增加了80 000元，使应交税费减少了10 400元；另一方面使公司的预付账款减少了90 400元，应分别记入"原材料"账户、"应交税费"账户的借方和"预付账款"账户的贷方。编制会计分录如下。

  借：原材料——丁材料   80 000
   应交税费——应交增值税(进项税额) 10 400
   贷：预付账款——D公司   90 400

【例5-19】12月16日，开出转账支票40 400元，补付欠D公司丁材料货款。

这项经济业务的发生，一方面使公司的银行存款减少了40 400元，另一方面使公司的预付账款增加了40 400元，应分别记入"预付账款"账户的借方和"银行存款"账户的贷方。编制会计分录如下。

  借：预付账款——D公司 40 400
   贷：银行存款   40 400

【例5-20】12月20日，从本市Y公司购入戊材料500 kg，增值税专用发票上注明买价总额1 000元，增值税130元，合计1 130元，已开出转账支票支付。材料已验收入库。

这项经济业务的发生，一方面使公司的库存材料增加了 1 000 元，使应交税费减少了 130 元；另一方面使公司的银行存款减少了 1 130 元，应分别记入"原材料"账户、"应交税费"账户的借方和"银行存款"账户的贷方。编制会计分录如下。

借：原材料——戊材料　　　　　　　　　1 000
　　应交税费——应交增值税(进项税额)　　130
　　　贷：银行存款　　　　　　　　　　　　　1 130

【例5-21】12月25日，开出转账支票91 054元，支付前欠K公司的材料货款。

这项经济业务的发生，一方面使公司的应付账款减少了91 054元，另一方面使公司的银行存款减少了91 054元，应分别记入"应付账款"账户的借方和"银行存款"账户的贷方。编制会计分录如下。

借：应付账款——K公司　　91 054
　　　贷：银行存款　　　　　　　91 054

【例5-22】以现金600元支付采购人员差旅费。

根据材料采购成本组成项目的有关规定，采购人员的差旅费不计入材料的采购成本，而应当计入管理费用。因此，这项经济业务的发生，一方面使公司的现金减少了 600 元，另一方面使公司的管理费用增加了 600 元，应分别记入"管理费用"账户的借方和"库存现金"账户的贷方。编制会计分录如下。

借：管理费用　　　　600
　　　贷：库存现金　　　　600

上述业务在编制完会计分录后，还应当在有关账户中进行登记。材料采购业务按实际成本核算流程如图5-5所示(管理费用和库存现金账户略)。

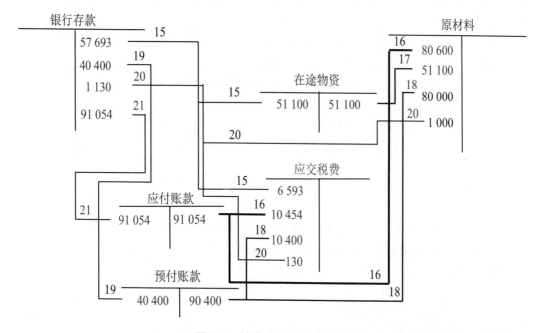

图 5-5　材料采购业务核算流程

2. 会计主体为小规模纳税人的处理

【例 5-23】 假设上述 W 公司经税务机关确定为小规模纳税人，其余条件不变，作出上述八笔经济业务的会计处理。

按照税法规定，小规模纳税人采购材料所支付的全部货款中的增值税不得作为进项税额予以抵扣，即不得记入"应交税费"账户的借方，也就是说，不论是否取得增值税专用发票，一律计入材料的采购成本。其他有关材料采购成本的构成项目，则与一般纳税人相同。因此，对于上述八笔经济业务，应分别作如下处理。

(1) 第一笔经济业务。甲材料采购成本=50 000+6 500+900+81+200+12=57 693(元)

这项经济业务的发生，一方面使公司的在途物资增加了 57 693 元，另一方面使公司的银行存款减少了 57 693 元，应分别记入"在途物资"账户的借方和"银行存款"账户的贷方。编制会计分录如下。

借：在途物资　　57 693
　　贷：银行存款　　57 693

(2) 第二笔经济业务。对应计入采购成本的运杂费进行分配。

$$分配率 = \frac{600+54}{5000+1000} = 0.109(元/kg)$$

乙材料分配额=5 000×0.109=545(元)
丙材料分配额=1 000×0.109=109(元)

注意：如果分配率是一个除不尽的小数，则在计算最后一种材料应分配的金额时，应当用被分配的费用总额减去分配给其他材料的费用，从而将误差计入最后一个分配费用的材料。一般可将误差计入分配标准较大的材料，例如本例中的乙材料。经过分配，两种材料的采购成本分别为

乙材料采购成本=50 000+6 500+545=57 045(元)
丙材料采购成本=30 000+3 900+109=34 009(元)

这项经济业务的发生，一方面使公司的库存材料增加了 91 054 元，另一方面使公司的应付账款增加了 91 054 元。编制会计分录如下。

借：原材料——乙材料　　57 045
　　　　　——丙材料　　34 009
　　贷：应付账款　　　　91 054

材料采购成本计算表略。

(3) 第三笔经济业务。

这项经济业务的发生，一方面使公司的库存材料增加了 57 693 元，另一方面使公司的在途物资减少了 57 693 元，应当分别记入"原材料"账户的借方和"在途物资"账户的贷方。编制会计分录如下。

借：原材料　　57 693
　　贷：在途物资　　57 693

(4) 第四笔经济业务。丁材料采购成本=80 000+10 400=90 400(元)

这项经济业务的发生，一方面使公司的库存材料增加了 90 400 元，另一方面使公司的

预付账款减少了 90 400 元，应分别记入"原材料"账户的借方和"预付账款"账户的贷方。编制会计分录如下。

借：原材料　　　90 400
　　贷：预付账款　　90 400

(5) 第五笔经济业务。这项经济业务的会计分录与例 5-19 相同。

(6) 第六笔经济业务。戊材料采购成本=1 000+130=1 130(元)

这项经济业务的发生，一方面使公司的库存材料增加了 1 130 元，另一方面使公司的银行存款减少了 1 130 元，应当分别记入"原材料"账户的借方和"银行存款"账户的贷方。编制会计分录如下。

借：原材料　　　1 130
　　贷：银行存款　　1 130

(7) 第七、八笔经济业务的处理分别与例 5-21、例 5-22 相同。

(四)材料采购业务按计划成本核算举例

在采用计划成本进行材料的日常核算时，材料的收入与发出均采用计划成本计算，填制有关材料的收、发凭证，并据以登记材料的总账和明细账。同时通过"材料成本差异"账户核算材料的实际成本与计划成本之间的差异额。会计期末，对于发出的材料，用"材料成本差异"账户的金额，采用分摊的办法，将发出材料的计划成本调整为实际成本。这一过程可以分为以下几个步骤。

1. 确定材料的计划成本

企业应根据各种材料的市场价格、供货渠道、使用数量、采购费用等因素合理确定材料的计划单位成本。计划成本一经确定，没有特殊情况，一般年度内不作调整。

2. 采购业务发生时的会计处理

采购业务发生时，按采购成本即实际成本登记"材料采购"账户。这一点，与按实际成本核算是相同的，即采购业务发生时都是按采购成本即实际成本记账，但是使用的账户不同。另一个区别是，在采用实际成本对材料进行日常核算时，只有在货款已经支付，但材料尚未验收入库时，才通过"在途物资"账户核算，如果是在验货付款的方式下，则可以在材料入库时直接记入"原材料"账户，而不通过"在途物资"账户核算；在采用计划成本对材料进行日常核算时，所有的材料采购业务，无论材料是否已经入库，都必须通过"材料采购"账户进行核算，以确定实际成本与计划成本的差异。

3. 材料入库时的会计处理

材料入库时，按计划成本登记"原材料"账户，按实际成本与计划成本的差异额登记在"材料成本差异"账户。

$$实际成本与计划成本的差异额=实际成本-计划成本$$

4. 发出材料时的会计处理

发出材料时，按计划成本登记"原材料"账户。

5. 月末的会计处理

将本月发出的材料应负担的成本差异额进行分摊，随同本月发出材料的计划成本记入有关账户，从而将计入相关成本费用的发出材料的计划成本调整为实际成本。分摊材料成本差异的具体方法如下：

计算材料成本差异率。材料成本差异率有两种：一是当期的实际差异率；二是期初成本差异率。计算公式如下：

$$\text{本期材料成本差异率} = \frac{\text{期初结存材料的成本差异} + \text{本期验收入库材料的成本差异}}{\text{期初结存材料的计划成本} + \text{本期验收入库材料的计划成本}} \quad (5\text{-}4)$$

$$\text{期初材料成本差异率} = \frac{\text{期初结存材料的成本差异}}{\text{期初结存材料的计划成本}} \quad (5\text{-}5)$$

材料成本差异率为正数表示超支，为负数表示节约。

应当注意的是，发出材料应负担的成本差异应当按月分摊，不得在季末或年末一次计算。发出材料应负担的成本差异，除委托外部加工发出材料可按期初成本差异率计算外，其他均应使用当期的实际差异率；期初成本差异率与本期成本差异率相差不大的，也可按期初成本差异率计算。计算方法一经确定，不得随意变更。

计算发出材料应负担的成本差异。其计算公式为

$$\text{发出材料应负担的成本差异} = \text{发出材料的计划成本} \times \text{材料成本差异率} \quad (5\text{-}6)$$

以下举例说明按计划成本进行材料采购业务的核算。为便于比较材料按实际成本与计划成本核算的区别，仍以前述 W 公司为例进行说明。

【例 5-24】 承例 5-15。假设 W 公司对材料采用计划成本进行日常核算，其余资料不变。

根据计划成本法的核算程序，在采购材料时按采购成本即实际成本登记"材料采购"账户。首先计算材料的采购成本。由例 5-15 可知该材料的采购成本为 51 100 元。

与例 5-15 相比，对材料采用计划成本法核算的区别在于采购成本不通过"在途物资"账户核算，而是通过"材料采购"账户核算。编制会计分录如下：

借：材料采购——S 公司　　　　　　51 100
　　应交税费——应交增值税(进项税额)　6 593
　　贷：银行存款　　　　　　　　　　57 693

【例 5-25】 12 月 4 日，材料仓库转来收料单，本月 2 日从 S 公司购入的甲材料已到，验收入库。甲材料计划单位成本为 9.9 元，结转入库甲材料的计划成本和差异额。

这项经济业务的发生，一方面使公司的库存材料增加，另一方面使在途物资减少，应分别记入"原材料"账户的借方和"在途物资"账户的贷方。由于计划成本法下"原材料"账户登记库存材料的计划成本，因此，首先应确定入库甲材料的计划成本和差异额。

甲材料的计划成本 = 入库甲材料的数量 × 甲材料计划单位成本
= 5 000 × 9.9 = 49 500(元)
材料成本差异额 = 实际成本 − 计划成本 = 51 100 − 49 500 = 1 600(元)

根据计算结果编制会计分录。

借：原材料　　　　49 500
　　贷：材料采购　　49 500

由于存在成本差异，所以这项经济业务除了应按计划成本分别记入"原材料"账户的

借方和"在途物资"账户的贷方之外,还应将 1 600 元的超支差异额分别记入"材料成本差异"账户的借方和"材料采购"账户的贷方。编制会计分录如下。

  借:材料成本差异   1 600
    贷:材料采购   1 600

也可以将上述两笔会计分录合并为一笔。

  借:原材料   49 500
    材料成本差异   1 600
    贷:材料采购   51 100

【例 5-26】W 公司本月生产产品共领用甲材料 5 200 kg,计划成本总额为 51 480 元。(领用材料的会计分录将在本章第四节生产业务的核算中介绍,这里略去)月末计算确定发出甲材料应负担的成本差异额并予以分配结转。假设期初库存甲材料的计划成本为 9 900 元,期初材料成本差异额为超支 114.9 元。

发出材料应分摊的差异额应作为材料成本的调整项目,记入与发出材料形成的相关成本费用相同的账户。本例中,生产产品领用的材料成本应记入"生产成本"账户。因此,这项经济业务的发生,应当同时记入"生产成本"和"材料成本差异"账户。具体的记账方向,即哪个记借方,哪个记贷方,则取决于材料成本差异率是正数还是负数,即材料成本差异是超支还是节约。

根据公式计算材料成本差异率和发出材料应负担的成本差异额如下。

材料成本差异率=(114.9+1 600)÷(9 900+49 500)×100=2.89%

发出材料应负担的成本差异额=51 480×2.89%=1 487.77(元)

根据计算结果可知,发出材料应分摊的成本差异应分别记入"生产成本"账户的借方和"材料成本差异"账户的贷方。编制会计分录如下。

  借:生产成本   1 487.77
    贷:材料成本差异 1 487.77

材料采购业务按计划成本核算流程如图 5-6 所示(为简化起见,本图只包括银行存款、材料采购、原材料、生产成本、材料成本差异和应交税费账户的本期发生额)。

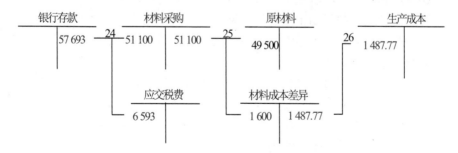

图 5-6 材料采购业务按计划成本核算流程

第四节　生产业务的核算

一、生产业务的主要内容

生产过程是制造业产品形成的阶段，是制造业生产经营过程的第二阶段。这一阶段的主要经济活动是投入人力、物力，投入各种费用，对材料进行加工，生产出半成品和产成品。因此，这一过程既是产品的制造过程，又是物化劳动和活劳动的消耗过程，是制造业最重要的生产经营过程，也是企业会计核算中最复杂的过程。这一阶段会计核算的主要内容，就是计算确定产品的生产成本，主要经济业务包括材料等各种生产费用的归集与分配，以及全部生产费用在完工产品与在产品之间的分配、完工产品的入库等。

二、产品生产成本的构成

产品生产成本是指生产一定种类和数量的产品而耗费的物化劳动(材料)和部分活劳动(人工)的货币表现。产品生产成本是生产耗费的补偿尺度，是综合反映企业工作质量的重要经济指标，也是企业制定产品价格的重要依据，甚至可以说企业产品生产成本的高低直接关系到企业的生死存亡。因此，正确计算产品的生产成本，对企业具有十分重要的意义。

要正确计算确定产品的生产成本并对其进行会计核算，必须首先了解产品生产成本的组成部分。企业在生产经营过程中，生产产品会发生各种各样的耗费，例如，原材料等劳动对象的耗费，厂房、机器设备等作为劳动资料的固定资产的磨损，员工的薪酬等人力的耗费，以及生产部门为组织和管理生产而发生的各种其他费用等。这些费用都是围绕着产品的生产而发生的。为了正确计算企业所生产的每一种产品的生产成本，必须按一定的成本计算对象(如产品品种、生产批次等)进行归集，以确定该成本计算对象的生产成本。因此，一定时期企业为生产产品而发生的各种生产费用，按照其计入产品生产成本的方式，可以分为直接费用和间接费用两大类。直接费用是指能确认是为生产某种产品所耗用的并且能直接按有关产品进行归集的生产费用。直接费用一般包括直接材料费用和直接人工费用。企业为生产产品和提供劳务而发生的各项间接费用通常称为制造费用，企业应当根据制造费用的性质，合理地选择制造费用分配方法。直接人工和制造费用也可称为加工成本，在同一生产过程中，同时生产两种或两种以上的产品，并且每种产品的加工成本不能直接区分的，其加工成本应当按照合理的方法在各种产品之间进行分配。因此，产品生产成本应当包括直接材料成本、直接人工成本、制造费用成本三项内容。也就是说：

$$生产成本=直接材料成本+直接人工成本+制造费用成本$$

(一)直接材料

直接材料是指构成产品实体的各种原料及主要材料(例如生产面包用的面粉)，或虽不构成产品实体，但有助于产品形成的各种辅助材料(例如生产面包用的糖和牛奶等)，包括企业生产经营过程中实际消耗的原料及主要材料、辅助材料、备品配件、外购半成品、燃料、动力、包装物以及其他直接材料等。其中，多种产品共同耗用的材料也属于直接材料，但需要采用一定的方法在几种产品之间进行分配。

(二)直接人工

直接人工是指直接参与产品生产的工人的工资以及按照国家有关法律法规应当由企业负担的生产工人的职工福利、社会保险费、住房公积金等。生产工人同时生产多种产品的，其薪酬仍属于直接人工，但需要采用一定的方法在几种产品之间进行分配。

(三)制造费用

制造费用是指生产车间为生产几种产品共同耗用，或为组织和管理生产，为生产提供共同服务等所发生的，不能直接归集到某种产品生产成本中的生产费用。主要包括生产部门发生的以下费用：一般性的物料消耗、生产车间管理人员的工资等职工薪酬、固定资产的折旧费、办公费、水电费、差旅费、季节性停工损失以及其他有关费用等。制造费用一般不能直接确认用于哪一种产品，所以通常采取先归集汇总，再按一定的方法和分配标准在有关的几种产品之间进行分配的会计处理方法。制造费用的分配标准包括生产工时、机器工时、生产工人工资、原料及主要材料成本、直接费用等多种。

三、生产业务的账务处理

(一)生产业务的账户设置

生产过程核算所需要设置的账户主要有"生产成本"账户、"制造费用"账户以及"库存商品"账户。此外，还包括"应付职工薪酬"账户、"累计折旧"账户、"累计摊销"账户、"管理费用"账户等。

1. 生产成本账户

"生产成本"账户，用来核算企业进行工业性生产发生的各项生产成本，包括生产各种产品(产成品、自制半成品等)、自制材料、自制工具、自制设备等。"生产成本"账户是成本类账户，其借方登记企业发生的各项直接生产成本以及期末分配转入的该成本计算对象应负担的制造费用；贷方登记企业已经生产完成并已验收入库的产成品以及入库的自制半成品应转出的生产成本。期末借方余额，反映企业尚未加工完成的在产品成本。本账户可按基本生产成本和辅助生产成本进行明细核算。基本生产成本应当分别按照基本生产车间和成本核算对象(产品的品种、类别、订单、批别、生产阶段等)设置明细账(或成本计算单)，并按照规定的成本项目设置专栏，进行明细核算。

"生产成本"账户的结构如下。

借方	生产成本	贷方
发生的生产费用： ① 直接材料 ② 直接人工 ③ 分配转入的制造费用	完工入库产品的成本	
期末余额：在产品的成本		

2. 制造费用账户

"制造费用"账户，用来核算企业生产车间(部门)为生产产品和提供劳务而发生的各项间接费用，包括生产车间管理人员的工资等职工薪酬、机物料消耗、生产车间计提的固定资产折旧费、办公费、水电费、季节性停工损失等。(注意：企业行政管理部门为组织和管理生产经营活动而发生的管理费用，在"管理费用"账户核算，不在本账户核算)"制造费用"账户是成本类账户，其借方登记企业发生的各项制造费用；贷方登记分配计入有关的成本核算对象而转入"生产成本"账户的制造费用。除季节性生产的企业外，"制造费用"账户期末一般无余额。本账户可按不同的生产车间、部门和费用项目进行明细核算。

"制造费用"账户的结构如下。

借方	制造费用	贷方
发生的各项制造费用		期末分配转入"生产成本"账户的制造费用

3. 库存商品账户

"库存商品"账户，用来核算企业库存的各种商品的实际成本或计划成本，包括库存的产成品、自制半成品、外购商品、存放在门市部准备出售的商品、发出展览的商品以及寄存在外的商品等。"库存商品"账户是资产类账户，其借方登记生产完成并已验收入库的产成品的实际成本或计划成本；贷方登记对外销售产成品的实际成本或计划成本(应结转产品成本差异)。期末余额在借方，表示企业库存商品的实际成本或计划成本。本账户应按商品种类、品种和规格等设置明细账。

"库存商品"账户的结构如下。

借方	库存商品	贷方
入库产品(商品)的实际成本或计划成本		出库产品(商品)的实际成本或计划成本
期末余额：库存产品(商品)的实际成本或计划成本		

企业生产的产成品一般应按实际成本核算，产成品的入库和出库，平时只记数量不记金额，期末(通常指月末)计算入库产成品的实际成本。若产成品品种较多的，也可按计划成本进行日常核算，其实际成本与计划成本的差异，可以单独设置"产品成本差异"科目，其核算方法可比照"材料成本差异"科目。

4. 应付职工薪酬账户

"应付职工薪酬"账户，用来核算企业根据有关规定应付给职工的各种薪酬，包括工资、职工福利、社会保险费、住房公积金、工会经费、职工教育经费、非货币性福利、辞退福利(指解除与职工的劳动关系给予的补偿)、离职后福利和其他长期职工福利等。"应付职工薪酬"账户是负债类账户，其贷方登记企业应当支付给职工的薪酬；借方登记企业实际支付给职工的薪酬和应从职工薪酬中扣还的各种款项(如个人所得税等)。期末贷方余额，反映企业应付未付的职工薪酬。

"应付职工薪酬"账户的结构如下。

借方	应付职工薪酬	贷方
实际支付给职工的薪酬	应付未付给职工的薪酬	
	期末余额：应付未付的职工薪酬	

5. 累计折旧账户

"累计折旧"账户，用来核算企业固定资产的累计折旧。"累计折旧"账户是资产类的备抵调整账户，其结构与一般资产账户的结构刚好相反，贷方登记企业按月计提的固定资产折旧额，借方登记企业处置固定资产时同时结转的累计折旧额。期末贷方余额，反映企业固定资产的累计折旧额。本账户可按固定资产的类别或项目进行明细核算。

"累计折旧"账户的结构如下。

借方	累计折旧	贷方
处置固定资产时结转的累计折旧额	每月计提的固定资产折旧额	
	期末余额：固定资产的累计折旧额	

6. 累计摊销账户

"累计摊销"账户，用来核算企业对使用寿命有限的无形资产计提的累计摊销。"累计摊销"账户是资产类的备抵调整账户，其贷方登记企业按月计提的无形资产摊销额，借方登记处置无形资产时同时结转的累计摊销额。期末贷方余额，反映企业无形资产的累计摊销额。本账户可按无形资产项目进行明细核算。

"累计摊销"账户的结构如下。

借方	累计摊销	贷方
处置无形资产时同时结转的累计摊销额	每月计提的无形资产摊销额	
	期末余额：无形资产的累计摊销额	

7. 管理费用账户

"管理费用"账户，用来核算企业为组织和管理企业生产经营所发生的管理费用，包括企业在筹建期间发生的开办费、董事会和行政管理部门在企业的经营管理中发生的或者应由企业统一负担的公司经费(包括行政管理部门职工工资及福利等薪酬、物料消耗、办公费和差旅费等)、工会经费、董事会费(包括董事会成员津贴、会议费和差旅费等)、聘请中介机构费、咨询费(含顾问费)、诉讼费、业务招待费、房产税、车船使用税、土地使用税、印花税、技术转让费、矿产资源补偿费、研究费用、排污费等。企业生产车间(部门)和行政管理部门等发生的固定资产修理费用等后续支出，也在本科目核算。"管理费用"账户是损益类账户，其借方登记企业发生的各项费用，期末将各项费用发生额(指净发生额)转入"本年利润"账户，以结算本期损益。本账户可按费用项目进行明细核算。

"管理费用"账户的结构如下。

借方	管理费用	贷方
发生的各项费用	期末转入"本年利润"账户的管理费用	

(二)生产业务核算举例

承例 5-22，W 公司是经税务机关确定的增值税一般纳税人，主要生产 P1、P2 两种节能产品。本年 12 月份，公司发生如下经济业务。

【例 5-27】 根据有关部门转来的领料单，汇总编制发料凭证汇总表如表 5-2 所示。

表 5-2 发料凭证汇总表

用 途	甲材料 数量/kg	甲材料 金额/元	乙材料 数量/kg	乙材料 金额/元	丙材料 数量/kg	丙材料 金额/元	丁材料 数量/kg	丁材料 金额/元	戊材料 数量/kg	戊材料 金额/元	合计/元
生产产品领用											
P1 产品	4 000	40 800	2 000	20 000	1 600	32 000					92 800
P2 产品	1 300	13 260	3 500	35 000	0	0	1 080	86 400			134 660
小计	5 300	54 060	5 500	55 000	1 600	32 000	1 080	86 400			227 460
生产部门领用									520	1 040	1 040
合 计	5 300	54 060	5 500	55 000	1 600	32 000	1 080	86 400	520	1 040	228 500

企业各有关部门在领用材料物资时，必须填制领料单，办理领料手续，凭领料单到仓储部门领用材料，以记录领料业务的发生情况，并将其传递到会计部门，会计部门据此编制会计分录和登记有关账簿，进行会计核算，记录经济业务的发生。在会计实务中，会计人员通常根据领料业务的多少决定是逐笔记录还是汇总反映。在领料业务发生较频繁的情况下，通常将若干张领料单的内容汇总，编制发料凭证汇总表，汇总反映材料的发出耗用情况，以简化账务处理，减少会计人员的工作量。

这项经济业务的发生，一方面使公司的库存材料减少了 228 500 元，另一方面使公司的成本费用增加。其中，生产产品领用的材料 227 460 元属于直接材料，应直接计入有关产品的生产成本；生产部门领用的材料 1 040 元属于间接费用，应计入制造费用。因此，应分别记入"生产成本"、"制造费用"账户的借方和"原材料"账户的贷方。编制会计分录如下：

   借：生产成本——P1   92 800
     生产成本——P2   134 660
     制造费用   1 040
    贷：原材料——甲材料   54 060
      原材料——乙材料   55 000
      原材料——丙材料   32 000
      原材料——丁材料   86 400
      原材料——戊材料   1 040

【例 5-28】计提本月应付职工工资，共计 75 000 元。工资分配情况如下：生产 P1 产品工人工资 25 000 元，生产 P2 产品工人工资 30 000 元，生产部门其他人员工资 5 000 元，行政管理部门人员工资 15 000 元。

由于工资尚未支付，因此，这项经济业务的发生，一方面使公司应当支付给职工的工资增加了 75 000 元，另一方面使公司的成本费用增加了 75 000 元。其中，生产工人的工资 55 000 元属于直接工资，应直接计入有关产品的生产成本；生产部门其他人员的工资 5 000 元属于间接费用，应计入制造费用；行政管理部门人员的工资 15 000 元属于期间费用，应计入管理费用。因此，应分别记入"生产成本"账户、"制造费用"账户、"管理费用"账户的借方和"应付工资"账户的贷方。编制会计分录如下。

借：生产成本——P1　　　　　25 000
　　生产成本——P2　　　　　30 000
　　制造费用　　　　　　　　 5 000
　　管理费用　　　　　　　　15 000
　　贷：应付职工薪酬——工资　　 75 000

【例 5-29】开出转账支票 75 000 元，向员工发放工资。

这项经济业务的发生，一方面使公司的应付职工薪酬减少了 75 000 元，另一方面使公司的银行存款减少了 75 000 元，应分别记入"应付职工薪酬"账户的借方和"银行存款"账户的贷方。编制会计分录如下。

借：应付职工薪酬——工资　　　75 000
　　贷：银行存款　　　　　　　　 75 000

注：如果企业需要用现金向员工发放工资，则需要先开出现金支票向银行提现，然后再向员工发放现金工资。其账务处理分两步：一是提现，二是发放工资。以本题为例，其会计分录如下。

提现时的会计分录为

借：现金　　　　　75 000
　　贷：银行存款　　75 000

用现金发放工资时的会计分录为

借：应付职工薪酬——工资　　　75 000
　　贷：现金　　　　　　　　　　75 000

【例 5-30】本月计提职工福利费 10 500 元用于发放职工福利。其中，生产 P1 产品的生产工人福利费 3 500 元；生产 P2 产品的生产工人福利费 4 200 元；生产车间管理人员福利费 700 元；行政管理部门人员福利费 2 100 元。

职工福利费是指企业为职工提供的除职工工资、奖金、津贴和补贴、职工教育经费、社会保险费及住房公积金以外的福利待遇支出，包括发放给职工或为职工支付的各项现金补贴和非货币性福利，如职工外地就医费用，职工疗养费用，防暑降温费用，企业内设集体福利部门发生的设备、设施和人员费用，发放给在职职工的生活困难补助，丧葬费，抚恤费，职工异地安家费等。根据企业会计准则规定，企业发生的职工福利费，应当在实际发生时根据实际发生额计入当期损益或相关资产成本。生产工人的福利费 7 700 元属于直接人工费用，应当直接计入产品的生产成本；生产部门其他人员的福利费 700 元属于间接费用,应当计入制造费用;行政管理部门人员的福利费 2 100 元属于期间费用,应当计入管理费用。

因此,这项经济业务的发生,一方面使公司应当支付的福利费增加,另一方面使公司的成本费用增加,应分别记入"生产成本"账户、"制造费用"账户、"管理费用"账户的借方和"应付职工薪酬"账户的贷方。编制会计分录如下。

借:生产成本——P1　　　　　　　3 500
　　生产成本——P2　　　　　　　4 200
　　制造费用　　　　　　　　　　 700
　　管理费用　　　　　　　　　　2 100
　　贷:应付职工薪酬——职工福利　　10 500

【例 5-31】按本月职工工资总额的 20%计提本月职工社会保险费共计 15 000 元。其中,为生产 P1 产品的生产工人计提社会保险费 5 000 元(25 000×20%);为生产 P2 产品的生产工人计提社会保险费 6 000 元(30 000×20%);为生产车间管理人员计提社会保险费 1 000 元(5 000×20%);为行政管理部门人员计提社会保险费 3 000 元(15 000×20%)。

社会保险费是按照国家有关法律、法规、制度的规定,由企业负担的统一向社保部门缴纳的存入职工个人社会保险账户的社保资金。其具体比例由各地方根据国家有关规定和当地经济发展状况等因素确定。企业为职工缴纳的社会保险费(包括医疗保险费、工伤保险费、失业保险费、养老保险费、生育保险费等)应当在职工为其提供服务的会计期间,根据规定的计提基础和计提比例计算确定相应的职工薪酬金额,确认为应付职工薪酬,计入当期损益或相关资产成本。具体处理原则是:生产工人的工资总额提取的社会保险费 11 000 元属于直接人工费用,应当直接计入产品的生产成本;生产部门其他人员的工资总额提取的社会保险费 1 000 元属于间接费用,应当计入制造费用;行政管理部门人员的工资总额提取的社会保险费 3 000 元属于期间费用,应当计入管理费用。

因此,这项经济业务的发生,同上笔业务一样,一方面使公司应当支付的职工薪酬增加,另一方面使公司的成本费用增加,应分别记入"生产成本"账户、"制造费用"账户、"管理费用"账户的借方和"应付职工薪酬"账户的贷方。编制会计分录如下。

借:生产成本——P1　　　　　　　5 000
　　生产成本——P2　　　　　　　6 000
　　制造费用　　　　　　　　　　1 000
　　管理费用　　　　　　　　　　3 000
　　贷:应付职工薪酬——社会保险费　　15 000

企业应编制工资和福利等各项应付职工薪酬分配表,反映这一分配过程,并据以编制会计分录,登记账簿。应付职工薪酬分配表如表 5-3 所示。

除了上述的社会保险费以外,企业为职工缴纳的住房公积金,以及按规定提取的工会经费和职工教育经费也应当计入企业的成本费用。其中,住房公积金根据国家有关规定和当地经济发展状况等因素确定。工会经费计提的标准是职工工资总额的 2.5%,职工教育经费计提的标准是职工工资总额的 1.5%(特殊情况也可以按 2.5%计提)。其会计处理与社会保险费的会计处理方法相同,这里不再举例说明。

表 5-3 应付职工薪酬分配表

单位：元

分配对象		成本项目	直接计入工资费用	职工福利费用	社会保险费用（计提比例：20%）
生产成本	P1	直接人工	25 000	3 500	5 000
生产成本	P2	直接人工	30 000	4 200	6 000
		小计	55 000	7 700	11 000
制造费用	车间	工资	5 000	700	1 000
管理费用		工资	15 000	2 100	3 000
合　计			75 000	10 500	15 000

【例 5-32】开户银行转来代扣本月水电费通知，本月水电费共计 4 000 元，附电业部门结算清单一张。其中，生产部门应负担 3 000 元，行政管理部门应负担 1 000 元。

这项经济业务的发生，一方面使公司的银行存款减少了 4 000 元，另一方面使公司的成本费用增加了 4 000 元。其中，生产部门的水电费属于间接费用，应当计入制造费用；行政管理部门的水电费属于期间费用，应当计入管理费用，因此，应分别记入"制造费用"账户、"管理费用"账户的借方和"银行存款"账户的贷方。编制会计分录如下。

借：制造费用　　　　3 000
　　管理费用　　　　1 000
　　贷：银行存款　　　　4 000

【例 5-33】生产部门购入技术人员用设计图纸，支付现金 360 元。

这项经济业务的发生，一方面使公司的现金减少了 360 元，另一方面使公司的成本费用增加了 360 元。按规定，生产部门发生的这项费用属于间接费用，因此，应分别记入"制造费用"账户的借方和"现金"账户的贷方。编制会计分录如下。

借：制造费用　　　　360
　　贷：现金　　　　　　360

【例 5-34】计提本月固定资产折旧 5 500 元。其中，生产部门固定资产应计提折旧 3 880 元，行政管理部门固定资产应计提折旧 1 620 元。

固定资产因使用而发生的损耗通常称为折旧。从会计的角度来说，折旧是指在固定资产使用寿命内，按照确定的方法对应计折旧额进行系统分摊。折旧作为一种损耗，计入各期成本费用，从收入中获得补偿，从而积累资金，在固定资产最终报废时能够及时购置新固定资产。所以固定资产应当按月计提折旧，并根据用途计入相关资产的成本或者当期损益。生产部门固定资产的折旧费用是为生产产品而发生的，属于产品生产成本中的间接费用；行政管理部门固定资产的折旧费用是为组织和管理生产而发生的，属于期间费用。

这项经济业务的发生，一方面使公司的成本费用增加，另一方面使公司固定资产的折旧增加，应分别记入"制造费用"账户、"管理费用"账户的借方和"累计折旧"账户的贷方。编制会计分录如下。

借：制造费用　　　　3 880
　　管理费用　　　　1 620
　　贷：累计折旧　　　　5 500

【例5-35】以银行存款支付本月固定资产日常维修费1 000元。

固定资产在使用过程中会发生磨损。因此,在其使用期间,为了维护其正常运转和使用,以使其能充分发挥使用效能,需要对固定资产进行必要的维护和修理。如进行局部检修,更换零部件等。在维修的过程中,必然会发生一些修理费用,修理费用属于固定资产的后续支出,按照会计准则的规定,固定资产的后续支出符合规定的确认条件的,如一些更新改造支出,应当计入固定资产成本;不符合规定的确认条件的,如一些日常的维修费用,应当在发生时计入当期损益。具体来说,是通过"管理费用"科目核算。

因此,这项经济业务的发生,一方面使公司的管理费用增加了1 000元;另一方面使公司的银行存款减少了1 000元,应分别记入"管理费用"账户的借方和"银行存款"账户的贷方。编制会计分录如下。

借:管理费用　　　1 000
　　贷:银行存款　　　1 000

【例5-36】月末计算本月应负担的无形资产摊销额5 000元。

无形资产作为可供企业长期使用的资产,如果其使用寿命是有限的,需要如同固定资产在使用寿命期间按月计提折旧一样,在使用寿命之内进行摊销。根据会计准则的规定,无形资产的摊销金额一般应当计入当期损益。但是如果某项无形资产包含的经济利益通过所生产的产品或其他资产实现,其摊销金额应当计入相关资产的成本。从前述例题中可知,W公司接受投资人投入的该项专利是用于生产节能产品的,所以该无形资产的摊销额应当作为一项间接费用,计入所生产的产品成本。

因此,这项经济业务的发生,一方面使公司的制造费用增加了5 000元;另一方面使公司无形资产的累计摊销增加了5 000元,应分别记入"制造费用"账户的借方和"累计摊销"账户的贷方。编制会计分录如下。

借:制造费用　　　5 000
　　贷:累计摊销　　　5 000

【例5-37】月末,将本月发生的制造费用19 980元按P1、P2两种产品的生产工时比例进行分配,计入两种产品的生产成本。P1产品的生产工时为5 190 h,P2产品的生产工时为4 800 h。

前已述及,制造费用是为生产几种产品共同耗用的,或生产部门为组织和管理生产而发生的间接费用,发生时首先在"制造费用"账户中归集,会计期末按照一定的方法和标准在该部门生产的几种产品之间进行分配,以计入各产品的生产成本。其分配方法与材料采购过程中发生的共同采购费用的分配方法相同。计算分配如下。

$$\text{制造费用分配率} = \frac{\text{制造费用总额}}{\text{分配标准之和}} = \frac{19\ 980}{5\ 190 + 4\ 800} = 2(\text{元/h})$$

P1产品应分配的制造费用额 = 5 190×2 = 10 380(元)
P2产品应分配的制造费用额 = 4 800×2 = 9 600(元)

企业应编制制造费用分配表,反映这一分配过程,并据以编制会计分录,登记账簿。制造费用分配表如表5-4所示。

表 5-4 制造费用分配表

部门名称　　　　　　　　　　　20××年12月

产品名称	生产工时/h	分配率	分配金额/元
P1 产品	5 190		10 380
P2 产品	4 800		9 600
合计	9 990	2	19 980

这项经济业务的发生，一方面使公司 P1、P2 两种产品的生产成本增加，另一方面使公司的制造费用转出，应分别记入"生产成本"账户的借方和"制造费用"账户的贷方。编制会计分录如下。

　　借：生产成本——P1　　　10 380
　　　　生产成本——P2　　　 9 600
　　　贷：制造费用　　　　　　　　19 980

【例 5-38】本月投产的 P1 产品 240 件全部完工，总成本 136 680 元；P2 产品完工 500 件，总成本 180 000 元。产品已验收入库，入库单已传递至会计部门。结转完工入库 P1、P2 产品的生产成本。

产品成本计算是会计核算中一项十分重要且比较复杂的内容。除了前面讲述的各项费用的归集、制造费用的分配等之外，接下来要做的就是根据"生产成本"账户中汇集的全部生产费用和产品的完工情况，计算完工产品的成本。产品成本是定价的主要依据，也是计算企业经营盈亏情况的必要指标，因此正确计算产品成本对企业至关重要。

从账户的设置中已经知道，企业应按产品的品种、类别、订单、批别、生产阶段等成本计算对象设置明细账或成本计算单，并按照规定的成本项目设置专栏，以归集生产费用，并进行产品成本的明细核算。对于直接费用，直接计入各该产品的生产成本明细账；对于间接费用，则先在制造费用账户中归集，月末再在各该成本计算对象之间进行分配，计入各该产品的生产成本明细账，据以计算完工产品的成本。这些工作在前面的例题中已经介绍。现在简单介绍一下完工产品成本的计算。

产品生产成本账户所汇集的全部生产费用，由两部分构成，即期初在产品的成本和本期发生的生产费用。如果所生产的某种产品到月末全部完工，则完工产品的总成本，就是该产品生产成本明细账中汇集的全部生产费用。用完工产品的总成本除以该完工产品的总产量，得出的就是该产品的单位成本。如果所生产的某种产品到月末全部未完工，则该产品生产成本明细账中汇集的全部生产费用就是该产品月末在产品的总成本。如果所生产的某种产品到月末一部分完工，一部分未完工，就需要采取一定的方法将该产品生产成本账户所汇集的全部生产费用在完工产品和月末在产品之间进行分配，以计算出完工产品的总成本和单位成本。根据账户金额要素之间的关系，可知完工产品成本的计算公式为

完工产品成本=期初在产品成本+本期发生的生产费用-期末在产品成本

其中，期初在产品成本与本期发生的生产费用之和就是产品生产成本账户所汇集的全部生产费用。由于投入在单位在产品和单位产成品上的成本是不同的，所以我们不能把在产品的数量直接和产成品的数量相加，以计算单位产品成本。因此，要计算完工产品成本，关键是要确定期末在产品成本。

期末在产品成本的确定方法，可以考虑以下几个因素。

(1) 企业生产经营特点——如果期末没有在产品，或在产品数量很少，则在产品成本可以忽略不计，如发电企业；如果期末在产品的数量比较稳定，各期数量十分接近，则在产品可以按固定成本计算。

(2) 产品成本构成的特点——如果企业在产品成本的三个组成要素中，原材料占绝对比重，则在产品成本可以只按其投入的原材料成本确定，其所消耗的直接人工和制造费用可以忽略不计。

(3) 企业会计核算的条件——如果企业的会计核算基础资料十分详尽，能够制定定额标准，则在产品成本可以按定额成本计算。

(4) 其他情况。对于不属于以上几种情况的，例如，期末在产品数量不稳定，又没有定额标准，则可以将在产品数量按照一定标准折合成相当于产成品的数量(叫作约当产量，即一件在产品大约相当于零点几件产成品)，从而使在产品可以按折合后的数量与产成品数量一同参与成本项目的分配。完工产品成本的计算是一项十分复杂的内容，其详细内容将在《成本会计》中介绍。

产品完工验收入库，应填制入库单。会计人员根据入库单编制生产成本计算表，据以编制会计分录，并登记账簿。生产成本计算表如表 5-5 所示。

表 5-5 生产成本计算表

20××年 12 月 单位：元

成本项目	P1 产品		P2 产品	
	总成本(240 件)	单位成本	总成本(500 件)	单位成本
直接材料	92 800	386.67	131 460	262.92
直接人工	33 500	139.58	39 240	78.48
制造费用	10 380	43.25	9 300	18.60
产品生产成本	136 680	569.50	180 000	360.00

这项经济业务的发生，一方面使公司的库存商品增加，另一方面使公司的生产成本转出，应分别记入"库存商品"账户的借方和"生产成本"账户的贷方。编制会计分录如下。

　　借：库存商品——P1　　　136 680
　　　　库存商品——P2　　　180 000
　　　贷：生产成本——P1　　　136 680
　　　　　生产成本——P2　　　180 000

上述业务还应在有关账户中进行登记。至此，生产过程随着产品完工验收入库而结束。生产业务核算流程如图 5-7 所示。

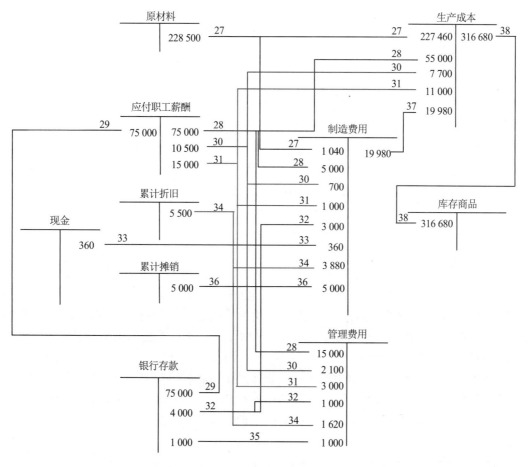

图 5-7 生产业务核算流程

第五节 销售业务的核算

一、销售业务的主要内容

销售过程是制造业生产经营过程的第三阶段,是企业产品价值实现和取得销售收入以补偿成本费用的阶段。企业生产的产品只有销售出去,才能为企业带来经济利益。这一阶段的主要经济业务包括销售收入的实现、销售成本的结转、销售费用的发生、销售税费的计算,以及销售货款的结算等。

二、销售收入的确认与计量

销售过程最重要的经济业务,就是确认和计量商品的销售收入。所谓销售收入的确认与计量是指确定销售收入的入账时间和入账金额,即应当在什么时间在账上登记销售收入,登记的销售收入金额是多少。

(一)销售收入的确认

销售收入的确认是一项较为复杂的工作,应当根据《企业会计准则第 14 号——收入》的规定进行处理。

收入准则规定,企业应当在履行了合同中的履约义务,即在客户取得相关商品控制权时确认收入。

取得相关商品控制权,是指能够主导该商品的使用并从中获得几乎全部的经济利益。

在判断客户是否已取得商品控制权时,企业应当考虑下列迹象。

(1) 企业就该商品享有现时收款权利,即客户就该商品负有现时付款义务。

(2) 企业已将该商品的法定所有权转移给客户,即客户已拥有该商品的法定所有权。通常情况下,法定所有权的转移一般以所有权凭证的转移为依据。

(3) 企业已将该商品实物转移给客户,即客户已实际占有该商品。

(4) 企业已将该商品所有权上的主要风险和报酬转移给客户,即客户已取得该商品所有权上的主要风险和报酬。这是指与商品所有权有关的主要风险和报酬同时转移。与商品所有权有关的风险是指商品可能发生减值或毁损等形成的损失;与商品所有权有关的报酬,是指商品价值增值或通过使用商品等产生的经济利益。如果一项商品发生的任何损失均不需要本企业承担,带来的经济利益也不归本企业所有,则意味着该商品所有权上的主要风险和报酬已移出该企业。

判断一项商品所有权上的主要风险和报酬是否已转移给买方,需要视不同情况而定。具体判断时应当关注交易的实质,并结合所有权凭证的转移进行判断。通常情况下,转移商品所有权凭证并交付实物后,商品所有权上的主要风险和报酬随之转移,如大多数零售商品。

(5) 客户已接受该商品。

(6) 其他表明客户已取得商品控制权的迹象。

关于特定交易收入的确认条件,将在《中级会计实务》中详细介绍,本书不再介绍。

(二)销售收入的计量

根据新收入准则规定,企业应当按照分摊至各单项履约义务的交易价格计量收入。

交易价格,是指企业因向客户转让商品而预期有权收取的对价金额。企业代第三方收取的款项以及企业预期将退还给客户的款项,应当作为负债进行会计处理,不计入交易价格。

销售商品收入的入账金额一般按销售商品的售价进行计量。应当注意的是,由于增值税属于价外税,因此,商品销售收入的入账金额中不包括增值税。企业因销售商品而按照税法规定应当交纳的增值税(对于增值税一般纳税人,通常称为增值税销项税额)应当在"应交税费"账户进行核算。增值税销项税额是指企业销售应纳增值税的货物或提供应纳增值税的劳务而收取的增值税税额。增值税销项税额是根据增值税专用发票上记载的不含税销售额即货物的售价和规定的税率计算确定的。其计算公式为

$$增值税销项税额=销售货物的不含税售价×增值税税率$$

增值税销项税额与增值税进项税额一样,都在"应交税费——应交增值税"账户反映。不同的是进项税额在发生时登记在该账户的借方,而销项税额恰好相反,在发生时登记在该账户的贷方。一般纳税人增值税的明细核算是通过在应交增值税明细账中设置"进

项税额""销项税额""已交税金"等专栏进行的。"应交税费——应交增值税"明细账的格式如表 5-6 所示。

表 5-6　应交税费——应交增值税明细账

年		凭证号数	摘要	借方				贷方			借或贷	余额
月	日			进项税额	已交税金	……	合计	销项税额	……	合计		

一些可能影响商品销售收入的因素，如商业折扣与销售折让等，本书不予考虑。

必须注意的是，销售商品收入的确认与计量是一个较为复杂的问题，本书仅对销售商品收入确认和计量的一般情况简单加以介绍，有关销售商品收入确认与计量的详细内容，以及一些特殊情况下销售商品收入的确认与计量，将在《中级会计实务》中学习，这里不再介绍。

三、销售业务的账务处理

(一)销售业务的账户设置

销售业务核算所需设置的账户主要有"主营业务收入"账户、"主营业务成本"账户、"税金及附加"账户、"销售费用(或称营业费用)"账户、"应收账款"账户、"预收账款"账户等。

1. 主营业务收入账户

"主营业务收入"账户，用来核算企业确认的销售商品、提供劳务等主营业务的收入。对于制造业企业而言，其主营业务收入就是销售产品的收入。"主营业务收入"账户是损益类账户，其贷方登记企业销售商品或提供劳务确认的营业收入；借方登记企业本期发生的销售退回或销售折让应冲减的主营业务收入，以及期末转入"本年利润"账户的净收入。结转后本账户应无余额。本账户应按主营业务的种类设置明细账，进行明细核算。

"主营业务收入"账户的结构如下。

借方	主营业务收入	贷方
①发生的销售退回或折让 ②期末转入"本年利润"账户的净收入	实现的主营业务收入	

2. 主营业务成本账户

"主营业务成本"账户，用来核算企业确认销售商品、提供劳务等主营业务收入时应结转的成本。"主营业务成本"账户是损益类账户，其借方登记企业根据本期销售各种商品、提供的各种劳务等的实际成本，计算确定的应结转的主营业务成本；贷方登记企业本期发生的销售退回应冲减的主营业务成本，以及期末转入"本年利润"账户的主营业务成本，结转后本账户应无余额。本账户应按主营业务的种类设置明细账，进行明细核算。

"主营业务成本"账户的结构如下。

借方	主营业务成本	贷方
发生的主营业务成本	①销售退回应冲减的主营业务成本 ②期末转入"本年利润"账户的主营业务成本	

3. 税金及附加账户

"税金及附加"账户，用来核算企业经营活动发生的消费税、城市维护建设税、资源税和教育费附加及房产税、土地使用税、车船使用税、印花税等相关税费。"税金及附加"账户是损益类账户，其借方登记企业按照规定计算确定的相关税费及附加；贷方登记企业本期发生的销售退回等应冲减的相关税费，以及期末转入"本年利润"账户的税金及附加，结转后本账户应无余额。本账户应按税费种类进行明细核算。

"税金及附加"账户的结构如下。

借方	税金及附加	贷方
按规定计算确定的相关税费及附加	①销售退回应冲减的税金及附加 ②期末转入"本年利润"账户的税金及附加	

4. 销售费用账户

"销售费用"账户，用来核算企业销售商品过程中发生的费用，包括运输费、装卸费、包装费、保险费、展览费和广告费，以及为销售本企业商品而专设的销售机构(含销售网点、售后服务网点等)的职工薪酬、业务费、折旧费等经营费用。"销售费用"账户是损益类账户，其借方登记企业在销售商品过程中发生的销售费用，一般较少有贷方发生额。期末，应将本账户的余额转入"本年利润"账户，结转后本账户应无余额。本账户应按费用项目设置明细账，进行明细核算。

"销售费用"账户的结构如下。

借方	销售费用	贷方
发生的销售费用	期末转入"本年利润"账户的销售费用	

5. 应收账款账户

"应收账款"账户，用来核算企业因销售商品、提供劳务等经营活动应收取的款项，代购货单位垫付的包装费、运杂费也在本账户核算。"应收账款"账户是资产类账户，其借方登记企业发生的应收账款金额，贷方登记企业收回的应收账款金额。期末余额一般在借方，表示企业期末尚未收回的应收账款。如为贷方余额，则表示企业预收的账款。本账户可按债务人名称或姓名进行明细核算。

"应收账款"账户的结构如下。

借方	应收账款	贷方
发生的应收账款	收回的应收账款	
期末余额：尚未收回的应收账款	期末余额：预收的账款	

6. 预收账款账户

"预收账款"账户，用来核算企业因销售商品或提供劳务而按照合同规定预收的款项。预收账款情况不多的，也可以不设置本账户，将预收的款项直接记入"应收账款"账户的贷方。"预收账款"账户是负债类账户，其贷方登记企业向购货单位预收的款项；借方登记销售实现的收入及增值税销项税额。期末余额可能在借方，也可能在贷方。贷方余额，反映企业预收的款项；如为借方余额，反映企业尚未转销的款项。本账户可按购货单位进行明细核算。

"预收账款"账户的结构如下。

借方	预收账款	贷方
①销售实现应收的账款	①预收的账款	
②退还多收的款项	②补收预收不足的款项	
期末余额：尚未转销的款项	期末余额：预收的账款	

7. 其他业务收入账户

"其他业务收入"账户，用来核算企业确认的除主营业务活动以外的其他经营活动实现的收入，包括出租固定资产、出租无形资产、出租包装物和商品、销售材料、用材料进行货币性交换或债务重组等实现的收入。"其他业务收入"账户是损益类账户，其贷方登记企业确认的其他收入，借方登记期末未转入"本年利润"账户的其他业务收入。结转后本账户应无余额。本账户应按其他业务的种类设置明细账，进行明细核算。

"其他业务收入"账户的结构如下。

借方	其他业务收入	贷方
期末未转入"本年利润"账户的其他收入	实现的其他业务收入	

8. 其他业务成本账户

"其他业务成本"账户，用来核算企业确认的除主营业务活动以外的其他经营活动所发生的支出，包括销售材料的成本、出租固定资产的折旧额、出租无形资产的摊销额、出租包装物的成本或摊销额。"其他业务成本"账户是损益类账户，其借方登记企业发生的其他业务成本；贷方登记期末转入"本年利润"账户的其他业务成本。结转后本账户应无余额。本账户应按其他业务的种类设置明细账，进行明细核算。

"其他业务成本"账户的结构如下。

借方	其他业务成本	贷方
发生的其他业务成本	期末转入"本年利润"的其他业务成本	

(二)销售业务主要经济业务核算举例

承例 5-15~例 5-22，例 5-27~例 5-38 各题，W 公司为增值税一般纳税人，适用增值税税率 13%。本年 12 月份发生如下销售业务(在实际业务中，销售业务发生后，企业首先应当根据会计准则确定收入是否实现；其次，计量实现的收入金额。本书中，除非特别指明，假设各项销售业务均已符合销售商品收入的确认条件，商品销售以外的业务均不考虑增值税)。

【例 5-39】 销售给 E 公司 P1 产品 60 件，P2 产品 120 件。增值税专用发票上注明 P1 产品每件售价(不含增值税)950 元，计 57 000 元，应交增值税 7 410 元；P2 产品每件售价 600 元，计 72 000 元，应交增值税 9 360 元，合计价款 145 770 元。产品及增值税发票均已交给 E 公司，收到 E 公司出具的转账支票一张，金额 145 770 元，已存入银行。P1 产品单位成本为 569.5 元，P2 产品单位成本为 360 元。

根据假设，该批产品的销售收入已经实现。由于增值税属于价外税，不能计入主营业务收入，而应作为应交税费单独核算，因此，确定的销售收入应当为 129 000 元。这项经济业务的发生，一方面使公司的银行存款增加了 145 770 元；另一方面使公司的主营业务收入增加了 129 000 元，应交税费增加了 16 770 元，应分别记入"银行存款"账户的借方和"主营业务收入"账户、"应交税费"账户的贷方。编制会计分录如下。

借：银行存款　　　　　　　　　　　　　145 770
　贷：主营业务收入　　　　　　　　　　129 000
　　　应交税费——应交增值税(销项税额)　16 770

【例 5-40】 销售给 K 公司 P1 产品 50 件，P2 产品 100 件。增值税专用发票上注明 P1 产品每件售价 950 元，计 47 500 元，应交增值税 6 175 元；P2 产品每件售价 600 元，计 60 000 元，应交增值税 7 800 元，合计价款 121 475 元。产品已发出，代 K 公司垫付运杂费 2 500 元，以银行存款支付。K 公司已承诺付款。

代买方垫付的运杂费应当从买方处收回，一并计入应收账款。因此，这项经济业务的发生，一方面使公司的应收账款增加了 123 975 元；另一方面使公司的主营业务收入增加了 107 500 元，应交税费增加了 13 975 元，银行存款减少了 2 500 元，应分别记入"应收账款"账户的借方和"主营业务收入"账户、"应交税费"账户、"银行存款"账户的贷方。编制会计分录如下。

借：应收账款——K 公司　　　　　　　　123 975
　贷：主营业务收入　　　　　　　　　　107 500
　　　应交税费——应交增值税(销项税额)　13 975
　　　银行存款　　　　　　　　　　　　2 500

【例 5-41】 开出转账支票 10 000 元支付市电视台广告费。

广告费是企业为销售产品而发生的费用，属于销售费用。因此，这项经济业务的发生，一方面使公司的销售费用增加了 10 000 元，另一方面使公司的银行存款减少了 10 000 元，应分别记入"销售费用"账户的借方和"银行存款"账户的贷方。编制会计分录如下。

借：销售费用　　　10 000
　贷：银行存款　　　10 000

【例5-42】收到开户银行通知，K公司购货款 123 975 元已转入企业账户。

这项经济业务的发生，一方面使公司的银行存款增加了 123 975 元，另一方面使公司的应收账款减少了 123 975 元，应分别记入"银行存款"账户的借方和"应收账款"账户的贷方。编制会计分录如下。

   借：银行存款　　　　　　　　　　123 975
     贷：应收账款——K公司　　　　　123 975

【例5-43】销售给 M 公司 P1 产品 100 件，P2 产品 200 件。增值税专用发票上注明 P1 产品每件售价 950 元，计 95 000 元，应交增值税 12 350 元；P2 产品每件售价 600 元，计 120 000 元，应交增值税 15 600 元。合计价款 242 950 元。产品已发出，收到 M 公司开出的转账支票一张，金额 50 000 元，其余部分 M 公司承诺一个月后支付，支票已送存银行。

这项经济业务的发生，一方面使公司的银行存款增加了 50 000 元，应收账款增加了 192 950 元；另一方面使公司的主营业务收入增加了 215 000 元，应交税费增加了 27 950 元，应分别记入"银行存款"账户、"应收账款"账户的借方和"主营业务收入"账户、"应交税费"账户的贷方。编制会计分录如下。

   借：银行存款　　　　　　　　　　　　　　　50 000
     应收账款——M公司　　　　　　　　　192 950
     贷：主营业务收入　　　　　　　　　　　215 000
       应交税费——应交增值税(销项税额)　27 950

【例5-44】收到 A 公司转账支票一张，金额 100 000 元，是预付购货款。

这项经济业务的发生，一方面使公司的银行存款增加了 100 000 元，另一方面使公司的预收账款增加了 100 000 元，应分别记入"银行存款"账户的借方和"预收账款"账户的贷方。编制会计分录如下。

   借：银行存款　　　　　　　　　　100 000
     贷：预收账款——A公司　　　　　100 000

【例5-45】销售给 A 公司 P1 产品 90 件，P2 产品 180 件。增值税专用发票上注明 P1 产品每件售价 950 元，计 85 500 元，应交增值税 11 115 元；P2 产品每件售价 600 元，计 108 000 元，应交增值税 14 040 元。合计价款 218 655 元。产品已发出，此前货款已经预收 100 000 元。不足货款 A 公司承诺收到货物后立即支付。

由于货款已经预收了一部分，因此，这项经济业务的发生，一方面使公司的预收账款这项债务减少了 218 655 元；另一方面使公司的主营业务收入增加了 193 500 元，应交税费增加了 25 155 元，应分别记入"预收账款"账户的借方和"主营业务收入"账户、"应交税费"账户的贷方。编制会计分录如下。

   借：预收账款——A公司　　　　　　　　　　218 655
     贷：主营业务收入　　　　　　　　　　　193 500
       应交税费——应交增值税(销项税额)　25 155

【例5-46】以银行存款 500 元支付上述销售给 A 公司 P1、P2 两种产品的运费。根据双方的购销合同，该批货物的运费由 W 公司负担。

企业为买方提供送货上门的服务时，所发生的运费由销售企业负担。这是企业为销售产品而发生的销售费用。因此，这项经济业务的发生，一方面使公司的销售费用增加了

500 元,另一方面使公司的银行存款减少了 500 元,应分别记入"销售费用"账户的借方和"银行存款"账户的贷方。编制会计分录如下。

  借:销售费用   500
   贷:银行存款   500

【例 5-47】 月末,计算结转本月销售 P1、P2 产品的成本。

  产品销售之后,企业库存商品减少,同时销售形成了收入,此时产品的成本成了为取得销售收入而发生的费用。也就是说,没有投入在产品上的生产成本,就没有产品;没有产品,就没有产品销售,也就没有销售商品所形成的收入。因此,在确认销售收入即制造业的主营业务收入实现的同一个会计期间,为了反映销售产品所实现的利润情况,必须确定所销售商品的成本即主营业务成本,将销售发出的库存商品的成本结转为主营业务成本。从而通过对比主营业务收入和主营业务成本来确定产品销售利润。主营业务成本可以用以下公式计算确定:

$$本期主营业务成本 = 本期销售产品的数量 \times 单位产品生产成本 \quad (5\text{-}7)$$

  由于每一批次生产出来的产品成本可能不同,因此还要考虑期初库存商品的生产成本。这种情况下到底该怎样计算单位产品的生产成本呢?根据会计准则的规定,通常企业可以考虑选择先进先出法、加权平均法或者个别计价法来确定。不管采用哪种方法,一旦选定之后,不得随意变更。关于这些方法的具体内容,将在以后的内容中介绍。

  本例中,应计算两种产品的销售成本如下。

  本月销售 P1 产品数量=60+50+100+90=300(件)
  本月销售 P2 产品数量=120+100+200+180=600(件)
  P1 产品销售成本=300×569.5=170 850(元)
  P2 产品销售成本=600×360=216 000(元)
  合计销售成本 386 850 元。

  这项经济业务的发生,一方面使公司的主营业务成本增加了 386 850 元;另一方面由于产品已发出,公司库存商品减少了 386 850 元,应分别记入"主营业务成本"账户的借方和"库存商品"账户的贷方。编制会计分录如下。

  借:主营业务成本——P1   170 850
    主营业务成本——P2   216 000
   贷:库存商品——P1   170 850
     库存商品——P2   216 000

【例 5-48】 月末,按照规定计算本月销售 P1、P2 两种产品应当交纳的城市维护建设税 3 914.33 元,教育费附加 1 677.57 元,合计 5 591.9 元。

  企业在从事经营活动时,应当向国家交纳各种税金及附加费,包括消费税、资源税、城市维护建设税以及教育费附加等。各种税金及附加的计税依据详见税收法规的有关规定,这里仅介绍城市维护建设税(简称城建税)和教育费附加的计算方法。交纳增值税、消费税的单位和个人,都是城建税的纳税义务人。城建税以纳税人实际交纳的消费税、增值税税额为计税依据。纳税人所在地在市区的,税率为 7%;纳税人所在地在县城、镇的,税率为 5%;纳税人所在地不在市区、县城或镇的,税率为 1%。教育费附加的征收范围、计税依据均与城建税相同,其征收率为 3%。具体计算公式如下:

城市维护建设税应交额=(当期实交增值税+当期实交消费税)×城建税税率　　(5-8)
教育费附加应交额=(当期实交增值税+当期实交消费税)×教育费附加征收率　(5-9)

因此，这项经济业务的发生，一方面使公司的税金及附加增加，另一方面使公司的应交税费这项债务增加，应分别记入"税金及附加"账户的借方和"应交税费"账户的贷方。编制会计分录如下。

借：税金及附加　　　　　　　　　　　5 591.9
　　贷：应交税费——城市维护建设税　　　　3 914.33
　　　　应交税费——教育费附加　　　　　　1 677.57

【例5-49】收到A公司开来的转账支票一张，金额为118 655元，是补付前例中其购买P1产品90件、P2产品180件不足的货款。

在例5-44中，W公司预收了A公司100 000元的采购款，之后向A公司销售了货物，该批货物的含税销售额总计218 655元。也就是说，W公司应当向A公司收取总额218 655元的款项，已预收了100 000元，还应当再收取118 655元。在前面账户的设置中，我们已经介绍了"预收账款"账户的结构，即贷方登记向购货单位预收的款项，借方登记销售实现的收入及增值税销项税额。在向A公司销售货物之后，"预收账款"账户出现了一个借方余额118 655元，这是需要等待购货方补付货款进行转销、结清的债权债务金额。因此，这项经济业务的发生，一方面使公司的银行存款增加了118 655元，另一方面使公司预收账款的不足部分得到了转销，双方结清了债权债务，应分别记入"银行存款"账户的借方和"预收账款"账户的贷方。编制会计分录如下。

借：银行存款　　　　　　　　　　　118 655
　　贷：预收账款——A公司　　　　　　118 655

以上经济业务在编制会计分录之后，还应在有关账户中进行登记。销售业务会计核算流程如图5-8所示。

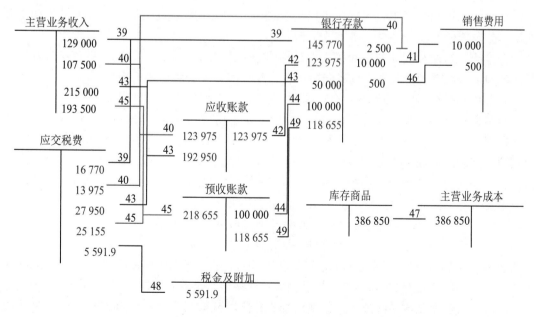

图5-8　销售业务会计核算流程

第六节　利润形成与分配业务的核算

一、利润形成业务的核算

(一)利润的形成

设立企业的目的是盈利，企业必须在会计期末计算确定盈利情况，以了解经营成果。利润就是企业在一定会计期间的经营成果，包括收入减去费用后的净额、直接计入当期利润的利得和损失等。

收入包括销售产品(商品)、提供劳务和让渡资产使用权等形成的主营业务收入，以及与经常性活动相关的活动，如工业企业转让无形资产使用权和出售不需用材料等产生的其他业务收入。

费用包括企业为生产产品、提供劳务等发生的可归属于产品、劳务的成本，营业活动中应当交纳的税金(不包括增值税)以及管理费用、财务费用、营业费用、所得税费用等。

利得是指由企业非日常活动所形成的、会导致所有者权益增加的、与所有者投入资本无关的经济利益的流入。利得包括直接计入所有者权益的利得和直接计入当期利润的利得。

损失是指由企业非日常活动所形成的、会导致所有者权益减少的、与向所有者分配利润无关的经济利益的流出。损失包括直接计入所有者权益的损失和直接计入当期利润的损失。

直接计入所有者权益的利得和损失，是指不应计入当期损益、会导致所有者权益发生增减变动的、与所有者投入资本或者向所有者分配利润无关的利得或者损失。直接计入所有者权益的利得和损失主要包括可供出售金融资产的公允价值变动额、现金流量套期中套期工具公允价值变动额(有效套期部分)等。

直接计入当期利润的利得和损失，是指应当计入当期损益、会导致所有者权益发生增减变动的、与所有者投入资本或者向所有者分配利润无关的利得或者损失。

利得和损失都属于非经常性项目，其发生往往具有偶然性、不确定性。

利润金额取决于收入和费用、直接计入当期利润的利得和损失金额的计量。按照企业会计准则的规定，在反映企业经营成果的利润表上，利润应当按照营业利润、利润总额和净利润等利润的构成分类分项列示。其中，营业利润主要取决于收入和费用，以及资产减值损失、公允价值变动损益和投资收益。营业利润是企业利润的主要构成项目，是企业利润的主要来源。具体来说，利润的形成过程可以用如下公式表示：

$$\text{利润总额} = \text{营业利润} + \text{营业外收入} - \text{营业外支出} \tag{5-10}$$

$$\text{净利润} = \text{利润总额} - \text{所得税费用} \tag{5-11}$$

$$\begin{aligned}\text{营业利润} = &\text{营业收入} - \text{营业成本} - \text{税金及附加} - \text{销售费用} - \text{管理费用} - \text{研发费用} - \text{财务费用} \\&+ \text{其他收益} + \text{投资收益}(-\text{投资损失}) + \text{净敞口到期收益}(-\text{净敞口到期损失}) \\&+ \text{公允价值变动收益}(-\text{公允价值变动损失}) - \text{信用减值损失} - \text{资产减值损失} \\&+ \text{资产处置收益}(-\text{资产处置损失})\end{aligned} \tag{5-12}$$

资产减值损失是指因资产的可收回金额低于其账面价值而发生的损失。

公允价值变动损益是指企业交易性金融资产、交易性金融负债，以及采用公允价值模式计量的投资性房地产、衍生工具、套期保值业务等公允价值变动形成的应计入当期损益的利得或损失。

投资收益是因进行投资活动而形成的损失或收益。

其他收益是因政府补助等而形成的收益。

营业外收入是指企业发生的与日常经营活动无直接关系的经济利益的总流入，即各项利得，包括非流动资产(如固定资产、无形资产等)处置利得、非货币性资产交换利得、债务重组利得、政府补助、盘盈利得、捐赠利得等。

营业外支出是指企业发生的与日常经营活动无直接关系的经济利益的总流出，即各项损失，一般包括非流动资产处置损失、非货币性资产交换损失、债务重组损失、公益性捐赠支出、非常损失、盘亏损失等。

有关净敞口套期收益以及信用减值损失的内容将在后续相关课程中学习，参见《企业会计准则第 24 号——套期会计》及《企业会计准则第 22 号——金融工具确认和计量》，本教材不予介绍。

(二)利润形成业务的主要内容

利润形成业务主要包括各项收入、费用以及损失和利得的发生，本期损益的结转，所得税费用的计算确定等。主营业务收入和主营业务成本、税费以及销售费用、管理费用、财务费用等业务已经在前面讲过，这里再介绍一下营业外收支业务。投资收益和资产减值损失、公允价值变动收益等将在《财务会计》或《中级会计实务》中学习，本书不作介绍。

严格地说，利润的形成业务其实只包括本期损益的结转和所得税的计算确定。这是因为，在实际工作中，各项收入、费用、利得、损失等在企业的日常会计核算中，已经随着经济业务的发生，随时进行了有关会计处理，并非要等到会计期末确定本期利润时才进行核算，这里将这些经济业务作为利润形成业务的内容，只是从利润构成的角度进行阐述的需要。

(三)利润形成业务核算的账户设置

除了前面已经介绍过的"主营业务收入""主营业务成本""税金及附加""销售费用""管理费用""财务费用"账户之外，利润形成业务核算需要设置的账户主要有"其他收益"账户、"营业外收入"账户、"营业外支出"账户、"本年利润"账户、"所得税费用"账户等。

1. 其他收益账户

"其他收益"账户，用来核算企业发生的各项其他收益，主要包括政府补助、税收返还等。"其他收益"账户是损益类账户，其贷方登记企业发生的其他收益，本账户一般没有借方发生额。期末，应将本账户的余额转入"本年利润"账户，结转后本账户应无余额。本账户应按其他收益项目设置明细账，进行明细核算。

"其他收益"账户的结构如下。

借方	其他收益	贷方
期末转入"本年利润"账户的其他收益		发生的其他收益

2. 营业外收入账户

"营业外收入"账户，用来核算企业发生的各项营业外收入，主要包括非流动资产处置利得、非货币性资产交换利得、债务重组利得、政府补助、盘盈利得、捐赠利得等。"营业外收入"账户是损益类账户，其贷方登记企业发生的营业外收入，本账户一般没有借方发生额。期末，应将本账户的余额转入"本年利润"账户，结转后本账户应无余额。本账户应按营业外收入项目设置明细账，进行明细核算。

"营业外收入"账户的结构如下。

借方	营业外收入	贷方
期末转入"本年利润"账户的营业外收入		发生的营业外收入

3. 营业外支出账户

"营业外支出"账户，用来核算企业发生的各项营业外支出，包括非流动资产处置损失、非货币性资产交换损失、债务重组损失、公益性捐赠支出、非常损失、盘亏损失等。"营业外支出"账户是损益类账户，其借方登记企业发生的营业外支出，本账户一般没有贷方发生额。期末，应将本账户的余额转入"本年利润"账户，结转后本账户应无余额。本账户应按支出项目设置明细账，进行明细核算。

"营业外支出"账户的结构如下。

借方	营业外支出	贷方
发生的营业外支出		期末转入"本年利润"账户的营业外支出

4. 本年利润账户

"本年利润"账户，用来核算企业当期实现的净利润(或发生的净亏损)。"本年利润"账户是所有者权益类账户，其贷方登记期末转入的"主营业务收入""其他业务收入""其他收益""营业外收入"等账户的期末余额，以及"投资收益""净敞口到期收益""公允价值变动损益""资产处置收益"账户的期末贷方余额；借方登记期末转入的"主营业务成本""其他业务成本""税金及附加""销售费用""管理费用""研发费用""财务费用""信用减值损失""资产减值损失""营业外支出""所得税费用"等账户的期末余额，以及"投资收益""净敞口到期收益""公允价值变动损益""资产处置收益"账户的期末借方余额。"本年利润"账户的期末余额可能在贷方，也可能在借方。如为贷方余额，表示企业本期累计实现的净利润；如为借方余额，表示企业本期累计发生的净亏损。年度终了，应将本年收入和支出相抵后结出的本年实现的净利润(或发生的净亏损)转入"利润分配"账户。年终结转后，本账户应无余额。本账户一般不设置明细账。

"本年利润"账户的结构如下。

借方	本年利润	贷方
期末转入的各项费用和损失： ① 主营业务成本 ② 其他业务成本 ③ 税金及附加 ④ 销售费用 ⑤ 管理费用 ⑥ 研发费用 ⑦ 财务费用 ⑧ 信用减值损失 ⑨ 资产减值损失 ⑩ 营业外支出 ⑪ 所得税费用		期末转入的各项收入与利得： ① 主营业务收入 ② 其他业务收入 ③ 其他收益 ④ 投资收益(如为损失则记在借方) ⑤ 净敞口到期收益(如为损失则记在借方) ⑥ 公允价值变动损益(如为损失则记在借方) ⑦ 资产处置收益(如为损失则记在借方) ⑧ 营业外收入
期末余额：累计发生的净亏损		期末余额：累计实现的净利润

5. 所得税费用账户

"所得税费用"账户，用来核算企业确认的应从当期利润总额中扣除的所得税费用。"所得税费用"账户是损益类账户，借方登记：企业按照税法规定计算确定的当期应交所得税，确认的递延所得税负债，资产负债表日递延所得税负债的应有余额大于其账面余额的差额，资产负债表日递延所得税资产的应有余额小于其账面余额的差额，以及资产负债表日原已确认的递延所得税资产中因预计未来期间很可能无法获得足够的应纳税所得额用以抵扣暂时性差异而应减记的金额。贷方登记：企业确认的递延所得税资产，资产负债表日递延所得税资产的应有余额大于其账面余额的差额，资产负债表日递延所得税负债的应有余额小于其账面余额的差额，以及期末转入"本年利润"账户的所得税费用净额。本账户可按"当期所得税费用""递延所得税费用"进行明细核算。

"所得税费用"账户的结构如下。

借方	所得税费用	贷方
① 按税法规定计算确定的应交所得税 ② 确认的递延所得税负债 ③ 资产负债表日递延所得税负债的应有余额大于其账面余额的差额 ④ 资产负债表日递延所得税资产的应有余额小于其账面余额的差额 ⑤ 资产负债表日原已确认的递延所得税资产中因预计未来期间很可能无法获得足够的应纳税所得额用以抵扣暂时性差异而应减记的金额		① 企业确认的递延所得税资产 ② 资产负债表日递延所得税资产的应有余额大于其账面余额的差额 ③ 资产负债表日递延所得税负债的应有余额小于其账面余额的差额 ④ 期末转入"本年利润"账户的所得税费用净额

(四)利润形成主要经济业务核算举例

承前例,除前述业务外,W 公司本年 12 月份还发生如下经济业务。

【例 5-50】 因研发生产节能环保产品而得到政府拨付的用于补偿企业已发生的费用的财政补助资金 200 000 元,已转入企业银行存款账户。

政府补助是指企业从政府无偿取得的货币性资产或非货币性资产,但不包括政府作为企业所有者投入的资本。政府向企业提供补助是无偿的,也是有条件的,是国家对符合条件的企业给予的一种扶持和鼓励。由于这项补助是用于补偿企业已发生的相关费用的,按照《企业会计准则第 16 号——政府补助》的规定,该补助属于与收益相关、与企业日常活动相关的政府补助,应当计入其他收益。因此,这项经济业务的发生,一方面使公司的银行存款增加了 200 000 元,另一方面使公司的其他收益增加了 200 000 元,应分别记入"银行存款"账户的借方和"其他收益"账户的贷方。编制会计分录如下。

  借:银行存款 200 000
   贷:其他收益 200 000

【例 5-51】 开出转账支票 100 000 元,向遭受自然灾害的地区捐款。

向灾区捐款属于公益性捐赠,属于营业外支出的核算范围。因此这项经济业务的发生,一方面使公司的银行存款减少了 100 000 元,另一方面使公司的营业外支出增加了 100 000 元,应分别记入"营业外支出"账户的借方和"银行存款"账户的贷方。编制会计分录如下。

  借:营业外支出 100 000
   贷:银行存款 100 000

【例 5-52】 月末,计提本月应负担的短期借款利息 3 000 元。(有关短期借款利息的处理详见例 5-6。)

这项经济业务的发生,一方面使公司财务费用增加了 3 000 元,另一方面使公司的应付利息增加了 3 000 元。编制会计分录如下。

  借:财务费用 3 000
   贷:应付利息 3 000

【例 5-53】 月末,按贷款合同规定支付本年度下半年应负担的长期借款利息 12 000 元。该笔长期借款系本年度 7 月 31 日借入,本金 400 000 元,期限 3 年,年利率为 7.2%,每年 6 月 30 日和 12 月 31 日支付利息,到期还本并支付剩余利息。公司已经计提了 8 月至 11 月的利息共计 9 600 元,本月的利息 2 400 元未计提。(详见例 5-8 和例 5-9。)

这项经济业务的发生,一方面使公司的银行存款减少了 12 000 元;另一方面使公司的应付利息减少了 9 600 元,财务费用增加了 2 400 元,应分别记入"应付利息"账户、"财务费用"账户的借方和"银行存款"账户的贷方。编制会计分录如下。

  借:应付利息 9 600
   财务费用 2 400
   贷:银行存款 12 000

【例 5-54】 月末,将本月发生的全部收入、费用、损失、利得从有关损益类账户中转出，转入"本年利润"账户，以确定本月利润总额①，即结转本月损益。

由于企业要按月核算经营成果，因此，必须在每个月末根据前述公式计算确定利润总额。但在具体处理时，并非是列公式计算，而是通过"本年利润"账户来核算，利用账户借贷方之间的相互抵销关系来完成计算过程。同时，为了准确核算各个月份的经营成果，做到"月月清"，需要将每个月的账目结清，以便于区分。具体做法是：将本月所有损益类账户的本期发生额转入"本年利润"账户，从而使所有损益类账户结清账目，不留余额。同时，在"本年利润"账户中，根据结转过来的损益类账户的本期发生额，计算确定本月损益。

本例中，月末各有关损益类账户结转前的发生额如下：

  主营业务收入   645 000 元(贷方)
  其他收益   200 000 元(贷方)
  主营业务成本   386 850 元(借方)
  税金及附加   5 591.90 元(借方)
  销售费用   10 500 元(借方)
  管理费用   24 320 元(借方)
  财务费用   5 400 元(借方)
  营业外支出   100 000 元(借方)

这项经济业务属于为计算确定经营成果而进行的账目结转。其中，反映收入和利得的损益类账户在结转时，一方面使企业的本年利润增加，另一方面使企业的收入转出，应分别记入"主营业务收入"账户、"其他业务收入"账户、"其他收益"账户、"营业外收入"账户的借方和"本年利润"账户的贷方。反映费用和损失的损益类账户在结转时，一方面使企业的本年利润减少，另一方面使企业的费用转出，应分别记入"本年利润"账户的借方和"主营业务成本"账户、"税金及附加"账户、"其他业务成本"账户、"销售费用"账户、"管理费用"账户、"财务费用"账户、"营业外支出"账户的贷方。编制会计分录如下：

  借：主营业务收入   645 000
    其他收益   200 000
     贷：本年利润   845 000
  借：本年利润   532 661.90
     贷：主营业务成本   386 850
       税金及附加   5 591.90
       销售费用   10 500

---

① 按照我国会计制度的要求，企业一般应当按月核算利润，按月核算利润有困难的，经批准，也可以按季度或按年核算利润。与之相适应，企业计算确定利润的方法有"账结法"和"表结法"两种。"账结法"是在每个会计期末(月末)将损益类账户记录的金额全部转入"本年利润"账户，在该账户结算本期损益，该方法需要在每个期末编制结账会计分录，结算损益类账户。"表结法"是在每个会计期末不结转损益类账户记录的金额，通过利润表计算确定当期损益，年终再将损益类账户全年累计额通过编制会计分录转入"本年利润"账户。

管理费用	24 320
财务费用	5 400
营业外支出	100 000

将这项经济业务的处理结果登记在"本年利润"账户中,即可结出利润总额。

【例5-55】 计提本月应交所得税和所得税费用。

所得税是按照税法规定,企业就其应纳税所得额计算缴纳的一个税种。应交所得税的计算公式如下:

$$应交所得税额 = 应纳税所得额 \times 所得税税率 \qquad (5\text{-}13)$$

其中,应纳税所得额通常在企业计算确定的利润总额(也称税前会计利润)的基础上,按照税法规定进行调整计算得出。为简化起见,本书假设不存在需要调整的事项,即利润总额与应纳税所得额恰好相等,因此所得税费用与应交所得税相等。至于利润总额与应纳税所得额不相等的情况下,所得税的计算确定,本书不予介绍。

按照税法规定,所得税税率为25%。

本例中,通过前述"本年利润"账户的核算结果可知利润总额为312 338.10元。

其计算过程如下:

营业利润=645 000-386 850-5591.90-10 500-24 320-5 400+200 000=412 338.10(元)

利润总额=412 338.10-100 000=312 338.10(元)

据此,按照25%的税率计算确定企业应交所得税为

应交所得税=312 338.10×25%=78 084.53(元)

因此,这项经济业务的发生,一方面使公司的所得税费用增加,另一方面使公司的应交税费增加,应分别记入"所得税费用"账户的借方和"应交税费"账户的贷方。编制会计分录如下。

  借:所得税费用   78 084.53
    贷:应交税费——应交所得税 78 084.53

【例5-56】 结转本月所得税费用。

由于所得税费用是企业的一项费用,所以在计算确定企业本月所得税费用之后,应当在月末结账时将其余额转入"本年利润"账户,以汇总计算企业本月损益。因此,这项结转业务的发生,一方面使公司的本年利润减少了78 084.53元,另一方面使公司的所得税费用转出了78 084.53元,应分别记入"本年利润"账户的借方和"所得税费用"账户的贷方。编制会计分录如下。

  借:本年利润   78 084.53
    贷:所得税费用   78 084.53

将以上处理的结果登记有关账户,即可确定本月净利润。利润形成业务核算流程如图5-9所示。

净利润=312 338.10-78 084.53=234 253.57(元)

至此,企业本月的利润总额与净利润均已确定。

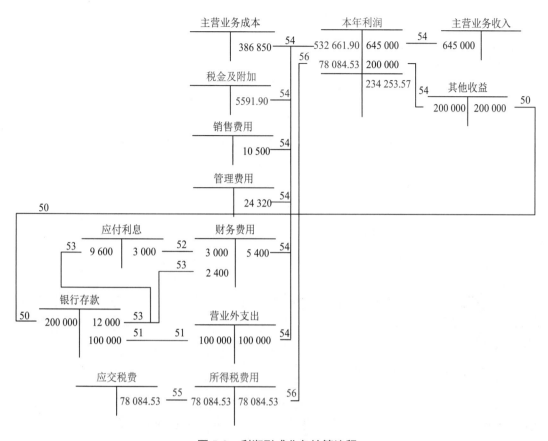

图 5-9 利润形成业务核算流程

二、利润分配业务的核算

利润的分配过程是企业对生产经营成果的分配使用过程,是企业进行资金积累、向投资人分配投资报酬、合理安排和使用资金的过程,同时,也是部分资金退出企业的过程。企业利润的分配是否合理,关系到企业的发展后劲,关系到投资人和潜在的投资人的投资决策。因此,利润的分配成为企业的一项重大理财活动。

(一)利润分配的顺序

设立企业的目的是盈利,即取得利润。企业实现利润后,将对所实现的利润进行分配使用。为规范企业在利润分配方面的行为,国家有关法律法规对利润的分配顺序作出了规定。例如《公司法》规定,公司当年的税后利润应按以下顺序进行分配。

1. 提取法定公积金

法定公积金是公司的公共积累资金,主要用于弥补亏损,或转增资本,扩大企业经营规模。《公司法》第 166 条规定,公司分配当年税后利润时,应当提取利润的 10% 列入公司法定公积金,目的是让企业在盈利的时候有所积累,增强企业的抗风险能力和发展潜力。在计算提取法定公积金的基数时,不包括企业年初未分配利润(即未分配利润的年初余额),即仅以当年实现的税后利润为基数计提法定公积金。同时规定公司法定公积金累计额为公司注册资本的 50%以上的，可以不再提取。

需要注意的是，如果公司的法定公积金不足以弥补以前年度亏损的，在提取法定公积金之前，应当先用当年利润弥补亏损，然后再提取法定公积金。

非公司制的企业其法定公积金的提取比例可以超过 10%。

2. 提取任意公积金

任意公积金的用途与法定公积金的用途相同，但与法定公积金不同的是，法定公积金是企业必须提取的，是法律强制企业提取的，并且法律明确规定了提取的比例；而任意公积金是否计提、计提比例是多少由公司自行决定，《公司法》对此未加以限制。

非公司制的企业也可以提取任意公积金。

3. 向投资人分配利润或股利

在按照法律法规规定弥补亏损和提取公积金之后，企业可以将剩余税后利润按照出资比例或约定标准向投资人分配利润或股利。

为了规范企业利润分配的行为，保护债权人的合法权益，《公司法》规定，公司不得在弥补亏损和提取法定公积金之前向股东分配利润。否则，股东必须将违反规定分配的利润退还公司。

(二)利润分配业务的主要内容

从利润分配的顺序可知，利润分配业务的主要内容包括：提取法定公积金、提取任意公积金和向投资人分配利润以及结转本年实现的净利润(或发生的净亏损)等。

(三)利润分配业务核算的账户设置

利润分配过程的核算需要设置的账户主要有"利润分配"账户、"盈余公积"账户、"应付股利(或应付利润)"账户等。

1. 利润分配账户

"利润分配"账户，用来核算企业利润的分配(或亏损的弥补)和历年分配(或弥补)后的余额。"利润分配"账户是所有者权益类账户，其贷方登记企业用盈余公积弥补亏损的金额和年度终了时自"本年利润"账户转入的全年实现的净利润；借方登记企业按规定提取的盈余公积、分配给股东或投资者的现金股利或利润、分配给股东的股票股利等分配出去的利润，以及年度终了时从"本年利润"账户转入的全年发生的净亏损。本账户应当按"提取法定盈余公积""提取任意盈余公积""应付现金股利或利润""转作股本的股利""盈余公积补亏"和"未分配利润"等项目设置明细账，进行明细核算。年度终了，将其他明细账户的余额全部转入"未分配利润"明细账户。结转后，本账户除"未分配利润"明细账户外，其他明细账户应无余额。本账户期末贷方余额表示企业的未分配利润；借方余额表示企业的未弥补亏损。

"利润分配"账户的结构如下：

借方	利润分配	贷方
(1) 已分配的利润 ① 提取法定盈余公积 ② 提取任意盈余公积 ③ 分配给股东或投资者的现金股利或利润 ④ 分配给股东的股票股利 (2) 年末从"本年利润"账户转入的全年发生的净亏损		(1) 盈余公积补亏转入 (2) 年末从"本年利润"账户转入的全年实现的净利润
期末余额：未弥补亏损		期末余额：未分配利润

2. 盈余公积账户

"盈余公积"账户，用来核算企业从净利润中提取的各种积累资金，其中包括前述法定公积金和任意公积金。"盈余公积"账户是所有者权益类账户，其贷方登记企业提取的盈余公积；借方登记企业因弥补亏损或转增资本、派送新股等使用的盈余公积。期末贷方余额表示企业的盈余公积。本账户应当分"法定盈余公积"(用来核算法定公积金)、"任意盈余公积"(用来核算任意公积金)设置明细账，进行明细核算。

"盈余公积"账户的结构如下。

借方	盈余公积	贷方
使用的盈余公积		提取的盈余公积
		期末余额：累计盈余公积

3. 应付股利账户

"应付股利"账户(非股份制企业也称为"应付利润")，用来核算企业按照经股东大会或类似机构审议批准的利润分配方案分配的现金股利或利润。"应付股利"是负债类账户，其贷方登记企业应当支付的现金股利或利润；借方登记企业实际支付的现金股利或利润。期末贷方余额，表示企业期末应付未付的现金股利或利润。本账户可按投资者设置明细账，进行明细核算。

"应付股利"账户的结构如下。

借方	应付股利	贷方
实际支付的现金股利或利润		应付未付的现金股利或利润
		期末余额：应付未付的现金股利或利润

(四)利润分配业务核算举例

承前例，本年12月W公司发生如下利润分配业务。

【例5-57】 月末，按税后利润的10%提取法定公积金。

企业本月应提取的法定公积金计算如下：

应提取法定公积金=234 253.57×10%=23 425.36(元)

这项经济业务的发生，一方面使公司的盈余公积增加了 23 425.36 元，另一方面使公司的利润被分配出去 23 425.36 元，应分别记入"利润分配"账户的借方和"盈余公积"账户的贷方。编制会计分录如下：

  借：利润分配——提取法定盈余公积 23 425.36
    贷：盈余公积——法定盈余公积   23 425.36

【例 5-58】月末，按税后利润的 20%提取任意公积金。

应提取任意公积金=234 253.57×20%=46 850.71(元)

这项经济业务同上笔业务一样，一方面使公司的盈余公积增加了 46 850.71 元，另一方面使公司的利润被分配出去 46 850.71 元，应分别记入"利润分配"账户的借方和"盈余公积"账户的贷方。编制会计分录如下：

  借：利润分配——提取任意盈余公积 46 850.71
    贷：盈余公积——任意盈余公积   46 850.71

【例 5-59】月末，按税后利润的 30%向投资人分配利润 70 276.07 元，尚未支付。

    应付股利=234 253.57×30%=70 276.07(元)

这项经济业务的发生，一方面使公司的应付股利增加，另一方面使公司的可供分配利润减少，应分别记入"利润分配"账户的借方和"应付股利"账户的贷方。编制会计分录如下：

  借：利润分配——应付现金股利或利润 70 276.07
    贷：应付股利   70 276.07

【例 5-60】年度终了，结转本年实现的净利润 714 253.57 元。

按照会计制度的规定，企业应于年度终了将全年实现的净利润(或净亏损)转入"利润分配"账户，进行年终结算。因此，这项经济业务的发生，一方面使公司的可供分配利润增加，另一方面使公司的本年利润转出，应分别记入"本年利润"账户的借方和"利润分配"账户的贷方。编制会计分录如下：

  借：本年利润 714 253.57
    贷：利润分配——未分配利润 714 253.57

【例 5-61】年度终了，结转已分配的利润。

根据会计制度的规定，企业应于年度终了将利润分配其他明细账户的余额全部转入"未分配利润"明细账户，使利润分配的明细账户除"未分配利润"之外，全部结清没有余额，从而使所分配的利润全部汇总反映在"未分配利润"明细账户的借方。因此，这项经济业务的发生，一方面使公司的未分配利润减少，另一方面使公司利润分配各明细账户中已经分配的利润转出，分别记入"未分配利润"明细账户的借方和其他利润分配明细账户的贷方。编制会计分录如下：

  借：利润分配——未分配利润 140 552.14
    贷：利润分配——提取法定盈余公积 23 425.36
      利润分配——提取任意盈余公积 46 850.71
      利润分配——应付现金股利或利润 70 276.07

【例 5-62】开出转账支票支付股东股利 70 276.07 元。

这项经济业务的发生，一方面使公司的应付股利减少，另一方面也使公司的银行存款减少,故应分别记入"应付股利"账户的借方和"银行存款"账户的贷方。编制会计分录如下。

借:应付股利　　　　70 276.07
　　贷:银行存款　　　　70 276.07

将以上会计处理结果登记有关账户,利润分配业务核算流程如图 5-10 所示。

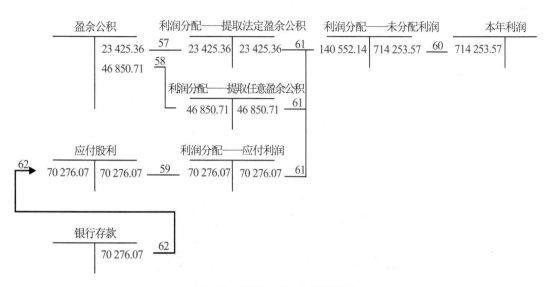

图 5-10　利润分配业务核算流程

本 章 小 结

制造业企业的生产经营过程包括筹资、采购、生产、销售、利润形成与分配五个阶段。筹资阶段的经济活动主要包括吸收投资和借款两类业务。这一阶段的会计核算是针对取得投资和借款时增加的资产和负债、所有者权益的确认和计量,以及借款利息的确认和计量。采购阶段的经济活动主要包括设备等的采购、材料的购进与入库、材料采购成本的计算,以及与供应单位往来款项的结算等。这一阶段的会计核算是针对设备与材料的采购成本的确认与计量,与供应单位形成的债权、债务的确认与计量。生产阶段的经济活动主要为各种生产费用的投入、半成品和产成品的完工。这一阶段会计核算的主要内容是,通过各种生产费用的归集与分配,以及全部生产费用在完工产品与在产品之间的分配,计算确定完工入库产品的生产成本。销售阶段的经济活动主要是销售产品。这一阶段的会计核算是针对销售商品收入的确认与计量、销售成本的确定与结转、销售费用的发生、销售税费的计算,以及销售货款的结算等。利润形成与分配阶段是从管理的角度计算确定企业一定时期的经营成果,并对该成果进行分配。这一阶段的会计核算主要是针对各项收入与费用、损失与利得的结算。从而确定营业利润、利润总额与净利润,以及了解利润的分配使用情况,并对分配结果进行核算。

思 考 题

　　1. 将短期借款的利息按月计提的处理方式和在支付时一次性计入支付期的财务费用这两种做法有什么不同？对于企业两个年度和各月份的财务状况、经营成果会有什么影响？

　　2. "预付账款"账户期末借方余额和贷方余额在性质上有什么区别？从会计科目表上看，"预付账款"账户属于资产类，那么两种余额是否属于资产呢？如果不是，属于哪个会计要素呢？

　　3. 《公司法》为什么要规定企业税后利润分配的顺序？

　　4. 试着用你所学的会计知识给自己现在每个月的财务收支活动记账。

 微课资源

利息

自测题

第六章　账户的分类

　　管理学的基本原理告诉我们，分类的目的是便于管理，分类是一种最基础的管理形式。分类是根据一定的标准进行的，这些标准概括了各群体的基本特征。根据不同群体的特征，可以分别找出针对各群体的管理办法。设置账户是会计核算的专门方法之一，但会计初学者往往不容易准确区分各账户的核算内容及用法。例如，在第四章中，我们了解了资产类账户的结构是借方登记增加额，贷方登记减少额，期末余额一般在借方。但是，我们也发现在会计科目表中，固定资产和累计折旧虽然同属于资产类账户，但累计折旧账户的结构却与资产类账户的结构截然相反。这是为什么呢？又如，损益类账户为什么没有期末余额呢？为什么要在期末将损益类账户的本期发生额都结转出去呢？

　　本章将探讨账户体系中各账户之间存在的共同点和不同点及相互间的联系，并回答上述问题，以提高初学者对账户内涵的认识，更科学地运用账户反映企业的经济业务。

知识要点

1. 会计账户的共性及其内在联系，各个账户在整个账户体系中的作用。(难点)
2. 各类账户的性质、内容、结构、特点和规律。
3. 账户按经济内容的分类。(重点)
4. 账户按用途和结构的分类。

课程思政

账户分类的意义——从不同的角度看问题，更完整、更全面。

第一节　账户分类的意义和标准

　　账户分类是指按照账户的本质特性，依据一定的原则，将全部账户进行科学的概括和归类。账户可以采用不同的标准进行分类，其中按账户所反映和监督的经济内容分类是最基本的分类。

一、账户分类的意义

　　为了正确地设置和运用账户，就需要从理论上进一步了解和认识各个账户的核算对象、具体结构和用途以及其在整个账户体系中的地位和作用，在此基础上掌握它们在提供核算指标方面的规律性，这就是账户分类的意义所在。账户分类的意义主要体现在以下几个方面。

　　(1) 便于了解账户反映的内容，加深对账户的全面认识。
　　(2) 便于了解账户的作用及提供指标的方式。
　　(3) 便于掌握账户的正确使用方法。

(4) 便于进一步了解账户体系中各类账户的共性和特性。

(5) 便于建立完整、系统的账户体系。

二、账户分类的标准

账户可以按不同的标准进行分类,运用不同的标准对账户进行分类,有利于从不同的角度全方位观察账户体系的结构。

(一)按经济内容分类

账户的经济内容是指账户核算和监督的会计对象的具体内容。依据《企业会计准则——应用指南》的附录《会计科目和主要账务处理》,按经济内容对企业的主要账户进行分类,可分为资产类、负债类、共同类、所有者权益类、成本类和损益类,各大类又分为若干小类,如图6-1所示。

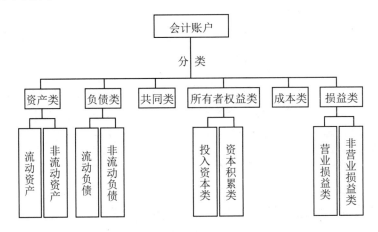

图6-1 账户按经济内容分类

其中,共同类账户包括"清算资金往来""货币兑换""衍生工具""套期工具""被套期项目"等账户。"清算资金往来"账户属于银行业专用,"货币兑换"账户属于金融业共用,"衍生工具""套期工具""被套期项目"账户核算企业有关衍生工具、套期保值业务等形成的资产或负债。本章只介绍一般企业常见业务设置的主要会计账户的分类问题。

账户按经济内容分类是账户分类的基础,这种分类便于了解各个账户所反映和监督的内容,正确区分账户的经济性质,便于从账户中获得各类核算指标,为编制会计报表提供依据。

(二)按用途和结构分类

账户按用途和结构分类,是在账户按经济内容分类的基础上,对用途和结构基本相同的账户进行的适当归类。账户的用途即设置和运用账户的目的,具体来说,就是指账户能够用来记录和提供什么核算指标。账户的结构是指在账户中如何记录经济业务,以取得各种必要的核算指标,即账户的借方核算什么内容,贷方核算什么内容,期末余额在哪一方,表示什么内容。

账户按用途和结构分为三大类，包括基本账户、调整账户和业务账户，可再将其细分为若干小类，如图 6-2 所示。

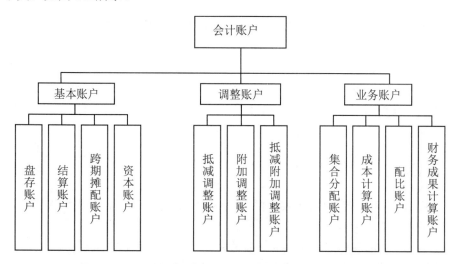

图 6-2　账户按用途和结构分类

账户按用途和结构分类便于明确各个账户的不同使用方法和各个账户的具体作用。

(三)按其他标准分类

账户还可以按其他标准进行分类。例如，按账户提供信息的详细程度分类，可分为总分类账户和明细分类账户；按账户与会计报表的关系分类，可分为资产负债表账户和利润表账户；按会计主体分类，可分为表内账户和表外账户；按账户期末余额分类，可分为借方余额账户和贷方余额账户。

第二节　按经济内容分类的账户

一、资产类账户

资产类账户按照资产流动性强弱的不同可以再细分为流动资产类账户和非流动资产类账户。

流动资产类账户主要有"库存现金""银行存款""其他货币资金""交易性金融资产""应收票据""应收账款""预付账款""应收股利""应收利息""其他应收款""坏账准备""材料采购""在途物资""原材料""材料成本差异""库存商品""发出商品""商品进销差价""委托加工物资""周转材料""存货跌价准备"等账户。

非流动资产类账户主要有"债权投资""债权投资减值准备""其他权益工具投资""长期股权投资""长期股权投资减值准备""投资性房地产""长期应收款""固定资产""累计折旧""固定资产减值准备""在建工程""工程物资""固定资产清理""无形资产""累计摊销""无形资产减值准备""商誉""长期待摊费用""递延所得税资产""待处理财产损溢"等账户。

二、负债类账户

负债类账户按照负债偿还时间长短的不同可以再分为流动负债类账户和非流动负债类账户。

流动负债类账户主要有"短期借款""交易性金融负债""应付票据""应付账款""预收账款""应付职工薪酬""应交税费""应付利息""应付股利""其他应付款"等账户。

非流动负债类账户主要有"长期借款""应付债券""长期应付款""预计负债""专项应付款""递延所得税负债"等账户。

三、所有者权益类账户

所有者权益类账户按照所有者权益的来源和构成的不同可以再分为投入资本类所有者权益账户和资本积累类所有者权益账户。

投入资本类所有者权益账户主要有"实收资本""资本公积"等账户。

资本积累类所有者权益账户主要有"盈余公积""本年利润""利润分配"等账户。

四、成本类账户

成本类账户主要有"生产成本""制造费用""劳务成本""研发支出"等账户。其中,"生产成本"账户核算企业进行工业性生产发生的各项生产成本,包括生产各种产品(产成品、自制半成品等)、自制材料、自制工具、自制设备等;"制造费用"账户核算企业生产车间(部门)为生产产品和提供劳务而发生的各项间接费用;"劳务成本"账户核算企业对外提供劳务发生的成本;"研发支出"账户核算企业进行研究与开发无形资产过程中发生的各项支出。

五、损益类账户

损益类账户按照性质和内容的不同可以再分为营业损益类账户和非营业损益类账户。

营业损益类账户主要有"主营业务收入""其他业务收入""投资收益""主营业务成本""其他业务成本""税金及附加"等账户。

非营业损益类账户主要有"营业外收入""销售费用""管理费用""财务费用""资产减值损失""信用减值损失""营业外支出""所得税费用""以前年度损益调整"等账户。

第三节 按用途和结构分类的账户

一、基本账户

基本账户是指用来核算和监督资产、负债和所有者权益的增减变动及结余情况的账户。该类账户反映的是经济活动的基础内容,因而称为基本账户。基本账户一般有余额,期末应将其列入资产负债表的资产、负债和所有者权益的相应项目内。

基本账户可分为盘存账户、结算账户、跨期摊配账户和资本账户四类。

(一)盘存账户

盘存账户是指用来核算和监督可以进行实物盘点的各种财产、物资和货币资金增减变动及余额情况的账户。盘存账户主要包括"库存现金""银行存款""原材料""库存商品""周转材料""固定资产""工程物资""在建工程"等账户。盘存账户反映的内容属于资产性质,可通过设置和运用明细分类账,提供数量和金额两类指标,但货币资金账户除外。

盘存账户的结构特点是:借方登记各项货币资金和实物资产的增加数;贷方登记各项货币资金和实物资产的减少数;期末余额在借方,表示期末各项货币资金和实物资产的结存数额。

盘存账户的结构如表6-1所示。

表6-1 盘存账户

借方	贷方
期初余额:财产物资、货币资金的期初数	
本期发生额:财产物资、货币资金的增加数	本期发生额:财产物资、货币资金的减少数
期末余额:财产物资、货币资金的期末数	

(二)结算账户

结算账户是指用来核算和监督本企业与其他单位或个人以及企业内部各单位之间债权(应收)、债务(应付)结算业务的账户。按照结算业务的不同,结算账户又可分为债权结算账户、债务结算账户、债权债务结算账户。

1. 债权结算账户

债权结算账户亦称资产结算账户,是指用来反映和监督本企业与其他债务单位或个人以及企业内部各单位之间的债权结算业务的账户。债权结算账户主要包括"应收票据""应收账款""预付账款""应收股利""应收利息""其他应收款"等账户。

债权结算账户的结构特点是:借方登记债权的增加数;贷方登记债权的减少数;期末余额一般在借方,表示尚未收回债权的实有数。

债权结算账户的结构如表6-2所示。

表6-2 债权结算账户

借方	贷方
期初余额:债权的期初数	
本期发生额:债权的增加数	本期发生额:债权的减少数
期末余额:债权的期末数	

2. 债务结算账户

债务结算账户亦称负债结算账户,是指用来反映和监督本企业与其他债权单位或个人以及企业内部各单位之间的债务结算业务的账户。债务结算账户主要包括"短期借款""应付票据""应付账款""预收账款""应付职工薪酬""应交税费""应付股利""应付利息""其他应付款"等账户。

债务结算账户的结构特点是:贷方登记债务的增加数;借方登记债务的减少数;期末余额一般在贷方,表示尚未偿还债务的实有数。

债务结算账户的结构如表6-3所示。

表6-3 债务结算账户

借方	贷方
本期发生额:债务的减少数	期初余额:债务的期初数
	本期发生额:债务的增加数
	期末余额:债务的期末数

3. 债权债务结算账户

债权债务结算账户亦称资产负债结算账户、往来结算账户,是指用来反映和监督本企业与其他单位或个人以及企业内部各单位之间的一般往来款项结算情况的账户。债权债务结算账户所反映的内容兼具资产、负债双重性质。

债权债务结算账户的结构特点是:借方登记债权的增加数和债务的减少数;贷方登记债务的增加数和债权的减少数。期末余额如在借方,表示尚未收回的债权净额(尚未收回的债权大于尚未偿还的债务的差额);期末余额如在贷方,表示尚未偿还的债务净额(尚未偿还的债务大于尚未收回的债权的差额)。

例如,当企业预付货款情况不多时,可以将预付货款记入"应付账款"账户的借方,这样"应付账款"账户同时核算和监督企业应付账款和预付货款业务,从而成为一个债权债务结算账户。同样,预收货款情况不多的企业,也可将预收货款记入"应收账款"账户的贷方。有的企业为简化核算手续,设置"其他往来"等资产负债双重性质的账户,借方登记债权增加数或债务减少数,贷方登记债务增加数或债权减少数,其所属明细账户的余额在借方的为债权,在贷方的为债务。

债权债务结算账户的结构如表6-4所示。

表6-4 债权债务结算账户

借方	贷方
期初余额:应收款大于应付款的差额(债权净额)	期初余额:应付款大于应收款的差额(债务净额)
本期发生额:债权的增加数 债务的减少数	本期发生额:债权的减少数 债务的增加数
期末余额:应收款大于应付款的差额(债权净额)	期末余额:应付款大于应收款的差额(债务净额)

(三)跨期摊配账户

跨期摊配账户是指用来核算和监督应由若干个会计期间摊配费用，从而正确地计算各会计期间成本和盈亏的账户。

例如，"长期待摊费用"账户用来核算本期已经支付，但应由本期和以后各期负担的分摊期限在 1 年以上的各项费用，如以经营租赁方式租入的固定资产发生的改良支出等。其账户结构如表 6-5 所示。

表 6-5　长期待摊费用账户

借方	贷方
期初余额：已经支付但尚未分摊数	
本期发生额：本期支付数	本期发生额：本期分摊数
期末余额：尚未分摊数	

(四)资本账户

资本账户是指用来核算和监督所有者资本的增减变化及余额情况的账户。资本账户主要包括"实收资本""资本公积""盈余公积"和"利润分配"等账户。资本账户反映的内容是所有者投入企业的资本或经营中形成的资本，即所有者权益的性质。

资本账户的结构特点是：贷方登记各项资本金的增加数；借方登记各项资本金的减少数；期末余额在贷方，表示期末各项资本金的实有数。

资本账户的结构如表 6-6 所示。

表 6-6　资本账户

借方	贷方
	期初余额：各项资本金的期初数
本期发生额：资本金的减少数	本期发生额：资本金的增加数
	期末余额：各项资本金的期末实有数

二、调整账户

调整账户是为调整有关账户的账面余额而设置的账户。在会计核算中，由于管理上的需要或者其他原因，对某一项资产或负债，需要开设两个账户来进行全面的记录和反映。其中一个账户用来记录和反映资产或负债的原始数额，另一个账户用来记录和反映对原始数额的调整数额。记录和反映原始数额的账户称为被调整账户；记录和反映调整数额的账户称为调整账户。将原始数额和调整数额相加或相减，就可以得到某项指标的实际数额。调整账户和被调整账户相互配合，既能全面、完整地反映同一个会计对象，又能满足管理上对会计信息的需要。

调整账户按其调整方式的不同，可以分为抵减调整账户、附加调整账户和抵减附加调整账户三种。

(一)抵减调整账户

抵减调整账户亦称备抵账户，是用来抵减被调整账户的余额，以求得被调整账户实际余额的账户。抵减账户与被调整账户的性质相反，两个账户的余额方向也相反。其调整方式是以被调整账户的期末余额减去抵减账户的期末余额，以求得被调整账户的现有实际数。用公式表示如下：

被调整账户的余额－抵减调整账户的余额=被调整账户的实际金额 (6-1)

例如，"累计折旧"账户就是典型的抵减调整账户，其被调整账户是"固定资产"账户。"固定资产"账户的借方登记增加数；贷方登记减少数；期末余额在借方，表示固定资产的原始价值。"累计折旧"账户的贷方登记增加数；借方登记减少数；期末余额在贷方，表示已计提的固定资产累计折旧额。其调整方式是以"固定资产"账户的期末余额减去"累计折旧"账户的期末余额，得到"固定资产"账户的现有实际数，即固定资产净值。

下面以"固定资产"账户和"累计折旧"账户为例，说明被调整账户和抵减账户的结构特点，如表6-7和表6-8所示。

表6-7 被调整账户

借方	固定资产	贷方
期初余额：固定资产期初数		
本期发生额：固定资产增加数		本期发生额：固定资产减少数
期末余额：固定资产期末数		

表6-8 调整账户

借方	累计折旧	贷方
		期初余额：累计折旧期初数
本期发生额：累计折旧减少数		本期发生额：累计折旧增加数
		期末余额：累计折旧期末数

上例中，若固定资产原始价值(期末借方余额)为 200 000 元，已计提累计折旧(期末贷方余额)为 45 000 元，则固定资产净值为 155 000(200 000－45 000)元。

常见的抵减账户还有"坏账准备"账户，被调整账户是应收及预付款项类的有关账户，如"应收账款""应收票据""其他应收款"等账户。

"存货跌价准备"账户，其被调整账户是存货类的有关账户，如"原材料""库存商品"等账户。

"债权投资减值准备""长期股权投资减值准备""固定资产减值准备""无形资产减值准备"等账户，其被调整账户分别是"债权投资""长期股权投资""固定资产""无形资产"等账户。

(二)附加调整账户

附加调整账户是用来增加被调整账户的余额，以求得被调整账户实际余额的账户。附加调整账户与被调整账户的性质是相同的，两个账户的余额方向也是相同的。其调整方式

是将被调整账户的期末余额与附加调整账户的期末余额相加,以求得被调整账户的现有实际数。用公式表示如下:

$$被调整账户的余额+附加调整账户的余额=被调整账户的实际金额 \qquad (6-2)$$

例如,"应付债券"账户核算企业为筹集长期资金而发行债券的本金和利息。该账户设置"面值""利息调整""应计利息"等明细账户。企业发行债券时,应按债券票面金额,贷记"应付债券——面值"账户;对其中的一次还本付息债券,企业应于规定的计息日计算确定应付而未付的利息,贷记"应付债券——应计利息"账户,因此,"应计利息"明细账户就成为"面值"明细账户的附加账户,两者的期末贷方余额之和,反映了应付债券的实际余额。

下面以"应付债券——面值"账户和"应付债券——应计利息"账户为例,说明被调整账户和附加调整账户的结构特点,如表6-9和表6-10所示。

表6-9 被调整账户

借方	应付债券——面值	贷方
本期发生额:应付债券(面值)减少数	期初余额:应付债券(面值)期初数 本期发生额:应付债券(面值)增加数 期末余额:应付债券(面值)期末数	

表6-10 附加调整账户

借方	应付债券——应计利息	贷方
本期发生额:应付债券(应计利息)减少数	期初余额:应付债券(应计利息)期初数 本期发生额:应付债券(应计利息)增加数 期末余额:应付债券(应计利息)期末数	

(三)抵减附加调整账户

抵减附加调整账户又称为备抵附加账户,是同时具备抵减和附加两种调整职能的账户。当抵减附加账户的余额与被调整账户的余额方向一致时,调整的方式与附加账户相同;当抵减附加账户的余额与被调整账户的余额方向相反时,调整的方式与抵减账户相同。用公式表示如下:

$$被调整账户的余额±抵减附加调整账户的余额=被调整账户的实际余额 \qquad (6-3)$$

抵减附加调整账户包括"材料成本差异""产品成本差异"等账户,其被调整账户分别为"原材料"和"库存商品"账户,"利润分配"账户也可视为抵减附加调整账户。

现以抵减附加调整账户"材料成本差异"和被调整账户"原材料"为例,说明其调整方式。

企业采用计划成本进行材料日常核算时,需设置"材料采购""材料成本差异"和"原材料"等账户。"材料采购"账户核算企业购入材料的采购成本;"材料成本差异"账户核算材料计划成本与实际成本的差额;"原材料"账户核算企业库存的各种材料的计划成本。

通过"材料采购"账户,将材料采购实际成本大于计划成本的超支差额记入"材料成本差异"账户的借方,将材料采购实际成本小于计划成本的节约差额记入"材料成本差

"异"账户的贷方。当月末填制会计报表时,需将"原材料"账户反映的计划成本调整为实际成本。这时"材料成本差异"账户的期末余额如在借方,则与"原材料"账户的期末借方余额相加;如果"材料成本差异"账户的期末余额在贷方,则与"原材料"账户的期末借方余额相减,即可将原材料计划成本调整为实际成本。

"材料成本差异"账户与"原材料"账户的调整与被调整关系如表6-11至表6-14所示。

表6-11 被调整账户

借方	原材料——甲	贷方
期末余额：32 800		

表6-12 调整账户

借方	材料成本差异——甲	贷方
期末余额：3 200		

在表6-11和表6-12中：

"原材料——甲"账户的借方余额(计划成本)　　　　32 800元
加："材料成本差异——甲"账户的借方余额(超支差异)　＋3 200元
得到甲原材料的实际成本　　　　　　　　　　　　　36 000元

表6-13 被调整账户

借方	原材料——乙	贷方
期末余额：32 800		

表6-14 调整账户

借方	材料成本差异——乙	贷方
		期末余额：3 200

在表6-13和表6-14中：

"原材料——乙"账户的借方余额(计划成本)　　　　32 800元
减："材料成本差异——乙"账户的贷方余额(节约差异)　－3 200元
得到乙原材料的实际成本　　　　　　　　　　　　　29 600元

三、业务账户

业务账户是用来核算和监督企业在供应、生产、销售过程中业务活动内容的账户,其特点是通过计算、分配,考核计划成本的完成情况,对企业经济效益作出评价。业务账户可分为集合分配账户、成本计算账户、配比账户和财务成果计算账户四类。

(一)集合分配账户

集合分配账户是用来归集经营过程中某一阶段所发生的费用,并按一定标准将其分配给各成本计算对象的账户。例如"制造费用"账户就是典型的集合分配账户。

集合分配账户的结构特点是：借方登记费用的发生数，贷方登记费用的分配数，期末一般无余额。

集合分配账户的结构如表 6-15 所示。

表 6-15 集合分配账户

借方	制造费用	贷方
本期发生额：归集制造费用的数额		本期发生额：制造费用的分配额

(二)成本计算账户

成本计算账户是用来核算和监督经营过程中某一阶段发生的全部费用，并据以计算确定该阶段各个成本计算对象实际成本的账户。例如，"生产成本""材料采购""在建工程""劳务成本"等账户均属于成本计算账户。

成本计算账户的结构特点是：借方登记生产经营过程中某一阶段发生的应计入成本的全部费用；贷方登记转出的实际成本；期末余额在借方，表示尚未完成的某成本计算对象的实际成本。

成本计算账户的结构如表 6-16 所示。

表 6-16 成本计算账户

借方	生产成本	贷方
期初余额：尚未完成的成本计算对象的实际成本 本期发生额：生产经营过程中所发生的全部费用		本期发生额：结转成本计算对象的实际成本
期末余额：尚未完成的成本计算对象的实际成本		

(三)配比账户

配比账户是用来汇集经营过程中某一会计期间所取得的收入和发生的成本、费用以及营业外收入和营业外支出，并通过财务成果计算账户(即"本年利润"账户)进行配合比较，据以计算确定该会计期间经营成果的账户。这些账户可分为两类：一类是收入结转类账户，另一类是支出结转类账户。

收入结转类账户是用来反映和监督企业在某一时期(月份、季度或年度)内所取得的各种收入的账户，包括"主营业务收入""其他业务收入""投资收益""营业外收入"等账户。其结构特点是：贷方登记取得的收入数，借方登记收入的减少数和期末转出数，由于期末需要将其贷方余额结转到财务成果账户(即"本年利润"账户)，所以结转后该类账户期末无余额。

收入结转类账户的结构如表 6-17 所示。

表 6-17 收入结转类账户

借方	贷方
本期发生额：收入减少数 期末转入"本年利润"数	本期发生额：收入增加数

支出结转类账户是用来反映和监督企业在某一时期(月份、季度或年度)内发生的应计

入当期损益的各项费用、成本、支出的账户，包括"主营业务成本""其他业务成本""税金及附加""销售费用""管理费用""财务费用""资产减值损失""信用减值损失""营业外支出"等账户。其结构特点是：借方登记费用、成本、支出的增加数，贷方登记费用、成本、支出的减少数和期末转出数，由于期末需要将其借方余额结转到财务成果账户(即"本年利润"账户)，所以结转后该类账户期末无余额。

支出结转类账户的结构如表 6-18 所示。

表 6-18 支出结转类账户

借方	贷方
本期发生额：费用、成本、支出的增加数	本期发生额：费用、成本、支出的减少数 期末转入"本年利润"数

(四)财务成果计算账户

财务成果计算账户是用来反映和监督企业在一定时期(月份、季度或年度)内财务成果的形成，计算最终成果内容的账户。财务成果计算账户包括"本年利润"账户，反映的内容是从年初到报告期末累计实现的净利润或亏损。

该账户的结构特点是：贷方登记期末从收入结转类账户转入的数额；借方登记期末从支出结转类账户结转的数额。期末余额如在借方，表示企业发生的亏损总额；如在贷方，表示实现的净利润额。无论是盈利或是亏损，"本年利润"账户的期末余额最终都应转入"利润分配"账户，结转后该账户无余额。

"本年利润"账户的结构如表 6-19 所示。

表 6-19 财务成果计算账户

借方	本年利润	贷方
本期发生额：从支出结转类账户转入、应计入本期损益的各项费用、成本、支出		本期发生额：从收入结转类账户转入、本期实现的各项收入和收益数
期末余额：发生的亏损总额		期末余额：实现的净利润额

期末应将"本年利润"账户余额转入"利润分配"账户，如表 6-20 所示。

表 6-20 本年利润账户

借方	利润分配	贷方
转入净亏损		转入净利润

最后说明两点。

(1) 账户按内容和结构分类不是绝对的，有些账户有双重性质，例如"生产成本""在建工程""在途物资"等账户，既是盘存账户，又是成本计算账户。

(2) 在《企业会计准则——应用指南》的附录《会计科目和主要账务处理》中设有"待处理财产损溢"账户，用来核算企业在清查财产过程中查明的各种财产盘盈(固定资产盘盈除外)、盘亏和毁损的价值，以及物资在运输途中发生的非正常短缺与损耗。在财产盘盈、盘亏和毁损时，暂记该账户，待查明原因，经批准后再转入有关账户，处理后本科目应无余额。该账户属于过渡性质的账户，因而未列入账户分类内容，也可以将其作为"暂记账户"单独列为一类。

第四节　按其他标准分类的账户

一、账户按提供信息的详细程度分类

账户按其提供信息的详细程度分类，可分为总分类账户和明细分类账户。

总分类账户又称为一级账户或总账账户，是对会计要素具体内容进行总括分类、提供总括信息的账户。

明细分类账户又分为二级账户(子目)、三级账户及以下明细账户，是对总分类账户作进一步分类，提供更详细、更具体会计信息的账户。

信息使用者既需要总括的信息，也需要详细的信息。所以账户应当分层次设置，各层次会计资料具有控制与被控制、统驭与被统驭的关系。在会计工作中，总分类账户一般只提供某类经济业务的货币指标，明细分类账户按照管理要求，除提供货币指标外，还可以提供实物指标。

二、账户按与会计报表的关系分类

账户按其与会计报表的关系分类，可分为资产负债表账户和利润表账户。

资产负债表账户为编制资产负债表提供数据资料，包括资产、负债和所有者权益账户，这些账户无论在平时还是结账后，通常都有余额，因此又称为实账户。这些账户的余额分别表示资产、负债和所有者权益的实存数，反映企业在某一特定日期的财务状况。

利润表账户为编制利润表提供数据资料。这些账户期末往"本年利润"账户中结转后，通常都没有余额，因此又称为虚账户，反映企业在一定期间的经营成果。

账户的类别不同，由此形成的会计数据对会计报表的作用也不同。账户和会计报表作为会计核算方法体系的重要组成部分，两者相互联系、不可分割。

三、账户按会计主体分类

账户按会计主体分类，可分为表内账户和表外账户。

表内账户是指用来核算一个会计主体的资产和权益的账户，包括资产、负债、所有者权益、收入、费用和财务成果账户。

表外账户是指用来核算不属于会计主体的资产和权益的账户，如代为加工的原材料、经营性租入固定资产等账户。

账户分类是会计记录方法涉及的重要内容，采用的分类标准不同，分析的角度不同、侧重点不同，对账户的分类就会有不同的结果。不同的账户分类是对账户内容、用途、结构规律的总结和提炼，其目的都是为了从理论上更进一步地认识为什么要设置这些账户，各账户之间有什么联系，有什么区别，有助于在实际工作中更完善地建立账户体系并正确使用这些账户。

本 章 小 结

本章介绍了会计账户的分类。

账户分类就是将账户按照不同的标准进行归类总结，揭示不同账户的基本特征和内在联系。账户分类的意义在于全面认识各种账户之间的区别和联系及其在整体账户体系中的作用，掌握各种账户在提供核算指标方面的规律性，便于正确地设置和运用账户。

账户可以按照不同的标准，即从不同的角度进行分类，其中，最主要的是按照账户的经济内容分类、按照账户的用途和结构分类。账户的经济内容决定了账户的用途，只有了解账户的经济内容才能正确地运用账户，才能熟悉账户的结构。

将账户按其所反映的经济内容进行分类，可分为资产类、负债类、所有者权益类、成本类和损益类。

将账户按其用途和结构进行分类，可分为三大类，九小类。三大类为基本账户、调整账户和业务账户；九小类为盘存账户、结算账户、跨期摊配账户、资本账户、调整账户、集合分配账户、成本计算账户、配比账户、财务成果计算账户。

将账户按其与会计报表的关系分类，可分为资产负债表账户和利润表账户。这一分类的目的在于研究账户期末余额表示的内容及账户结转的规律性，以利于开展会计工作。

将账户按其提供信息的详细程度分类，可分为总分类账户和明细分类账户。这一分类的目的在于根据各级账户提供核算指标的规律性，准确地运用各级账户提供的全方位的核算指标，满足经营管理过程中不同层次的需要。

将账户按会计主体分类，可分为表内账户和表外账户。账户按会计主体分类，是为了严格划清会计对象的空间界限，也是为了向本企业提供更多的信息。

思 考 题

1. 为什么要对账户进行分类？按经济内容分类和按用途和结构分类两者的作用有何不同？
2. 什么是账户的用途和结构？按账户的用途和结构划分的账户类别有哪些？它们各自的用途和结构是怎样的？
3. 比较债权结算账户、债务结算账户及债权债务结算账户结构的特点。
4. 属于成本计算账户的有哪些？这类账户的结构特点是什么？
5. 简述调整账户的特点，分别举例说明三种调整账户与被调整账户的关系。

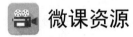 **微课资源**

自测题

第七章 会 计 凭 证

出门乘坐火车、长途客车，你需要购买车票，凭票或刷身份证乘车；去超市购物，无论是人工收银还是机器自助结算，你都会得到一张"小票"；消费者协会总是提醒我们购物后要索取发票；向别人借钱要写借据，丢了借据债权人可能就无法收回欠款……日常生活中，我们经常会见到很多票据。这些票据有何用途呢？购物付款之后收银员或自助结算设备为什么会提供一张购物"小票"呢？为什么丢失了借据就可能无法要回欠款呢？本章将为你解答这些问题。

在会计学中，这些票据被称为会计凭证。会计凭证在会计核算中具有重要意义，填制和审核会计凭证是会计核算的重要方法。

知识要点

1. 会计凭证的概念与种类。(重点)
2. 原始凭证和记账凭证的内容、填写和审核。(重点)
3. 会计凭证的传递与保管要求。

课程思政

1. 原始凭证的意义——实事求是，依法办事。
2. 记账凭证的编制——创新精神，终生学习：财务机器人已逐步取代人工完成记账凭证的编制工作，不创新，不终生学习，迟早会被后浪拍死在沙滩上。

第一节 会计凭证的意义和种类

一、会计凭证的意义

会计凭证，简称凭证，是记录经济业务发生和完成情况，明确经济责任的书面证明，也是登记账簿的依据。

任何单位在处理任何经济业务时，都必须由执行和完成该项经济业务的有关人员从单位外部取得或自行填制有关凭证，以书面形式记录和证明所发生经济业务的性质、内容、数量、金额等，并在凭证上签名或盖章，以对经济业务的合法性和凭证的真实性、完整性负责。任何会计凭证都必须经过有关人员的严格审核并确认无误后，才能作为记账的依据。合法地取得、正确地填制和审核会计凭证，是会计核算的基本方法之一，也是会计核算工作的起点，在会计核算中具有重要意义。

(一)为会计核算提供原始依据

在面对复杂的经济环境和多样的经济业务时，都要以会计凭证作为重要的依据，记录和反映会计信息。会计凭证反映了经济业务发生的时间、内容、数量、金额等原始信息，记录了经济业务的完成情况,是进行会计核算的最原始资料。同时它也是登记账簿的重要依据,是整个会计循环的重要环节。通过对会计凭证的加工、整理和传递,可以及时、准确地反映经济业务发生过程中的会计信息,及时协调会计主体内部各部门、各单位之间的经济活动,保证生产经营各个环节正常运转。

(二)为会计监督提供重要依据

会计凭证是记录和反映经济业务的重要依据,也是会计核算的重要依据,通过会计凭证,会计人员可以检查经济业务,及时发现存在的问题,便于采取措施,严肃财经纪律,维护企业及投资人、债权人等的权益。根据我国《会计法》的有关规定,须经注册会计师进行审计的单位,应当向受委托的会计师事务所如实提供会计凭证等相关会计资料以及有关情况,不得拒绝、隐匿、谎报。所以会计人员必须认真检查和审核会计凭证的真实性、合理性和合法性,充分发挥会计监督的作用,强化内部控制。

(三)可以明确经济责任,为落实岗位责任制提供重要文件

任何会计凭证除记录有关交易、事项的基本内容外,还必须由有关部门和经办人签章,表明其应该承担的法律责任和经济责任,以促使经办部门和有关人员加强法律意识,照章办事,以防止舞弊行为,从而加强经济责任。

【例 7-1】济南某制药有限公司原董事长王某在任职期间,先后多次向山东省某工商银行等多家金融机构贷款 2 000 余万元未偿还。2010 年 8 月,该制药公司的财产被济南市中级人民法院依法查封扣押。在此期间,为了躲避稽查,王某让公司员工田某将财务室内的会计凭证等资料全部转移由自己保管。王某随即又将这些会计资料运走藏匿。2010 年 12 月,王某因涉嫌贷款欺诈罪被济南市公安局刑事拘留,后被逮捕。在羁押期间,公安人员为了查清制药公司贷款去向,多次对王某进行询问,但王某拒不交代公司会计凭证等资料的下落,致使公安机关无法查证落实这家公司的贷款去向。

目前,到银行等办理业务已经使用电子签名。《中华人民共和国民事诉讼法》第 63 条规定,证据包括电子数据。这意味着未来原始凭证可能将逐步走向无纸化。目前,企业日常会计核算时使用的原始凭证都是纸质材料的,若涉及电子票据,则将其打印成纸质材料再进行装订存档。未来,会计凭证是否会完全无纸化?无纸化之后的会计核算是否还要保留纸质会计档案材料?这些问题目前尚未形成定论。

二、会计凭证的种类

由于不同的会计主体在经济业务和管理上的要求不同,其会计凭证也不完全相同。为了了解各种不同的会计凭证,必须对会计凭证按照一定的标准进行分类,以便在日常会计核算中正确使用会计凭证。

会计凭证按照编制的程序和用途不同,可以分为原始凭证和记账凭证两类。

(一)原始凭证

原始凭证是在经济业务发生或完成时取得或填制的,用来记载经济业务的内容和完成情况,明确经济责任的书面证明。任何单位的经济活动和会计核算,都必须取得和填制原

始凭证,因为它具有法律效力(除汇总凭证外),是会计核算的原始资料和重要依据。《中华人民共和国会计法》第 42 条第三款规定:"未按照规定填制、取得原始凭证或者填制、取得的原始凭证不符合规定的,由县级以上人民政府财政部门责令限期改正,可以对单位并处三千元以上五万元以下的罚款;对其直接负责的主管人员和其他直接责任人员,可以处二千元以上二万元以下的罚款;属于国家工作人员的,还应当由其所在单位或者有关单位依法给予行政处分。"

原始凭证可以按照以下几种标准分类。

1. 原始凭证按其来源不同划分

原始凭证按其来源不同,可以分为自制原始凭证和外来原始凭证。

1) 自制原始凭证

自制原始凭证是由本单位经办业务的部门和人员在执行或完成某项经济业务、事项时所填制的、仅供本单位内部使用的原始凭证。自制原始凭证按其填制手续和内容不同,可分为一次凭证、累计凭证和汇总凭证三种。

(1) 一次凭证,也称一次有效凭证,是指只记载一项经济业务或同时记载若干项同类经济业务,填制手续一次完成的凭证。大部分自制凭证都属于一次凭证。例如,销售时开出的发票(见表 7-1)、领料单(见表 7-2)、收料单(见表 7-3)等。

表 7-1　XX 市商业零售专用发票　　　　　No.725689

购货单位:			开票日期:			年　月　日	
编号	商品名称	规格	单位	数量	单价	金　额	
							第二联:发货票
小　写　金　额　合　计							
合计人民币(大写)							
收款单位:(盖章)			收款人:				

表 7-2　(企业名称)

领　料　单

领料单位:　　　　　　　　　　　　　　　　　　　　　编号:
用　途:　　　　　　　　年　月　日　　　　　　　仓库:

材料类别	材料编号	材料名称	规　格	计量单位	数量		单　价	金　额
					请领	实发		

记账:　　　发料:　　　领料单位负责人:　　　领料:

表 7-3　(企业名称)

收　料　单

供应单位：　　　　　　　　　　　　　　　　　　　　　　　　NO.
发票号码：　　　　　　　　年　　月　　日　　　　　收料仓库：

名称及规格	计量单位	数量		实际成本				
		应收	实收	发票价格	运杂费	合计	单价	记账联

保管：　　　　　　　　检验：　　　　　　交库：

(2) 累计凭证，也称多次有效凭证，是指一次记录一项或若干项同类经济业务的原始凭证。其特点是，在一张凭证上可以连续登记相同性质的交易、事项，随时结出累计数及结余数，并按照费用限额进行费用控制，期末按实际发生额记账。最具有代表性的累计凭证是限额领料单(见表 7-4)。

表 7-4　(企业名称)

限额领料单

领料单位：　　　　　　　　　　　　　　　　　　　　　领料编号：
用　途：　　　　　　　　　　　　　　　　　　　　　　发料仓库：

材料类别	材料编号	材料名称	规格	计量单位	全月领用限额	全月实领		
						数量	单价	金额

领料日期	请领		实发		退库房		限额结余
	数量	领料部门	数量	领料人签章	发料人签章	数量	退库单编号
合计							

供应部门负责人：　　　　　生产计划部门负责人：　　　　　仓库负责人：

(3) 汇总凭证，也称原始汇总表，是指将一定时期内反映同类经济业务的若干张同类原始凭证加以汇总编制的原始凭证。如月末根据月份内所有领料单汇总编制的领料单汇总表(见表 7-5)。汇总原始凭证可以简化编制记账凭证的手续，但它本身不具备法律效力。

2) 外来原始凭证

外来原始凭证是指由业务经办人员在经济业务发生或完成时从外部单位或个人取得的原始凭证。例如，购货发票(见表 7-6)、银行收款通知(见表 7-7)、银行电汇凭证(见表 7-8)、银行付款通知等，外来凭证都是一次凭证。

表 7-5 (企业名称)

领料单汇总表

年　月　日

用途		领料单位	原料及主要材料		燃料		修理用备件		合计
			数量	金额	数量	金额	数量	金额	
生产耗用		一车间							
		二车间							
车间一般耗用		一车间							
		二车间							
管理部门									
合计									

会计主管：　　　　　　　　制表：　　　　　　　　审核：

表 7-6　XX 省增值税专用发票

开票日期：　　　年　　月　　日　　　　　　　　　　　　　　　No.

购货单位	名　称					纳税人登记号			
	地址、电话					开户银行及账号			
商品或劳务名称	规格型号	计量单位	数　量	单　价	金　额		税率/%	税　额	
合　计									
计税合计(大写)		佰　　万　　仟　　佰　　拾　　元　　角　　分							
销售单位	名　称				纳税人登记号				
	地址、电话				开户银行及账号				

销货单位(章)：　　　　　收款人：　　　　　复核：　　　　　开票人：

2. 原始凭证按照格式不同划分

原始凭证按照格式不同，可以分为通用凭证和专用凭证。

1) 通用凭证

通用凭证是指由有关部门统一印制、在一定范围内使用的具有统一格式和使用方法的原始凭证。通用凭证的使用范围，因制作部门不同而异，可以是某一地区、某一行业通用，也可以是全国通用。例如，某省(市)印制的"收据"等，只在该省(市)通用(见表 7-9)；由人民银行制作的银行转账结算凭证(见表 7-10)在全国通用等。

表 7-7 中国 XX 银行进账单(收账通知)

年　月　日　　　　编号：

出票人	全　称		收款人	全　称	
	账　号			账　号	
	开户银行			开户银行	

人民币	千	百	十	万	千	百	十	元	角	分
(大写)										

票据种类	
票据张数	
主管　会计　复核　记账	持票人开户行盖章

表 7-8 中国 XX 银行电汇凭证(回单)

委托日期：　年　月　日

汇款人	全　称		收款人	全　称						
	账号住址			账号住址						
	汇出地点	汇出行名称		汇入地址	汇入行名称					

汇款金额	人民币(大写)	百	十	万	千	百	十	元	角	分

汇款用途	
上列款项一律根据委托办理，如需查询，请执此回单来行面洽	汇出行盖章　年　月　日

表 7-9 北京市财政局统一收据

年　月　日　　　　第　号

今收到			第三联：收据
人民币(大写)	¥：_____		
事　由：	现金		
	支票第　号		
收款单位	财务主管	收款人	

表 7-10　中国 XX 银行转账支票　　支票号码 A E. 34955948

支票付款期十天	签发日期：　年　月　日　　开户银行名称：										
	收款人：						签发人账户				
	人民币(大写)	千	百	十	万	千	百	十	元	角	分
	用途： 上列款项请从我账户内支付						科目(付)_____ 对方科目(收)_____ 付讫日期：　年　月　日 出纳：　　　记账： 复核：　　　复核：				
	(请收款人在背面盖章) 签发人盖章						出纳 对号单				

提示：本收据只作为一切单位之间的"应收应付款""暂收暂付"结算往来账款凭证，不得以本收据代替发票使用。

2) 专用凭证

专用凭证是指由单位自行印制，仅在本单位内部使用的原始凭证，例如，收料单、限额领料单等。

(二)记账凭证

记账凭证是会计人员根据审核后的原始凭证进行归类、整理，并确定会计分录而编制的凭证，是直接凭以登记账簿的依据。

由于一个会计主体的经济业务多种多样，反映经济业务的原始凭证的格式和种类也各不相同，并且原始凭证一般都不能明确具体标明经济业务应记入的账户和借贷方向，很难据以直接登记账簿，所以有必要将各种原始凭证反映的经济内容加以归类整理，确认为某一会计要素后，编制记账凭证。

原始凭证或原始凭证汇总表作为记账凭证的重要依据，应附在记账凭证的后面，这样既便于记账，又可以防止和减少差错，保证账簿记录的正确性。从原始凭证到记账凭证是会计的初始确认阶段。记账凭证可以按照不同的标准进行分类。

1. 记账凭证按用途不同划分

记账凭证按用途不同，可以分为专用记账凭证和通用记账凭证。

1) 专用记账凭证

专用记账凭证，是记录某一类经济业务的记账凭证，按照其所记录的经济业务是否与现金、银行存款收付有关系，分为收款凭证、付款凭证和转账凭证。

(1) 收款凭证，是用以反映货币资金收入业务的记账凭证，根据货币资金收入业务的原始凭证填制而成，是登记货币资金相关账簿增加的依据。其格式如表 7-11 所示。

表 7-11　收　款　凭　证　　　　　　总字第　号

借方科目：　　　　　　　　　年　月　日　　　　　　　收字第　号

摘要	贷方科目		金　额									记账
	总账科目	明细科目	百	十	万	千	百	十	元	角	分	
合　计												

会计主管：　　　记账：　　　出纳：　　　审核：　　　制单：　　　附凭证　张

(2) 付款凭证，是用以反映货币资金支出业务的记账凭证，根据货币资金支出业务的原始凭证填制而成，是登记货币资金相关账簿减少的依据。其格式如表 7-12 所示。

表 7-12　付　款　凭　证　　　　　　总字第　号

贷方科目：　　　　　　　　　年　月　日　　　　　　　付字第　号

摘要	借方科目		金　额									记账
	总账科目	明细科目	百	十	万	千	百	十	元	角	分	
合　计												

会计主管：　　　记账：　　　出纳：　　　审核：　　　制单：　　　附凭证　张

由于收付款凭证记录的是收付款业务，收款凭证的借方科目、付款凭证的贷方科目主要是"库存现金""银行存款"等有关货币资金的科目，因此将其放在凭证的上方，作为主体科目。

(3) 转账凭证，是用以反映与货币资金收付无关的转账业务的凭证，根据有关转账业务的原始凭证填制而成，是登记除了货币资金以外的有关账簿的依据。其格式如表7-13所示。

表7-13　转　账　凭　证　　　　　　　总字第　号
　　　　　　　　　年　月　日　　　　　　　付字第　号

摘要	借方科目		贷方科目		金　　额								记账
	总账科目	明细科目	总账科目	明细科目	十	万	千	百	十	元	角	分	
合　计													

附凭证　　张

会计主管：　　　　记账：　　　　出纳：　　　　审核：　　　　制单：

2) 通用记账凭证

通用记账凭证，是指用来反映所有经济业务的记账凭证。通用凭证一般适用于业务比较简单、业务量较少的单位，其格式见表7-14(格式一)和表7-15(格式二)。

表7-14　记　账　凭　证(格式一)
　　　　　　　　　年　月　日　　　　　　　记字第　号

摘要	借方科目		贷方科目		金　　额								记账
	总账科目	明细科目	总账科目	明细科目	十	万	千	百	十	元	角	分	
合　计													

附凭证　　张

会计主管：　　　　记账：　　　　出纳：　　　　审核：　　　　制单：

表 7-15　记　账　凭　证(格式二)

年　　月　　日　　　　　　　　　　　　编号：

摘要	会计科目		借方金额								贷方金额								记账
	总账科目	明细科目	十	万	千	百	十	元	角	分	十	万	千	百	十	元	角	分	
合计																			

附凭证　张

会计主管：　　　记账：　　　出纳：　　　审核：　　　制单：

2. 记账凭证按填制方法不同划分

记账凭证按填制方法不同，可以分为单式记账凭证和复式记账凭证。

1) 单式记账凭证

单式记账凭证，是在一张记账凭证上只填列每笔会计分录中的一方科目，其对应科目只作参考，不据此记账。一笔经济业务涉及几个账户就填制几张记账凭证，一笔经济业务由若干张记账凭证共同反映，用编号将其联系起来，以便查对。设置单式记账凭证的目的，一是便于汇总，即每张凭证只汇总一次，并且可减少差错；二是为了实行会计部门内部的岗位责任制，即每个岗位人员都应对其有关的账户负责；三是利于贯彻内部控制制度，防止差错和舞弊。但是由于其填制凭证的数量多，工作量大，不易保管，所以使用单位较少。其格式如表 7-16 和表 7-17 所示。

表 7-16　借项记账凭证　　　　　　　　　　　附　　张

对应科目：　　　　　　年　　月　　日　　　　　　编号

摘要	一级科目	明细科目	记账	金额
合计				

会计主管：　　　记账：　　　出纳：　　　审核：　　　制单：

表 7-17 贷项记账凭证　　　　　　　　　　　附　　张

对应科目：			年　月　日	编号
摘　要	一级科目	明细科目	记　账	金　额
合　计				

会计主管：　　　　记账：　　　　出纳：　　　　审核：　　　　制单：

2) 复式记账凭证

复式记账凭证，是在一张凭证上完整地列出每笔会计分录涉及的全部科目。上述的专用记账凭证和通用记账凭证都是复式记账凭证。复式记账凭证的优点是在一张凭证上就能完整地反映一笔经济业务的全貌，而且填写方便，附件集中，便于凭证的分析及审核。其缺点是不便于分工记账及科目汇总。

3. 记账凭证按是否汇总划分

记账凭证按是否汇总，可以分为单一记账凭证、汇总记账凭证和科目汇总表(也称记账凭证汇总表)。

1) 单一记账凭证

单一记账凭证，是指只包括一笔会计分录的记账凭证。上述的专用记账凭证和通用记账凭证都是单一记账凭证。

2) 汇总记账凭证

汇总记账凭证，是根据一定时期内同类单一记账凭证定期汇总后填制的记账凭证，又可以分为汇总收款凭证、汇总付款凭证和汇总转账凭证。其格式如表 7-18～表 7-20 所示。

表 7-18　汇总收款凭证

借方科目：				年　月　日		汇收第　号	
贷方科目	金　额					记　账	
	(1)	(2)	(3)	(4)		借　方	贷　方
合　计							

附注：(1)自＿＿＿日至＿＿＿日　收款凭证共计＿＿＿张
(2)自＿＿＿日至＿＿＿日　收款凭证共计＿＿＿张
(3)自＿＿＿日至＿＿＿日　收款凭证共计＿＿＿张

会计主管：　　　　记账：　　　　出纳：　　　　审核：　　　　制单：

表 7-19　汇总付款凭证

贷方科目：　　　　　　　　　　　　年　月　日　　　　　　　　　　　汇付第　号

借方科目	金　额				记　账	
	(1)	(2)	(3)	(4)	借　方	贷　方
合　计						

附注：(1)自_____日至_____日　付款凭证共计____张

(2)自_____日至_____日　付款凭证共计____张

(3)自_____日至_____日　付款凭证共计____张

会计主管：　　　　记账：　　　　出纳：　　　　审核：　　　　制单：

表 7-20　汇总转账凭证

贷方科目：　　　　　　　　　　　　年　月　日　　　　　　　　　　　汇转第　号

借方科目	金　额				记　账	
	(1)	(2)	(3)	(4)	借　方	贷　方
合　计						

附注：(1)自_____日至_____日　转账凭证共计____张

(2)自_____日至_____日　转账凭证共计____张

(3)自_____日至_____日　转账凭证共计____张

会计主管：　　　　记账：　　　　出纳：　　　　审核：　　　　制单：

3) 科目汇总表

科目汇总表，是指根据一定时期内所有的记账凭证定期汇总后填制的记账凭证。其目的是简化总分类账的登记手续。其格式如表 7-21(格式一)和表 7-22(格式二)所示。

表 7-21　科目汇总表(格式一)

月　日至　日

会计科目	账　页	本期发生额		记账凭证起讫号数
		借　方	贷　方	
合　计				

会计主管：　　　　记账：　　　　出纳：　　　　审核：　　　　制单：

表 7-22　科目汇总表(格式二)

年　　月

会计科目	账页	自1日至10日		自11日至20日		自21日至30日		本月合计	
		借方	贷方	借方	贷方	借方	贷方	借方	贷方
合计									

会计主管：　　　　　记账：　　　　　出纳：　　　　　审核：　　　　　制单：

第二节　原　始　凭　证

会计工作是从取得或填制原始凭证开始的。原始凭证填制得正确与否，直接影响整个会计核算的准确与否。因此，对于各种原始凭证，不论是由业务经办人员填制的，还是由会计人员填制的，都要进行认真审核。审核无误的原始凭证才能作为会计核算的依据。

一、原始凭证的要素

经济业务的内容是多种多样的，记录经济业务的原始凭证所包括的具体内容也各不相同。但每一种原始凭证都必须客观、真实地记录和反映经济业务的发生、完成情况，都必须明确有关单位、部门及人员的经济责任。这些共同的要求，决定了每种原始凭证都必须具备以下几个基本要素。

(1) 原始凭证的名称。
(2) 填制凭证的日期及编号。
(3) 接受凭证的单位名称。
(4) 经济业务的数量和金额。
(5) 填制凭证的单位名称和有关人员的签章。

有些原始凭证除了包括上述基本内容以外，为了满足计划、统计等其他业务工作的需要，还要列入一些补充内容。例如，在有些原始凭证上，还要注明与该笔经济业务有关的计划指标、预算项目和经济合同等。

各会计主体根据会计核算和管理的需要，按照原始凭证应具备的基本内容和补充内容，即可设计和印制适合自身需要的各种原始凭证。但是，为了加强宏观管理，强化监督，堵塞偷税、漏税的漏洞，各有关主管部门应当为同类经济业务设计统一的原始凭证格式。例如，由中国人民银行设计统一的银行汇票、本票、支票；由交通部门设计统一的客运、货运单据；由税务部门设计统一的发货票、收款收据等。这样，不但可使反映同类经济业务的原始凭证格式在全国统一，便于加强监督管理，而且也可以节省各会计主体的印刷费用。

二、原始凭证的填制要求

自制原始凭证的填制有三种形式：一是根据实际发生或完成的经济业务，由经办人员直接填制，如入库单、领料单等；二是根据账簿记录对有关经济业务加以归类、整理填制，如月末编制的制造费用分配表、利润分配表等；三是根据若干张反映同类经济业务的原始凭证定期汇总填制，如各种汇总原始凭证等。

外来原始凭证，虽然是由其他单位或个人填制的，但它同自制原始凭证一样，也必须具备为证明经济业务完成情况和明确经济责任所必需的内容。

尽管各种原始凭证的具体填制依据和方法不尽一致，但就原始凭证应反映经济业务、明确经济责任而言，其填制的一般要求有以下五个方面。

(一)记录真实

凭证上记载的经济业务，必须与实际情况相符合，决不允许有任何歪曲或弄虚作假。对于实物的数量、质量和金额，都要经过严格的审核，确保凭证内容真实可靠。从外单位取得的原始凭证如有丢失，应取得原签发单位盖有"财务专用章"的证明，并注明原凭证的号码、所载金额等内容，由经办单位负责人批准后，可代作原始凭证；对于确实无法取得证明的，如火车票、轮船票、飞机票等，可由当事人写出详细情况，由经办单位负责人批准后，也可代作原始凭证。

(二)手续完备

原始凭证的填制手续，必须符合内部牵制原则的要求。凡是填有大写和小写金额的原始凭证，大写与小写金额必须相符；购买实物的原始凭证，必须有实物的验收证明；支付款项的原始凭证，必须有收款方的收款证明。一式几联的凭证，必须用双面复写纸套写，单页凭证必须用钢笔填写；销货退回时，除填制退货发票外，必须取得对方的收款收据或开户行的汇款凭证，不得以退货发票代替收据；各种借出款项的收据，必须附在记账凭证上，收回借款时，应另开收据或退回收据副本，不得退回原借款收据。经有关部门批准办理的某些特殊业务，应将批准文件作为原始凭证的附件或在凭证上注明批准机关的名称、日期和文件字号。

(三)内容齐全

凭证中的基本内容和补充内容都要详尽地填写齐全，不得漏填或省略不填。如果项目填写不全，则不能作为经济业务的合法证明，也不能作为有效的会计凭证。为了明确经济责任，原始凭证必须有经办部门和人员的签章。从外单位取得的原始凭证，必须有填制单位的公章或财务专用章；从个人取得的原始凭证，必须有填制人员的签名或盖章。自制原始凭证必须有经办部门负责人或其指定人员的签名或盖章；对外开出的原始凭证，必须加盖本单位的公章或财务专用章。

(四)书写规范

原始凭证上的文字，要按规定书写，字迹要工整、清晰，易于辨认，不得使用未经国务院颁布的简化字。合计的小写金额前要冠以人民币符号"￥"(用外币计价、结算的凭证，金额前要加注外币符号，如 HK$、US$等)，币值符号与阿拉伯数字之间不得留有空白；所有以元为单位的阿拉伯数字，除表示单价等情况外，一律填写到角分，无角分的要以 0 补位。汉字大写金额数字，一律用正楷字或行书字书写，如壹、贰、叁、肆、伍、陆、柒、捌、玖、拾、佰、仟、万、亿、元(圆)、角、分、零、整(正)。大写金额最后为"元"的应加写"整"(或"正")字断尾。

阿拉伯数字中间有"0"时，汉字大写金额要写"零"字，如￥1 409.50，汉字大写金额应写成"人民币壹仟肆佰零玖元伍角"。阿拉伯金额数字中间连续有几个"0"时，汉字大写金额中只写一个"零"字，如￥6 007.14，汉字大写金额应写成"人民币陆仟零柒元壹角肆分"。阿拉伯金额数字万位或元位是"0"，或者数字中间连续有几个"0"，元位也是"0"，但千位、角位不是"0"时，汉字大写金额中可以只写一个"零"字，也可以不写"零"字。如￥1 580.32，应写成"人民币壹仟伍佰捌拾元零叁角贰分"，或者写成"人民币壹仟伍佰捌拾元叁角贰分"；又如￥107 000.53，应写成"人民币壹拾万柒仟元零伍角叁分"，或者写成"人民币壹拾万零柒仟元伍角叁分"。阿拉伯金额数字角位是"0"，而分位不是"0"时，汉字大写金额"元"后面应写"零"字，如￥16 409.02，应写成"人民币壹万陆仟肆佰零玖元零贰分"。

原始凭证记载的各项内容均不得涂改。原始凭证有错误的应当由出具单位重开或者更正，更正处应当加盖出具单位印章。对于支票等重要的原始凭证若填写错误，一律不得在凭证上更正，应按规定的手续注销留存，另行重新填写。

(五)填制及时

每笔经济业务发生或完成后，经办业务的有关部门和人员必须及时填制原始凭证，做到不拖延、不积压，并按规定的程序将其送交会计部门。

【小提示】在出差人员报销差旅费时，需要填报报销单。那么，报销单上的日期是应当填写出差日期(如火车票、飞机票等票据上面的日期)，还是填报销当日的日期呢？特别是出差日期与报销日期之间跨月的时候，这个日期该如何写呢？

答案是：报销单上的日期要填写填报当日的日期。

三、原始凭证的填制方法

(一)外来原始凭证的填制方法

1. 增值税专用发票的填制

增值税专用发票是一般纳税人于销售货物时开具的销货发票，一般一式四联，销货单位和购货单位各两联。其中，留销货单位的两联，分别留存有关业务部门和会计机构记账用；交购货单位的两联，分别作购货单位的结算凭证和税款抵扣凭证。购货单位向一般纳税人购货，应取得增值税专用发票，因为只有增值税专用发票税款抵扣联，支付的进项税才能在购货单位作为"进项税额"列账。增值税专用发票一般用计算机填制。

【例7-2】20××年 2 月 12 日，光明公司向武汉钢厂购乙材料 6 吨，每吨 300 元。计价款 1800 元，增值税税款为 234 元。同时取得武汉钢厂开出的增值税专用发票，如表 7-23

所示。

表7-23 增值税专用发票

开票日期：20××年2月12日　　　　　　　　　　　　　　　　　　　　NO.001792

购货单位	名称	光明公司			纳税人登记号						291810002156168							
	地址电话	天水路5号 82564237			开户银行及账号						天水工行营业部94—168							

商品或劳务名称	计量单位	数量	单价	金额							税率%	税额						
				百	十	万	千	百	十	元	角	分		百	十	万	千	百	十	元	角	分
乙材料	吨	6	300				1	8	0	0	0	0	13					2	3	4	0	0
合计				¥			1	8	0	0	0	0		¥					2	3	4	0	0
价税合计	人民币：贰仟零叁拾肆元整　　　　　　　　¥2034.00																					

销货单位	名称	武汉钢厂	纳税人登记号	491810005156294
	地址电话	汉水路91号 82514514	开户银行及账号	汉水工行营业部14—914

收款人：王某　　　　　　　　　　　　　　　　　　　开票单位：武汉钢厂(章)

2. 普通发票的填制

普通发票是企业的外来原始凭证。当企业或单位从外单位购入材料物资或接受劳务时，由销货单位开具普通发票，用以证明企业某项经济业务的完成情况。普通发票一般一式三联，一联留存有关业务部门，一联作会计机构的记账凭证，一联作购货单位的结算报销凭证。全部联次一次打印，内容完全一致。

【例7-3】20××年3月2日，光明公司向大众公司购甲材料30件，单价为每件200元，同时取得大众公司开出的普通发票，如表7-24所示。

3. 银行结算凭证的填制

银行结算凭证是企业单位通过银行收付款项，凭以划拨资金的原始凭证，一般由付款单位或付款单位开户银行填制。下面以转账支票为例说明银行结算凭证的填制方法。

【例7-4】20××年4月20日，光明公司收到宏大公司转账支票一张，支付货款

50 000元，如表7-25所示。

表7-24　天津市商业零售专用发票

购货单位：光明公司　　　　开票日期：20×× 年 3 月 2 日　　　　　　　No.725689

编号	商品名称	计量单位	数量	单价	金　额							
					万	千	百	十	元	角	分
1	甲材料	件	30	200		6	0	0	0	0	0
小　写　金　额　合　计					¥	6	0	0	0	0	0
合计人民币(大写)		陆仟元整									

第二联发货票

收款单位：(盖章)　　　　　开票：李某　　　　　　　　　收款人：王某

表7-25　中国工商银行转账支票　　　　支票号码 Ⅶ.01210495

签发日期：20××年4月20 日　　　　　　　　　开户银行名称：天水工行营业部
收款人：光明公司　　　　　　　　　　　　　　签发人账户：98—968

人民币 五万元整 (大写)	千	百	十	万	千	百	十	元	角	分
				¥ 5	0	0	0	0	0	0

用途：购货欠款　　　　　　　　　　科目(借)＿＿＿＿＿＿＿＿＿＿
上列款项请从我账户内支付　　　　　对方科目(贷)＿＿＿＿＿＿＿＿
　　　　　　　　　　　　　　　　　转账日期　　　年　　月　　日

出票人签章：　　　　　　　　　　　复核：　　　　记账：

(二)自制原始凭证的填制方法

1. 收料单的填制

收料单是记录材料入库的一种原始凭证，属于自制一次性凭证。当企业购进材料验收入库时，由仓库保管人员根据购入材料的实际验收情况，按实收材料的数量填制"收料单"。收料单一式三联，一联留仓库，据以登记材料物资明细账和材料卡片；一联随发票账单到会计处报账；一联交采购人员存查。

【例7-5】20××年10月8日光明公司向东方薄板厂购进薄板15吨，单价为2 000元/吨，运杂费600元。材料货款及运费以银行存款付讫。仓库保管员将薄板验收后填制"收料单"，如表7-26所示。

表 7-26　收　料　单

供应单位：东方薄板厂　　　　　　　　　　　　　　　　　　NO.0405
发票号码：3789　　　　　20××年10月8日　　　　收料仓库：二号仓库

名称及规格	计量单位	数量		实际成本			
		应收	实收	发票价格	运杂费	合计	单价
板材(薄板)	吨	15	15	2 000	600	30 600	2 040

记账联

保管：李某　　　　　　检验：王某　　　　　　交库：张某

2．领料单的填制

领料单是记录并据以办理材料领用和发出的一种原始凭证，属于自制一次性凭证。企业发生材料出库业务，由领用材料的部门及经办人和保管材料的部门填制，以反映和控制材料发出状况，明确经济责任。为了便于分类汇总，领料单一般按"一料一单"填制，即一种原材料填写一张单据。领料单一般一式三联，一联由领料单位留存或领料后由发料人退回领料单位；一联由仓库发出材料后，作为登记材料明细分类账的依据；一联交财会部门作为编制材料领用记账凭证的依据。

【例 7-6】20××年 5 月 10 日，光明公司一车间从二号仓库领出 13 mm 圆钢 500 kg，单价为 2 元/kg。仓库保管员对领料单进行审核后在"实发"栏填写数量，领、发料双方在领料单上签字盖章，如表 7-27 所示。

表 7-27　领　料　单

领料单位：一车间　　　　　　　　　　　　　　　　　　　　编号：3618
用　　途：生产乙产品　　　　20××年 5 月 10 日　　　　仓库：二号仓库

材料类别	材料编号	材料名称	规　格	计量单位	数　量		单价	金　额
					请领	实发		
钢材	063	圆钢	13 mm	kg	500	500	2 元	1 000

记账：王某　　　发料：李某　　　领料单位负责人：陈某　　　领料：何某

3．限额领料单的填制

限额领料单是一种一次开设、多次使用的累计领料凭证，是自制凭证。在有效期间内只要领用材料不超过限额，就可以连续领发材料。它适用于经常领用，并规定有领用限额的材料业务。限额领料单应在每月开始前，由生产计划部门根据生产作业计划和材料消耗定额，按照每种材料，区分用途编制。限额领料单通常一式两联，一联送交仓库据以发料；另一联送交领料部门据以领料。领发材料时，仓库应按单上所列材料品名、规格在限额内发放，同时把实发数量和限额结合余数填写在仓库和领料单位持有的两份限额领料单上，并由领、发料双方在两份限额领料单上签字盖章。月末结出实物数量和金额，交由会计部门据以记账,如有结余材料,应办理退料手续。

【例 7-7】 20××年 3 月上旬,光明公司一车间领铸件 6 000 kg,领用记录如表 7-28 所示。

表 7-28 限额领料单

领料单位:一车间　　　　　　20××年 3 月 10 日　　　　　　领料编号:5677
用　　途:生产乙产品　　　　　　　　　　　　　　　　　　发料仓库:三号仓库

材料类别	材料编号	材料名称	计量单位	全月领用限额/千克	全月实领		
					数量	单价	金额/元
黑色金属	2555	铸件	kg	7 000	6 000	2.50	15 000

领料日期	请领		实发			退库房		限额结余
	数量	领料部门(签章)	数量	领料人签章	发料人签章	数量	退库单编号	
2	2 000	(略)	2 000	(略)	(略)			5 000
5	2 000	(略)	2 000	(略)	(略)			3 000
10	2 000	(略)	2 000	(略)	(略)			1 000
合计	6 000		6 000					1 000

供应部门负责人:徐某　　　　生产计划部门负责人:张某　　　　仓库负责人:石某

4. 库存商品验收单的填制

库存商品验收单是商品流通企业购进商品验收入库时自制的原始凭证。当商品运达企业后,企业业务部门应在发票与经济合同核对无误后填制"库存商品验收单"。库存商品验收单一式数联,业务部门留存一联,其他各联连同"发货票"交供货单位到指定的仓库交货。仓库验收商品后,将实收数量记入库存商品验收单的"实收数量",并加盖收货戳记,同时由验收人员签名或盖章。仓库留存一联,据以登记商品保管账,其余各联交供货单位到财会部门结算货款。财会部门要对"库存商品验收单"和"发货票"进行审核。审核无误后,办理付款手续,并在库存商品验收单上加盖付款戳记。库存商品验收单(即收货单)的格式如表 7-29 所示。

表 7-29　收　货　单

商品类别:C 类　　　　　　　　　　　　　　　　　　　　　字第 65 号
收货地点:丁仓库　　开单日期:20××年 8 月 1 日　　收货日期:20××年 8 月 2 日

交货单位:东方贸易公司					合同 字第 89 号		
货号	商品名称	单位	应收数量	实收数量	单价	金额	
K789	L-CCB265	件	200	200	300	60 000	
备注						附单据 3 张	

仓库保管员:罗某　　　　　　　记账:何某　　　　　　　收货人:向某

四、原始凭证的审核

只有经过审核无误的凭证,才能作为记账的依据。为了正确反映并监督各项经济业务,会计部门的经办人员必须严格审核各项原始凭证,以确保会计核算资料的真实、合法、准确。

(一)原始凭证的审核内容

1. 审核原始凭证的真实性

原始凭证的真实性对会计信息的质量有至关重要的影响,对其真实性的审核包括原始凭证的日期是否真实、业务内容是否真实、数据是否真实等内容的审查。此外,外来原始凭证必须有填制单位公章和填制人员签章;自制原始凭证必须有经办部门和经办人员的签字或盖章;通用原始凭证还应审核凭证本身的真实性,以防假冒。

2. 审核原始凭证的合法性

审核原始凭证所记录的经济业务是否有违反国家法律法规的情况,是否履行了规定的凭证传递和审核程序,是否有贪污腐化等行为。

3. 审核原始凭证的合理性

审核原始凭证所记录的经济业务是否符合企业生产经营活动的需要,是否符合有关的计划或预算等。

4. 审核原始凭证的完整性

审核原始凭证各项基本要素是否齐全,是否有漏项的情况,日期是否完整,数字是否清晰,文字是否工整,有关人员签章是否齐全,凭证联次是否正确等。

5. 审核原始凭证的正确性

审核原始凭证各项金额的计算及填写是否符合如下标准:阿拉伯数字分位填写,不得连写;小写金额前要标明"¥"字样,中间不能留空位,大写金额前要加"人民币"字样,大写金额与小写金额要相等;凭证中有书写错误的,应采用正确的方法更正,不能采用涂改、刮擦、挖补等不正确的方法。

6. 审核原始凭证的及时性

原始凭证的及时性是保证会计信息及时性的基础。为此,要求经济业务发生或完成时及时填制有关原始凭证,及时进行凭证的传递,审核时应注意凭证的填制日期。

(二)原始凭证审核结果的处理

经审核后的原始凭证应根据不同情况进行处理,包括以下内容

(1) 对于完全符合要求的原始凭证,应及时据以编制记账凭证入账。

(2) 对于真实、合法、合理,但内容不完整、填写有错误的原始凭证,应退回给有关经办人员,由其负责将有关项目补充完整、更正错误或重新填制凭证后,再办理正式的会计

手续。

(3) 对于不真实、不合法的原始凭证，会计机构、会计人员有权不予接受，并向单位负责人报告。

第三节 记账凭证

一、记账凭证的基本要素

由于经济业务的内容不同，根据其原始凭证填制的记账凭证种类也不同，但是，记账凭证的作用在于对原始凭证进行归类、整理，正确反映经济业务，编制会计分录，为登记账簿提供直接依据，因此所有记账凭证都应满足记账的要求，都必须具备以下基本内容。

(1) 记账凭证的名称。
(2) 记账凭证填制的日期和凭证编号。
(3) 经济业务的摘要。
(4) 会计科目名称(总分类科目、明细分类科目)、记账方向及金额。
(5) 所附原始凭证的张数。
(6) 填制凭证人员、稽核人员、记账人员、会计机构负责人、会计主管人员签名或者盖章。

二、记账凭证的填制要求

填制各种记账凭证时，除了要严格按照原始凭证的填制要求外，还应注意以下八点。

1. 不得把不同类型的经济业务合并填列一张记账凭证

记账凭证可以根据每一张原始凭证填制，或者根据若干张同类原始凭证汇总填制，也可以根据原始凭证汇总表填制，但不得将不同内容和类别的原始凭证汇总填制在一张记账凭证上。

2. 日期为填制当日日期

填制记账凭证时，记账凭证上的日期应当为填制当日的日期，而不是编制记账凭证所依据的原始凭证上面记载的日期。这是因为原始凭证上的日期虽然代表了经济业务实际发生的日期，但从经济业务的实际发生到财务部门受理记账往往会有时间差，这一时间差通常是由于会计凭证的传递需要时间所导致的。例如，出差人员报销差旅费，时间上一定是出差在前，报销在后。财务人员编制报销业务记账凭证的日期是出差人员前来办理报销业务的日期。

在使用财务软件记账的情况下，系统会按编制凭证当日的日期自动生成记账凭证的日期。

3. 必须连续编号

填制记账凭证时，应当对记账凭证进行连续编号。填制记账凭证时使用的编号方法如下。

(1) 统一编号法。统一编号法是指按经济业务发生的先后顺序连续编号。

(2) 分类编号法。采用专用凭证时，按凭证类别各自连续编号，采用分类编号法时，还可用统一编号法加编总号。

(3) 分数编号法。一笔经济业务需要填制两张以上记账凭证的，可以采用分数编号法编号。如某笔经济业务需要编制两张转账凭证，凭证的顺序号为 32，这两张转账凭证的编号分别为 $32\frac{1}{2}$、$32\frac{2}{2}$。

记账凭证每月更换一次编号，每月末最后一张凭证编号右侧加注"全"字，表示全部填制完毕，便于检查有无丢失。

4. 摘要应简明扼要

记账凭证的摘要应该用简明扼要的语言，概括出经济业务的主要内容。不同经济业务的摘要有不同的要求，如涉及实物资产的凭证的摘要中应注明品种、数量、单价；涉及往来款项的凭证的摘要中应写明往来单位和款项的主要内容。

5. 正确填写会计分录

按照会计准则、会计制度统一规定的会计科目填写，不得只写科目编号，不写科目名称。对于需要明细核算的经济业务，二级和明细科目要填写齐全，同时记账方向和账户对应关系要清楚。

6. 附件齐全

记账凭证所附的原始凭证必须完整无缺，并在凭证上正确注明所附原始凭证的张数。所附原始凭证的张数以自然张数为准。

除结账和更正错误的记账凭证可以不附原始凭证外，其他记账凭证必须附有原始凭证。如果一张原始凭证涉及几张记账凭证，可以把原始凭证附在一张主要的记账凭证后面，并在其他记账凭证上注明附有该原始凭证的记账凭证的编号或者附原始凭证复印件。

一张原始凭证所列支出需要几个单位共同负担的，应当将其他单位负担的部分，给对方开具原始凭证分割单，进行结算。原始凭证分割单必须具备原始凭证的基本内容。

7. 如果在填制记账凭证时发生错误，应当重新填制

已经登记入账的记账凭证，在当年内发现填写错误时，可以用红字填写一张与原内容相同的记账凭证，在摘要栏注明"注销某月某日某号凭证"字样，同时再用蓝字重新填制一张正确的记账凭证，注明"订正某月某日某号凭证"字样。如果会计科目没有错误，只是金额错误，也可以将正确数字与错误数字之间的差额，另编一张调整的记账凭证，调增金额用蓝字，调减金额用红字。发现以前年度记账凭证有错误的，应当用蓝字填制一张更正的记账凭证。

8. 画线注销

记账凭证填制完经济业务事项后，如有空行，应当自金额栏最后一笔金额数字下的空行处至合计数上的空行处画线注销。

实行会计电算化的单位，机制记账凭证应符合上述要求，打印出的机制记账凭证要加

盖制单人员、审核人员、记账人员及会计机构负责人、会计主管人员的印章或者签字。

三、记账凭证的填制方法

(一)专用记账凭证的填制方法

1. 收款凭证的填制方法

收款凭证是专门记录现金、银行存款等货币资金收入业务的记账凭证，是由会计人员根据审核无误的库存现金、银行存款和其他货币资金收入业务的原始凭证填制的。

收款凭证的日期填写收款日期，即原始凭证填制或取得的日期；凭证编号每月从收字第 1 号开始连续编写；"摘要栏"填写收款业务的简要说明；"借方科目"栏填写"库存现金""银行存款"科目；"贷方科目"栏填写"库存现金""银行存款"等的对应科目；"金额"栏填写应记入借方、贷方金额数以及合计数；"附件"张数填写所附原始凭证的张数；"账页"栏是在记账后，标明所登记总账和明细账的页数或作过账标记"√"，以免漏记或重记。

【例 7-8】光明公司于 20××年 6 月 15 日，收到销售给大发公司一批乙产品的货款 10 000 元，增值税 1 300 元，收到一张 11 300 元的转账支票存入银行。根据有关单据填制收款凭证，如表 7-30 所示。

表 7-30　收　款　凭　证　　　　　　　总字第 20 号

借方科目：银行存款　　　　20××年 6 月 15 日　　　　收字第 7 号

摘　要	贷　方　科　目		金　额								记账	附凭证张
	总账科目	明细科目	百	十	万	千	百	十	元	角	分	
销售乙产品	主营业务收入	乙产品			1	0	0	0	0	0	0	
	应交税费	应交增值税				1	3	0	0	0	0	
合　　计				￥	1	1	3	0	0	0	0	

会计主管：王某　　　记账：何某　　　出纳：韦某　　　审核：李某　　　制单：向某

2. 付款凭证的填制方法

付款凭证的填制依据是审核无误的有关现金和银行存款付出业务的原始凭证。在借贷记账方法下，付款凭证的填制方法与收款凭证的填制方法大致相同，区别在于表头和表内所列科目相反。付款凭证左上角反映的是贷方科目；表内栏中反映的是借方科目及其金额，其编号原则与收款凭证的相同。

【例 7-9】光明公司 20××年 5 月 29 日，以银行存款偿还借款 500 000 元。根据有关单据填制付款凭证，如表 7-31 所示。

表 7-31 付 款 凭 证   总字第 15 号

贷方科目：银行存款   20××年 5 月 29 日   付字第 9 号

摘要	借方科目		金额	记账
	总账科目	明细科目	百十万千百十元角分	
归还借款	短期借款	建设银行	5 0 0 0 0 0 0 0	
合 计			¥ 5 0 0 0 0 0 0 0	

附凭证 张

会计主管：王某   记账：何某   出纳：韦某   审核：李某   制单：向某

需要注意的是：对于现金和银行存款之间相互划转的业务，如从银行提取现金，或将现金存入银行，为了避免重复记账，统一只编制付款凭证，不编制收款凭证。即当发生从银行提取现金的业务时，只编制银行存款付款凭证；当发生将现金存入银行的业务时，只编制现金付款凭证。

3. 转账凭证的填制方法

转账凭证是专门记录现金、银行存款和其他货币资金收付业务以外的转账业务的记账凭证，它是根据有关转账业务的原始凭证填制的。转账凭证的日期填写转账业务发生的日期，即原始凭证填制或取得的日期；凭证编号每月从转字第 1 号开始连续编写；"摘要"栏填写转账业务的简要说明；"金额"栏填写应计入借方、贷方金额明细数以及合计数；附件张数填写所附原始凭证的张数；"记账"栏是在记账后，标明所登记总账和明细账的页数或作过账标记"√"，以免漏记或重记。

【例 7-10】光明公司 20××年 9 月 30 日，车间填制领料单从仓库领用甲材料 10 kg，金额 500 元，乙材料 20 kg，金额 700 元。用于乙产品的生产，根据车间填制的领料单填制转账凭证，填制方法如表 7-32 所示。

表 7-32 转 账 凭 证   总字第 65 号

20××年 9 月 30 日   转字第 15 号

摘要	借方科目		贷方科目		金额	记账
	总账科目	明细科目	总账科目	明细科目	十万千百十元角分	
车间领料	生产成本	乙产品	原材料	甲材料	5 0 0 0 0	
	生产成本	乙产品	原材料	乙材料	7 0 0 0 0	
合 计					¥ 1 2 0 0 0 0	

附凭证 张

会计主管：王某   记账：何某   出纳：韦某   审核：李某   制单：向某

(二)通用记账凭证的填制方法

通用记账凭证是一种适合各种经济业务的记账凭证。采用通用记账凭证的经济单位，不再根据经济业务的内容分别填制收款凭证、付款凭证和转账凭证。在借贷记账法下，将经济业务涉及的会计科目全部填列在凭证内，借方在前，贷方在后，将各会计科目所应记的金额填列在"借方金额"或"贷方金额"栏中。借、贷方金额合计数应相等。账页栏或"√"栏中标明所登记的账簿页数或注明"√"以示登记入账。制单人应在填制凭证完毕后签名盖章，并填写所附原始凭证的张数。

通用记账凭证一般用于货币资金的收付业务比较少的企业。出于简化会计核算的考虑，不对经济业务按是否涉及货币资金的收付来划分，对所有经济业务统一使用同一种类型的记账凭证。通用记账凭证的格式与专用记账凭证中的转账凭证相似。

【例 7-11】光明公司 20××年 10 月 13 日销售一批甲产品，售价为 10 000 元，增值税销项税额为 1 300 元，款项暂欠。会计人员根据有关原始凭证填制的通用记账凭证如表 7-33 所示。

表7-33 记 账 凭 证

20×× 年 10 月 13 日   字第 36 号

摘 要	会计科目		借方金额								贷方金额								记账
	总账科目	明细科目	十	万	千	百	十	元	角	分	十	万	千	百	十	元	角	分	
销售甲产品	应收账款	光明公司		1	1	3	0	0	0	0									附
	主营业务收入											1	0	0	0	0	0	0	凭
	应交税费	应交增值税销项税额											1	3	0	0	0	0	证
																			张
合 计			¥	1	1	3	0	0	0	0	¥	1	1	3	0	0	0	0	

会计主管：王某   记账：何某   出纳：韦某   审核：李某   制单：向某

(三)计算机环境下记账凭证的填制方法

现代会计核算早已经进入电算化时代，财务软件的应用大大提高了会计核算的工作效率和精准度，本教材以用友 U8 软件总账系统中记账凭证的填制为例阐述计算机环境下记账凭证的填制方法。

记账凭证填制前，会计人员需要进行账务的初始化工作，即将总账和各明细账首先建立账套并进行基础设置。初始化工作完成以后就可以开始凭证的输入了，这也是整个账务处理的起点。

记账凭证是登记账簿的依据，在实行计算机处理账务以后，电子账簿的准确与完整完全依赖于记账凭证的准确和完整。计算机信息处理具有"垃圾进垃圾出"的特点，因此确保记账凭证输入的准确和完整十分重要。软件中使用了很多手段，以尽可能地保证输入凭证内容的准确和完整。

记账凭证的内容一般包括两部分：一是凭证头部分；二是凭证正文部分。如果会计科目有辅助核算要求，则应该输入辅助核算内容，以便进行详细核算。

具有凭证输入权限的会计人员登录"企业应用平台"，选择业务工作菜单中的"财务会计"→"总账"→"凭证"→"填制凭证"功能，如图 7-1 所示。

图 7-1 选择"填制凭证"功能

【例 7-12】2019 年 11 月 1 日甲公司开出现金支票,从工行提取 2000 元备用,票据号为 xj01,如图 7-2 所示。

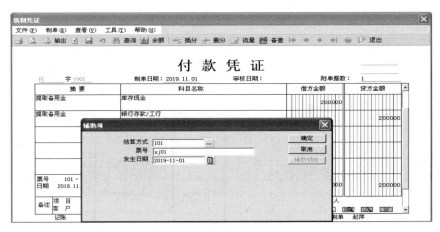

图 7-2 填制付款凭证

【例 7-13】2019 年 11 月 5 日接受华人公司以商标权向公司投资,评估价为 10 000 元,其中 8 000 元作为注册资本,如图 7-3 所示。

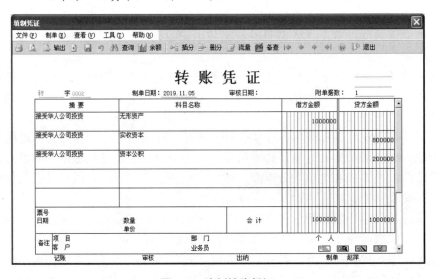

图 7-3 填制转账凭证

四、记账凭证的审核

记账凭证是登记账簿的直接依据，为了确保账簿记录准确无误，监督款项收付，全面提供会计信息，必须严格按照要求填制记账凭证，无论是手工环境还是计算机环境都要由专人对已经填制的记账凭证进行严格审核。只有审核无误的记账凭证，才能作为记账的依据。记账凭证的审核主要包括以下五项内容。

(1) 内容是否真实。审核记账凭证是否有原始凭证为依据，所附原始凭证的内容与记账凭证的内容是否一致，记账凭证汇总表的内容与其所依据的记账凭证的内容是否一致等。

(2) 项目是否齐全。审核记账凭证各项目的填写是否齐全，如日期、凭证编号、摘要、会计科目、金额、所附原始凭证张数及有关人员签章等。

(3) 科目是否正确。审核记账凭证的应借、应贷科目是否正确，是否有明确的账户对应关系，所使用的会计科目是否符合国家统一的会计制度的规定等。

(4) 金额是否正确。审核记账凭证所记录的金额与原始凭证的有关金额是否一致、计算是否正确，记账凭证汇总表的金额与记账凭证的金额合计是否相等。

(5) 书写是否正确。手工环境下审核记账凭证中的记录是否文字工整、数字清晰，是否按规定进行更正等。

计算机环境下，记账凭证的审核首先由出纳员签字，然后由专门的审核人员按照规定的程序进行单据审核。

此外，出纳人员在办理收款或付款业务后，应在凭证上加盖"收讫""付讫"的戳记，以避免重收重付。在审核中若发现差错，应查明原因予以重填或更正，并由更正人员在更正处签章。

第四节 会计凭证的传递与保管

一、会计凭证的传递

会计凭证的传递是指从会计凭证的取得或填制时起，到归档保管止，会计凭证在单位内部有关部门和人员之间按照规定的传递时间和程序进行处理的过程，包括会计凭证传递的时间、程序和传递过程中的衔接手续。

按照规定，会计凭证应当及时传递，不得积压。正确、合理地组织会计凭证的传递，对于及时处理和登记经济业务，协调单位内部各部门、各环节的工作，加强岗位责任制，实行会计监督，具有重要的作用。

会计凭证传递的时间是指各种会计凭证在传递过程中，在各个环节的滞留时间。各单位应组织人员合理确定传递时间，既要保证所有业务手续都有充分的时间完成，又要保证较高的工作效率，避免推迟完成经济业务和及时记账。

会计凭证的传递程序规定了有关经济业务的办理程序和有关部门、人员应承担的责任。各单位应由会计部门在调查研究的基础上，会同有关部门、人员共同协商确定。

会计凭证传递过程中的衔接手续，应该做到既完备严密又简便易行，以保证会计凭证的安全和完整。

因此，各单位应该根据本单位经济业务的特点、机构设置、人员分工情况以及经营管理的需要，确定本单位会计凭证传递的时间、程序和传递过程中的衔接手续。

二、会计凭证的保管

会计凭证是各项经济活动的历史记录，是重要的经济档案。为了便于随时查阅利用，各种会计凭证在办理好各项业务手续并据以记账后，应由会计部门加以整理、归类，送交档案部门妥善保管。

(一)会计凭证的整理归类

会计部门在记账以后，应定期(一般为每月)将会计凭证加以归类整理，即把记账凭证及其所附原始凭证，按记账凭证的编号顺序进行整理，在确保记账凭证及其所附原始凭证完整无缺后，将其折叠整齐，加上封面、封底，装订成册，并在装订线上加贴封签，以防散失和任意拆装。在封面上要求注明单位名称、凭证种类、所属年月和起讫日期、起讫号码、凭证张数等。会计主管或指定装订人员要在装订线封签处签名或盖章，然后入档保管。

对于那些数量过多或随时需要查阅的原始凭证，可以单独装订保管，在封面上注明记账凭证的日期、编号、种类，同时在记账凭证上注明"附件另订"。各种经济合同和重要的涉外文件等凭证，应另编目录，单独登记保管，并在有关记账凭证和原始凭证上注明。

(二)会计凭证的造册归档

每年的会计凭证都应由会计部门按照归档的要求，负责整理立卷或装订成册。当年的会计凭证，在会计年度终了后，可暂由会计部门保管 1 年，期满后，原则上应由会计部门编造清册移交本单位档案部门保管。档案部门接收的会计凭证，原则上要保持原卷册的封装，个别需要拆封重新整理的，应由会计部门和经办人员共同拆封整理，以明确责任。会计凭证必须做到妥善保管、存放有序、查找方便，并要严防毁损、丢失和泄密。

(三)会计凭证的借阅

会计凭证原则上不得借出，如有特殊需要，须报请批准，但不得拆散原卷册，并应限期归还。需要查阅已入档的会计凭证时，必须办理借阅手续。其他单位因特殊需要使用原始凭证时，经本单位负责人批准，可以复制。但向外单位提供的原始凭证复印件，应在专设的登记簿上登记，并由提供人员和收取人员共同签名或盖章。

(四)会计凭证的销毁

会计凭证的保管期限一般为 15 年。保管期未满，任何人都不得随意销毁会计凭证。按规定销毁会计凭证时，必须开列清单，报经批准后，由档案部门和会计部门共同派人监销。在销毁会计凭证前，监督销毁人员应认真清点核对，销毁后，在销毁清册上签名或盖章，并将监销情况报告本单位负责人。

本 章 小 结

本章主要阐述设置、填制、审核会计凭证的意义，会计凭证的分类，各类会计凭证的填制、审核，以及会计凭证的传递。

会计凭证在会计工作中是记录经济业务、明确经济责任的书面证明，是用来登记账簿的依据。填制、审核会计凭证的意义为如实反映经济业务的内容，保证经济业务的合理性、合法性，明确经济责任，作为记账的依据。

原始凭证又称原始单据，是在经济业务发生或完成时取得或填制的，用以记录、证明经济业务已经发生或完成的原始证据，是进行会计核算的原始资料。原始凭证按来源不同分为外来原始凭证和自制原始凭证。原始凭证审核的内容具有真实性、合法性、合理性、完整性、正确性、及时性等特点。

记账凭证是会计人员根据审核后的原始凭证进行归类、整理，并确定会计分录而编制的凭证，是直接凭以登账的依据。记账凭证分为通用凭证和专用凭证，专用凭证又分为收款凭证、付款凭证、转账凭证。记账凭证的审核内容有：内容是否真实、项目是否齐全、科目是否正确、金额是否正确、书写是否正确等。

会计凭证的传递，是指会计凭证从编制时起到归档时止，在单位内部各有关部门及人员之间的传递程序和传递时间。会计凭证应在会计部门加以整理、归类、造册归档，并送交档案部门妥善保管，遵守借阅制度，按规定期限保管。

思 考 题

1. 会计凭证的作用有哪些？
2. 填制原始凭证应遵循哪些基本要求？
3. 如何审核原始凭证？
4. 填制记账凭证应遵循哪些基本要求？
5. 如何审核记账凭证？
6. 会计凭证的保管一般有什么要求？

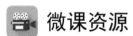

微课资源

自测题

第八章 会计账簿

在第一章中,我们了解了会计核算方法包括设置账户、复式记账、填制和审核会计凭证、登记账簿、成本计算、财产清查和编制财务报告七种。在第七章中,我们了解了填制和审核会计凭证是日常会计核算的第一步,登记账簿只是会计核算方法中的一个组成部分。然而,如果你问一个人会计是干什么的,人们的第一反应似乎都是"记账",绝对不会有人回答"记凭证""审凭证"或"算成本"。这是为什么呢?我们已经填制和审核了在经济活动和会计核算中具有重要意义的会计凭证,为什么还要登记账簿呢?本章将为你解答这一问题。

知识要点

1. 会计账簿的含义。(重点)
2. 会计账簿的作用、设置原则以及账簿的种类、格式。(重点)
3. 账簿的登记规则、对账和结账的方法。(重点)
4. 日记账、总分类账、明细账的记账规则和一般登记方法。(重点)
5. 账簿的更换与保管。

课程思政

会计账簿的作用——成功的决策者既要能提纲挈领把握全局,又可以抽丝剥茧掌控细节。引导学生在面临选择时如何恰当决策。

第一节 会计账簿的意义和种类

一、会计账簿的意义

会计账簿简称账簿,是由具有一定格式、互有联系的若干账页所组成,以会计凭证为依据,用以全面、系统、序时、分类记录各项经济业务的簿记。从外表形式上看,账簿是由若干预先印制成专门格式的账页所组成的。在会计实务中,将会计科目填入某个账页后,该账页就成为记录、反映该会计科目所规定的核算内容的账户,各账户之间的相互关系通过账户的对应关系来体现。

从原始凭证到记账凭证,是按照一定的会计科目和复式记账法,将大量的经济信息转化为会计信息记录在记账凭证上。但是,这些记录在会计凭证上的信息还是分散的、不系统的,为了把分散在会计凭证中的大量核算资料加以集中并分类反映,为经营管理提供系统、完整的核算资料,并为编制会计报表提供依据,就必须设置和登记账簿。

设置和登记账簿是会计核算的专门方法之一,对于全面、系统、序时、分类反映各项经济业务,充分发挥会计在经济管理中的作用,具有重要意义。

二、会计账簿的作用

设置和登记账簿作为会计核算的一项重要内容,在经济管理中主要有以下四个方面的重要作用。

(1) 通过设置和登记账簿,可以为经营管理提供比较系统、完整的会计核算资料,并为编制会计报表提供依据。

(2) 通过设置和登记账簿,可以连续反映各项财产物资的增减变动及其结存情况,并借助于财产清查、账目核对等方法,反映财产物资的具体情况,发现问题,及时解决。

(3) 通过账簿的设置与登记可以确定财务成果的形成,提供经营成果形成的详细内容,并为财务成果的分配提供依据。

(4) 通过设置和登记账簿,提供各项会计核算资料,并利用这些资料进行会计分析,以便改善经营管理。

三、会计账簿的种类

为了满足经营管理的需要,每一账簿体系中包含的账簿都是多种多样的,这些账簿可以按不同的标准进行分类,分类的方法主要有以下两种。

(一)按用途分类

账簿按用途分类,可以分为序时账簿、分类账簿和备查账簿。

1. 序时账簿

序时账簿又称日记账,是对各项经济业务按其发生时间的先后顺序,逐日逐笔连续登记的账簿。按记录的内容不同,序时账簿又分为普通日记账和特种日记账两种。普通日记账是用来登记全部经济业务发生情况的日记账,通常把每天发生的经济业务按照业务发生的先后顺序,编成会计分录记入账簿中。特种日记账是用来记录某一类经济业务发生情况的日记账,通常把某一类比较重要的经济业务,按照业务发生的先后顺序记入账簿中。

普通日记账实质上是把会计分录按照经济业务发生的先后顺序记入日记账中,以此作为连续登记分类账的依据,所以又称其为分录日记账。

特种日记账只把重要的项目按经济业务发生的先后顺序记入日记账中,反映某个特定项目的详细情况。例如,为了加强货币资金的管理,单设现金日记账和银行存款日记账,就是专为提供现金和银行存款收付情况的详细资料而设置的特种日记账。在会计实务中,为了简化记账的手续,除了现金和银行存款收付要记入现金日记账和银行存款日记账以外,其他各项目一般不再设置特种日记账进行登记。

2. 分类账簿

分类账簿又称分类账,是对全部经济业务按总分类账户和明细分类账户进行分类登记的账簿。分类账簿按其反映指标的详细程度,又分为总分类账簿和明细分类账簿两种。

总分类账簿又称总分类账,或简称总账,是根据总分类科目开设,用以记录全部经济业务总括核算资料的分类账簿。

明细分类账簿又称明细分类账，或简称明细账，是根据总账科目设置，按其所属的明细科目开设，用以记录某一类经济业务明细核算资料的分类账。

3. 备查账簿

备查账簿又称辅助账簿，是对某些不能在日记账和分类账中记录的经济事项或记录不全的经济业务进行补充登记的账簿。设置备查账簿的目的主要是为某些经济业务的经营决策提供必要的参考资料，如以经营租赁方式租入固定资产的登记簿等。不一定每个单位都设置备查账簿，各单位应根据实际需要确定。备查账簿没有固定的格式，可由各单位根据管理的需要自行设计，也可使用分类账的账页格式。

(二)按形式分类

账簿按形式分类，可以分为订本式账簿、活页式账簿和卡片式账簿。

1. 订本式账簿

订本式账簿又称订本账，是在账簿启用以前，就把若干顺序编号的账页装订在一起的账簿。采用订本式账簿，可以避免账页散失，并防止抽换账页。但是由于账页序号和总数已经固定，不能增减，开设账户时，必须为每个账户预留账页，在使用中可能会出现某些账户预留账页不足，而另外一些账户预留账页过多，造成浪费的现象。另外，采用订本式账簿，并且在同一时间里，只能由一人登账，不能分工同时记账。订本式账簿主要适用于总分类账和现金日记账、银行存款日记账。

2. 活页式账簿

活页式账簿又称活页账，是把若干张零散的账页，根据业务需要，自行组合成的账簿。采用活页式账簿，账页不固定地装订在一起，可以根据实际需要，随时将空白账页加入账簿，并且在同一时间里，可由多人分工登账。但活页式账簿中的账页容易散失和被抽换，空白账页在使用时必须顺序编号并装置在账夹内，在更换新账后，要装订成册或予以封扎，并妥善保管。活页式账簿主要适用于各种明细账。

3. 卡片式账簿

卡片式账簿又称卡片账，是利用卡片进行登记的账簿。采用卡片式账簿的优缺点与活页式账簿基本相同，在登记卡片式账簿时，必须顺序编号并装置在卡片箱内，由专人保管。卡片式账簿主要适用于记录内容比较复杂的财产明细账，如固定资产卡片。

第二节　账簿的设置与登记

一、账簿的基本要素、设置要求和登记规则

各种账簿记录的经济内容不同，账簿的格式多种多样，不同的账簿格式所包括的具体内容不尽一致，但各种账簿应具备的基本内容是相同的，主要有以下三项内容。

(一)账簿的基本要素

1．封面

封面主要标明账簿的名称和记账单位的名称，如某单位总分类账、债权债务明细分类账等。

2．扉页

扉页主要列明科目索引及账簿使用登记表，一般将科目索引列于账簿最前面，将账页装订成册后，填列账簿使用登记表，其一般格式如表 8-1 和表 8-2 所示。

表 8-1 科目索引

页　数	科　目	页　数	科　目	页　数	科　目

表 8-2 账簿使用登记表

使用者名称					印　鉴	
账簿编号						
账簿页数	本账簿共计使用　　　　　　　　页					
启用日期	年　　　月　　　日					
截止日期	年　　　月　　　日					
责任者盖章	记　账		审　核	主　管	部门领导	
交接记录						
姓　名	交接日期				交接盖章	监交人员
印花税票						

3．账页

账页是账簿的主要内容，因反映经济业务内容的不同，账页有不同的格式。尽管格式不同，但账页包含的基本内容相同，包括账户名称(一级、二级或明细科目)、记账日期栏、凭证种类和号数栏(记录经济业务内容的简要说明)、金额栏(记录经济业务增减数额的变动)、总页次和分户页次。

(二)账簿的设置要求

每一个会计主体需要设置哪些账簿,应当根据经济业务的特点和管理上的需要来确定。设置账簿应当符合以下要求。

(1) 账簿的设置要能保证系统、全面地反映和监督经济活动的情况,满足经济管理的需要,为经济管理提供总括的核算资料和明细的核算资料。

(2) 账簿的设置要能保证组织严密,各账簿之间既要有明确的分工,又要有密切的联系,考虑人力和物力的节约,力求避免重复或遗漏。

(3) 账簿的格式应简便适用,便于登记、查找、更正错误和保管。

(三)账簿的登记规则

账簿作为重要的会计档案资料和会计信息的主要储存工具,必须按规定的方法,依据审核无误的记账凭证进行登记。在手工(即非使用财务软件的情况下)进行账簿登记时,一般应遵循下列原则。

(1) 登记账簿时,必须以审核无误的会计凭证为依据,要将凭证的种类编号、摘要、金额和其他有关资料逐项记入账页。记账后应在凭证上注明账簿页数或做"√"符号表示已登记入账。

(2) 账簿中书写的文字和数字上面要留适当空距,不要写满格,一般应占格距的1/2。

(3) 记账时必须用蓝色或黑色墨水书写,不得使用铅笔或圆珠笔。红色墨水只能在以下情况使用:①按照红字冲账的记账凭证,冲销错误记录;②在不设借贷等栏的多栏式账页中,登记减少数;③在三栏式账户的余额栏前,如未印明余额的方向,在余额栏内登记负数余额。

(4) 记账时,应按账页行次顺序连续登记,不得跳行、隔页。如发生隔页跳行时,要将空页、空行用红线对角划掉,注明作废,并加盖记账人员签章。

(5) 记账的文字和数字要书写端正、清晰。记账如发生错误,要按规定的更正方法进行更正,不得涂改、挖补、刮擦或用药水消除字迹。

(6) 分类账户如有余额应在"借或贷"栏内写明"借"或"贷"字样,并填写金额,如账户余额结平可用"平"表示,并在金额栏内写"0"字。

(7) 各账户在一张账页记满时,应结出本页发生额合计数及结余额,写在本页最后一行和下页第一行内,并在"摘要"栏内注明"过次页"和"承前页"字样。

在使用财务软件进行会计核算时,登记账簿的过程是通过操作软件中的程序完成的,无须手工登记。对系统生成的账簿定期打印、装订、保存。

二、日记账的设置和登记

日记账是用来逐日逐笔序时连续地反映企业发生的全部经济业务,并需逐笔过账,工作量相当大,也不便于会计人员分工记账。随着管理上对会计所提供的信息和分工记账要求的不断提高,在会计实务中日记账也经历了一个由简单到复杂的发展过程,即从普通日记账发展到专栏日记账,进而又发展到特种日记账的过程。特种日记账用来连续记录某一类经济业务的完成情况,如为了逐日反映货币资金的收入情况,企业应设置现金和银行存款日记账。

(一)普通日记账的设置和登记

普通日记账是用来登记一般经济业务的序时账。账页格式一般只设置借方和贷方两个金额栏,以便分别记入各项经济业务所确定的账户名称及金额,也称两栏式日记账或分录日记账。其格式如表 8-3 所示。

表 8-3　普通日记账

年		凭证		摘要	会计科目	借方金额								贷方金额							
月	日	字	号			百	十	万	千	百	十	元	角	分	百	十	万	千	百	十	元	角	分

普通日记账登记方法说明如下。

(1) 日期栏记录经济业务发生的日期,如果经济业务的发生日期和编制记账凭证日期不一致,应以记账凭证编制日期为准。

(2) 凭证号数栏应记录记账凭证的种类及号数。在表 8-3 中,若是现金付款凭证 15 号,字记"现付"号记"15";银行存款付款凭证 8 号,字记"银付"号记"8";转账凭证 29 号,字记"转"号记"29"。

(3) "摘要"栏的填写要求,可参照记账凭证的"摘要"栏。

(4) "会计科目"栏记录借方和贷方会计科目名称。借方会计科目记在上一行,贷方会计科目记在下一行。在记入本栏时,不再写"借""贷"字样,而通常是把借方科目偏左,紧靠左线,贷方科目偏右。

(5) "借方金额"应和借方会计科目列在同一行,"贷方金额"应和贷方会计科目列在同一行。登账时注意每一分录借贷方金额是否平衡。

(6) 每页日记账记满,应将借贷双方金额分别加计总数,填入金额栏,并检验借贷双方的合计数是否平衡,同时在"摘要"栏写"过次页"等字样。在合计数之上,应划一红线,表示相加。在下一页日记账的第一行,应将上一页的合计数照数抄录,并在"摘要"栏内写"承前页"等字样。如果日记账仅多余一行,不能记载整个分录,或换新页,多余空白行次,可划一红色斜线,将空白处注销。

(7) 每月月终时,应将全月累计的借贷方发生额分别记入金额栏,并在"摘要"栏写"本月合计"字样,在合计金额数之上,画一红线,表示相加,在合计金额数之下,再画一条红线,表示结束。

普通日记账的优点是可以集中、序时地登记企业的全部经济业务,但由于这种日记账只能由一个人进行登记,不便于记账工作的合理分工,同时要将日记账中每一组会计分录逐日逐笔地过入总分类账的各个账户,工作量很大。

(二)特种日记账的设置和登记

特种日记账是用来专门记录某一类经济业务的日记账。企业最常见的特种日记账有现金日记账和银行存款日记账,它们是专门用于记录货币资金收支情况的日记账。特种日记账应采用订本式账簿,其格式一般采用三栏式和多栏式。

1. 现金日记账的格式和登记方法

现金日记账通常由出纳人员根据审核无误的现金收款凭证、现金付款凭证,逐日逐笔顺序登记。每日登记完现金的收付款业务后,计算出现金收入和支出的合计数,并结出每日的账面余额,然后将现金日记账的账面余额与库存现金实存数进行核对,以检查两者是否相符。其格式一般采用三栏式,在账页上设置"借方""贷方"和"余额"三栏。为了清晰地反映现金和银行存款收付业务的具体内容,在"摘要"栏后,还专设"对方科目"栏,用来登记对方科目名称。为便于对账,也便于反映银行存款收付所采用的结算方式,突出各单位支票的管理,银行存款日记账还专设结算凭证种类和号数栏。三栏式现金日记账的格式如表 8-4 所示。

表 8-4 库 存 现 金 日 记 账   第   页

09年		凭证号	摘要	收入(借方)								支出(贷方)								借或贷	结存(余额)							
月	日			百	十	万	千	百	十	元	角	分	百	十	万	千	百	十	元	角	分		百	十	万	千	百	十	元	角	分

三栏式现金日记账的登记方法如下。

日期栏登记经济业务发生的日期;"凭证号"栏记录现金收付款凭证的种类和号数,如"现收 3 号""现付 9 号";"摘要"栏对经济业务作简要说明;"收入"及"支出"栏登记现金的收入金额和付出金额;每日终了,必须结出当日的现金余额,登记在"余额"栏,并与库存现金实存数相核对。为了及时掌握现金收付和结余情况,根据单位管理需要,还可以计算当日的现金收入及现金付出的合计数,并编制现金日报表。

对于只涉及银行存款和现金的收支业务,比如将现金存入银行,或者从银行提取现金,在登记日记账时,为防止重复记账,我国在会计实务中规定只填制付款凭证。即如果是从银行提取现金的业务,只填制银行存款付款凭证,不填制现金收款凭证,因而此类业务的现金收入数额应根据审核无误的银行存款付款凭证登记现金日记账。如果是现金存入银行的业务,只填制现金付款凭证,不填制银行存款收款凭证,因而此类业务的银行存款收入数额应根据审核无误的现金付款凭证登记银行存款日记账。

2. 银行存款日记账的格式和登记方法

银行存款日记账通常是由出纳人员根据审核无误的银行存款收款凭证、银行存款付款凭证,逐日逐笔顺序登记。若一个单位开设有若干银行存款账户,应分别设户登记,便于与银行核对,有利于银行存款的管理。每次收付银行存款后,应随时结出银行存款的余额,至少将每日收付款项逐笔登记完毕后,计算出每日银行存款的收入和支出合计数及账面余额,以便定期同银行送来的对账单核对,并随时检查、监督各种款项收付,避免因超过实有余额付款而出现透支。三栏式银行存款日记账的格式如表8-5所示。

表8-5 银行存款日记账　　　　第　　　页

年		凭证号	摘要	结算凭证		收入(借方)								支出(贷方)								结存(余额)							
月	日			种类	号码	万	千	百	十	元	角	分		万	千	百	十	元	角	分		万	千	百	十	元	角	分	

为了坚持内部牵制原则,实现钱、账分管,出纳人员不得负责登记现金日记账和银行存款日记账以外的任何账簿。出纳员登记现金和银行存款日记账后,应将各种收付款凭证交由会计人员据以登记总分类账及有关的明细分类账。通过"库存现金"和"银行存款"总账与日记账的定期核对,达到控制现金日记账和银行存款日记账的目的。

3. 多栏式现金日记账和多栏式银行存款日记账的格式和登记方法

所谓多栏式日记账,就是将"收入"栏和"支出"栏分别按照对应科目设置若干专栏,"收入"栏按贷方科目设置若干专栏,"支出"栏按借方科目设置若干专栏。

在会计实务中,采用多栏式现金日记账和银行存款日记账,可以将多栏式日记账各科目发生额作为登记总分类账簿的依据。在收款凭证和付款凭证数量较多时,采用多栏式日记账可以减少收款凭证和付款凭证的汇总编制手续,简化总分类账簿的登记工作,而且可以清晰地反映账户的对应关系,了解每项货币资金的来源或用途。多栏式现金日记账和银行存款日记账的格式如表8-6所示。

表8-6 多栏式现金(银行存款)日记账

年		凭证字号		摘要	收入				合计	支出				合计	余额
月	日	字	号		应贷科目					应借科目					
					营业收入	营业外收入				材料采购	制造费用				

在设置多栏式现金日记账、多栏式银行存款日记账的情况下，可将多栏式日记账中各科目的发生额作为登记总分类账的依据，但必须加强对多栏式日记账的控制和监督。多栏式现金日记账、多栏式银行存款日记账的登记，可以采用以下两种方法。

(1) 由出纳人员根据审核后的收、付款凭证逐日逐笔登记现金和银行存款的收入日记账和支出日记账，每日应将支出日记账中当日支出合计数转入收入日记账中当日支出合计栏内，以结算当日账面结余额。会计人员应对多栏式现金和银行存款日记账的记录加强检查监督，并于月末根据多栏式现金和银行存款日记账各专栏的合计数，分别登记有关总分类账户。

(2) 另外设置现金和银行存款出纳登记簿，由出纳人员根据审核后的收、付款凭证逐日逐笔登记，以便逐笔掌握库存现金收付情况并同银行核对收付款项。然后将收、付款凭证交由会计人员据以逐日汇总登记多栏式现金日记账和银行存款日记账，并于期末根据日记账登记总账。出纳登记簿要与多栏式现金和银行存款日记账相互核对。采用这种登账方法有利于加强内部控制和监督。

4．转账日记账的格式和登记方法

转账日记账是根据每日的转账凭证按照时间顺序逐日逐笔进行登记的。各单位是否设置转账日记账，可根据本单位的实际需要自行确定。特别是转账业务不多的企业，不必设置转账日记账。转账日记账的格式如表 8-7 所示。

表 8-7　转账日记账

年		凭证		摘要	借方		贷方	
月	日	字	号		一级科目	金额	一级科目	金额

三、分类账的设置和登记

(一)总分类账的设置和登记

总分类账是按照总分类科目开设，用来分类登记全部经济业务的账簿。它能总括地反映各会计要素具体内容的增减变动和变动结果，编制会计报表就是以这些分类账所提供的资料为依据的。在总分类账中，应按照会计科目的编码顺序分设账户，并为每个账户预留若干账页。由于总分类账能够全面、总括地反映经济活动情况，并为编制会计报表提供资料，因而任何单位都要设置总分类账。

总分类账一般采用借方、贷方、余额三栏式的订本账，格式如表 8-8 所示。根据实际需要，在总分类账中分借贷两栏，也可增设对方科目栏，或采用多栏式总分类账的格式。多栏式总分类账是把所有的总账科目合并设在一张账页上，格式如表 8-9 所示。

表 8-8　总分类账(三栏式)

账户名称：

年		凭证		摘要	借方	贷方	借或贷	余额
月	日	种类	号数					

表 8-9　总分类账(多栏式)

账户名称：

年		凭证		摘要	发生额	科目		科目		科目	
月	日	种类	号数			借	贷	借	贷	借	贷

总分类账的登记方法很多，可以根据各种记账凭证逐笔登记，也可以定期汇总登记，具体登记方法将在第十一章介绍。

(二)明细分类账的格式和登记方法

明细分类账是按照明细分类科目开设，用来详细记录某一经济业务的账簿。根据实际需要，各种明细分类账分别按照二级科目或明细科目开设账户，并为每一个账户预留若干账页，用来分类、连续地记录详细资料。明细分类账所提供的有关经济活动的详细资料，也是编制会计报表的依据之一。

各个单位根据经营管理的需要，为各种材料物资、应收应付款项、收入、费用、利润等有关总账科目设置各种明细分类账，进行明细分类核算。

明细分类账一般采用活页式账簿，也有的采用卡片式账簿(如固定资产明细账)。根据管理的要求和各种明细分类账记录的经济内容，明细分类账主要有以下三种格式。

1．三栏式明细分类账

三栏式明细分类账的账页格式与总分类账的格式基本相同，它只设"借方""贷方"和"余额"三个金额栏，如表 8-10 所示。这种格式适用于那些只需要进行金额核算而不需要进行数量核算的债权、债务结算科目，如"应收账款""应付账款"等只需进行金额核算的明细账。

2．数量金额式明细分类账

数量金额式明细分类账的账页，其基本结构为在借方"收入"、贷方"发出"和余额"结存"三栏内，再分别设有"数量""单价""金额"等项目，以分别登记实物的数量和金额。其格式如表8-11所示。

表8-10 明 细 账(三栏式)

二级或明细科目：_____   第　页

年		凭证号	摘要	收入(借方)									支出(贷方)									借或贷	结存(余额)								
月	日			百	十	万	千	百	十	元	角	分	百	十	万	千	百	十	元	角	分		百	十	万	千	百	十	元	角	分

表8-11 明 细 账(数量金额式)

名称及规格：_____　　　　　　　计量单位：_____　　　　　　　第　页

年		凭证号	摘要	收入			发出			结存		
月	日			数量	单价	金额	数量	单价	金额	数量	单价	金额

这种格式的明细账适用于既要进行金额明细核算，又要进行数量明细核算的财产物资项目，如"原材料""库存商品"等账户的明细核算。它能提供各种财产物资收入、发出、结存等的数量和金额资料，便于开展业务和加强管理。

3．多栏式明细分类账

多栏式明细分类账，是指根据经营管理的需要，在明细账账页中的"借方"或"贷方"设置若干专栏，用以登记某一账户增减变动详细情况的一种明细账。这种明细账适合于"生产成本""制造费用""管理费用""财务费用""营业外收入""本年利润"等账户的明细核算。鉴于这种明细账栏次较多，在实际工作中为避免账页过长，通常采用只在借方或贷方一方设多项栏次，另一方记录采用红字登记的方法。例如，对于成本费用明细账在借方设置多栏，贷方发生额可以用红字在借方有关专栏或专行内登记，表示从借方发生额中冲转；对于收入等明细账可在贷方设置多栏，借方发生额可用红字在贷方有关专栏或专行内登记，表示从贷方发生额中冲转。多栏式明细账按其适用的经济内容和登记方法的不同分为以下三种。

(1) 用于记录成本费用类账户的明细账。为了反映成本费用支出的构成，用于记录成本费用类账户的明细账一般采用多栏式明细账。由于在会计期间内发生的经济业务主要登记在这类账户的借方，因此成本费用类明细分类账一般按借方设多栏，反映各明细科目或明细项目本月借方发生额，如发生冲减事项则用红字在借方登记。月末，将借方发生额合计数从贷方一笔转出，记入有关账户。成本费用类账户的明细账格式如表8-12所示。

表 8-12　明细账(借方多栏式)

年		凭　证		摘　要	借方科目			贷　方	余　额
月	日	种类	号数				合计		

(2) 用于记录收入类账户的明细账。为了反映某一收入指标的构成，用于记录收入类账户的明细账一般采用多栏式明细账。由于在会计期间内发生的经济业务主要登记在这类账户的贷方，所以收入类明细分类账一般按贷方设多栏，反映各明细科目或明细项目本月贷方发生额，如发生冲减有关收入的事项则用红字在贷方登记。月末，将贷方发生额合计数从借方一笔转出，记入有关账户。收入类明细分类账的格式如表 8-13 所示。

表 8-13　明细账(贷方多栏式)

年		凭　证		摘　要	贷方科目			借　方	余　额
月	日	种类	号数				合计		

(3) 用于记录财务成果账户的明细账。在会计期间内财务成果类科目既发生贷方业务，也发生借方业务。为反映财务成果的构成，一般借方和贷方都要设专栏，登记各明细科目或明细项目的借方发生额或贷方发生额。财务成果账户的明细账格式如表 8-14 所示。

表 8-14　明细账(借方、贷方均设多栏)

年		凭　证		摘要	借方科目			贷方科目			借或贷	余　额
月	日	种类	号数				合计			合计		

四、备查账的设置和登记

备查账簿是在日记账、分类账登记范围之外，对企业某些经济业务补充登记的账簿，是对主要账簿的补充。它与前面介绍的几种账簿的不同之处有以下三点。

(1) 备查账簿不是根据记账凭证登记的。
(2) 备查账簿的格式与前面介绍的几种账簿格式不同。
(3) 备查账簿的登记方式是注重用文字记述某项经济业务的发生情况。备查账簿可根据各单位的具体情况和需要设置。例如，某单位为了反映租入固定资产经济业务的情况，需要设置"租入固定资产登记簿"，其格式如表 8-15 所示。

表 8-15　租入固定资产登记簿

名称及规格	合同编号	出租单位	租入日期	租金	使用记录		归还日期	备注
					单位	日期		

第三节　账簿的启用与错账更正

登记账簿是会计核算的基础环节，必须认真、严肃对待，切实做到登记及时，内容完整，数字正确清楚。为了做好记账工作，必须严格遵守各项记账要求。

一、账簿的启用

新的会计年度开始，每个会计主体都应该启用新的会计账簿。在启用新账簿时，应做以下工作。

(1) 设置账簿的封面与封底。除订本账不另设封面以外，各种活页账都应设置封面和封底，并登记单位名称、账簿名称和所属会计年度。

(2) 填写账簿启用及经管人员一览表。在启用新会计账簿时，应首先填写扉页上印制的"账簿启用及交接表"中的启用说明，其中包括单位名称、账簿名称、账簿编号、起止日期、单位负责人、主管会计、审核人员和记账人员等项目，并加盖单位公章。在会计人员发生变更时，应办理交接手续并填写"账簿启用及交接表"中的交接说明。账簿启用表和经管人员一览表的格式如表 8-16 和表 8-17 所示。

表 8-16　账簿启用表

账簿启用表

企业名称_____　　账簿名称_____
账簿册数共____册第____册　　　　　账簿编号_____
账簿页数_____　　启用日期_____
会计主管_____　　记账人员_____

表 8-17　经管人员一览表

交接日期			移交人	接管人	会计主管
年	月	日			

(3) 填写账户目录。总账应按照会计科目的编号顺序填写科目名称及启用页码。在启用活页式明细分类账时，应按照所属会计科目填写科目名称和页码，在年度结账后，撤去空白账页，填写使用页码。账户目录如表 8-18 所示。

表 8-18 账户目录(科目索引)

页　数	账户名称	页　数	账户名称	页　数	账户名称

(4) 粘贴印花税票。印花税票应粘贴在账簿的右上角，并且画线注销。在使用缴款书缴纳印花税时，应在右上角注明"印花税已缴"及缴款金额。

二、错账的查找与更正

记账是会计核算的一个重要环节，会计人员应按照会计制度的规定，尽最大努力把账记准，减少差错，保证账簿资料的正确可靠。但是由于种种原因，可能出现错账。错账有多种类型，归纳起来，有证错和账错两种。证错就是记账凭证中错填会计科目和金额，引起账簿记录的错误。账错是指记账凭证未填错，但是记账和结算账户时发生错误，如漏记账、记重账、记反账(借贷方向记反了)、记串账户、记错金额等。为了迅速准确地更正错账，就必须采用比较合理的方法查找错账。

(一)错账的查找方法

结账时，如果试算不平衡，就可以肯定记账发生了错误，应迅速查找，不得拖延，更不允许伪造平衡，造成错上加错。查找错账可以通过下列方法进行。

1. 全面检查法

全面检查法就是对一定时期的账目进行全面核对的检查方法，分为顺查法和逆查法两种。

1) 顺查法

顺查法是根据会计业务处理的先后程序，即沿着"制证→过账→结账→试算→编表"的账务处理程序，从头至尾进行普遍检查的方法。按照所有原始凭证的发生时序逐一进行检查。首先以原始凭证为依据，核对并检查记账凭证，根据凭证核对检查日记账、总分类账、明细分类账，最后以账簿来核对会计报表。检查程序为凭证→账簿→报表。具体检查步骤如下。

(1) 将记账凭证与原始凭证核对，检查有无制证错误。
(2) 将记账凭证及所有原始凭证与账簿记录逐笔核对，检查有无记账错误。
(3) 结算各账户的发生额及期末余额，检查有无计算错误。
(4) 检查试算平衡表上有无抄写和计算错误。

(5) 检查会计报表有无差错。

顺查法的优点是检查的覆盖面全，不易遗漏，一般在内部控制制度不健全、账实不符的单位，可以通过此种方法将问题查出来。顺查法的缺点是必须对每张凭证、每本账簿都逐一审查，工作量大，用时较长，费时费力。

2) 逆查法

逆查法是指按会计业务处理程序的相反方向，即沿着"编表→试算→结账→过账→制证"的逆账务处理程序，从尾到头进行检查的一种方法。它是从检查会计报表开始，对可疑账项和重要项目逐项核对总分类账、明细分类账和日记账，并有目的地审查记账凭证和原始凭证，找出问题的原因和结果。具体检查步骤如下。

(1) 检查会计报表有无差错。

(2) 检查试算平衡表本身。复核试算平衡表内各栏金额合计数是否平衡，检查表内各账户的期初余额加减本期发生额是否等于期末余额，核对表内该账户的各栏是否抄错。

(3) 检查各账户的发生额及余额的计算是否正确。

(4) 将记账凭证、原始凭证与账簿记录逐笔核对，检查记账有无错误。

(5) 检查记账凭证的填制是否正确。

逆查法是对会计报表进行扼要的分析，从中发现问题，进而检查会计账簿和会计凭证。这种方法的优点是能抓住重点，进行深入细致的检查，节约人力和查账时间；缺点是容易疏忽、遗漏一些问题。

2．重点抽查法

重点抽查法是在已初步掌握情况的基础上，有重点地抽取账簿记录中某些部分进行局部检查的方法。例如，两个数据核对时，只是元位不同，其余数位都相同，则只找元、角、分位数，其他数字则不必逐一检查。采用这种检查方法的目的是缩小查找范围，比较省力有效。

重点抽查法的优点是范围小，节时省力；缺点是差错难以发现。

3．个别检查法

个别检查法是对个别账目进行核对的检查方法，通常使用偶合法来进行查找。偶合法是根据账簿记录错误中最常见的规律，推测错账的类型与错账有关的记录进行查账的方法。常用的方法有以下几种。

1) 差额检查法

差额检查法是直接从账账之间的差额数字来查找错误的方法。如果在记账过程中只登记了会计分录的借方或贷方，漏记了另一方，就会导致试算平衡中借方合计与贷方合计不等。例如，库存现金日记账余额为 32 600 元，库存现金总账的余额为 32 000 元，相差 600 元，可直接根据账面记录数来查找。如果是一方漏登的话，则看有没有一笔或几笔业务的金额恰好是 600 元。如果是一方重登的话，则看有没有两个数相同且合计起来与这个差数 (600 元)相等。

2) 尾数检查法

对于发生的角、分的差错可以只查找小数部分，以提高查错的效率。

3) 差额除 2 法

差额除 2 法是指以账账之间的差额数字除以 2，按商数来查找错误的方法，这种方法适用于查找记反账的错误。当某个借方金额错记入贷方(或相反)时，出现错账的差数表现为错误的 2 倍，将此差数用 2 去除，得出的商即是应当计入反向的金额。例如，库存商品期初为 5 000 元，验收入库 1 000 元，期末余额应为 6 000 元。但由于记错方向，库存商品期末余额只有 4 000 元，与实际相差 2 000 元，则该错误必然导致贷方总金额大于借方总金额 2 000 元。用这个差额数字 2 000 除以 2，商数为 1 000，便在账簿里查找有无 1 000 元的业务记反账的情况。同理，如果借方总额大于贷方 600 元，即应查找有无 300 元的贷方金额误计入借方，如果有此金额，但不是反向错误，则应另寻差错的原因。

4) 差额除 9 法

差额除 9 法是把账账之间的差额数字除以 9，根据商数分析、判断查找错误的方法。这种方法适用于查找数字错位和邻数倒置所引起的错误。

数字错位是指在记账时，记错了数字的位数，如将 150 记成了 1 500(由小变大)；或将 450 记成了 45(由大变小)，这就会使正确的数字缩小 0.9 倍或扩大 9 倍。数字错位所造成的差额总是 9 的倍数。如果由小变大，正确数与错误数的差额是一个负数，这个差额数除以 9 所得的商数的绝对值就是正确的数，商数乘以 10 所得到的数的绝对值便是错写的数字。如前面 150 记成了 1 500，导致差额为-1 350，除以 9，商数为-150，其绝对值 150 就是正确的数字，-150 乘以 10 得-1 500，其绝对值便是错写的数字。如果由大变小，正确数与错误数的差额是一个正数，这个差额数除以 9 所得的商数便是记错的数字，将商数乘以 10 所得到的数就是正确的数字。如前面 450 记成了 45，导致差额为 405，除以 9，商数为 45，便是错写的数字，45 乘以 10 得 450，即是正确的数字。所以，可以根据这个道理来寻找错误可能发生在什么地方。

5) 邻数倒置法

邻数倒置(或称数字颠倒)是指在记账时，把相邻的两个数互换了位置。如将 78 错记成 87，将 96 错记成 69，将 36 错记成 63，将 1 480 错记成 1 840 等。颠倒的两个数字之间的差数最小为 1，最大为 8(9-1)。两个数字颠倒后，就会造成差额为 9 的倍数。如果前小后大颠倒为前大后小，正确数与错误数的差额则是一个负数。这个差额数除以 9 所得的商数的有效数字就是相邻颠倒两数的差值。如前面将 1 480 错记成 1 840，差额数-360 除以 9，商数为-40，有效数字就是-4，是相邻颠倒两数的差值(即 4-8)。如果前大后小颠倒为前小后大，正确数与错误数的差额则是一个正数。这个差额数除以 9 所得的商数的有效数字就是相邻颠倒两数的差值。如前面将 1 840 错记成 1 480，差额数 360 除以 9，商数为 40，有效数字就是 4，是相邻颠倒两数的差值(即 8-4)。因此可以在差值相同的两个相邻数范围内去查找错误可能发生在什么地方。查找的方法是：将差数除以 9，得出的商连续加 11，直到找出颠倒的数字为止。如 78 与 87 的差数为 9，除 9 得 1，连加 11 为 12、23、34、45、56、67、78、89，如有 78 数字的业务，即有可能是颠倒的数字。为便于查找，可使用下列查错表(见表 8-19)。

表 8-19 数字颠倒查错表

颠倒数的差额	1		2		3		4		5		6		7		8
颠倒的数字	12 23 34 45 56 67 78 89	21 32 43 54 65 76 87 98	13 24 35 46 57 68 79	31 42 53 64 75 86 97	14 25 36 47 58 69	41 52 63 74 85 96	15 26 37 48 59	51 62 73 84 95	16 27 38 49	61 72 83 94	17 28 39	71 82 93	18 29	81 92	19	91

(二)错账的更正方法

1. 手工环境错账的更正方法

手工环境下对于账簿记录中所发生的错误,应根据情况,采用下列有关的方法予以更正。

1) 画线更正法

画线更正法又称红线更正法,如果发现账簿记录有错误,而其所依据的记账凭证没有错误,即纯属记账时文字或数字的笔误,应采用画线更正的方法进行更正。更正的方法是将错误的文字或数字画一条红色横线注销,但必须使原有字迹仍可辨认,以备查考;然后,在画线的上方用蓝字或黑字将正确的文字或数字填写在同一行的上方位置,并由更正人员在更正处盖章,以明确责任。采用画线更正法进行错账更正时应注意:对于文字差错,可只划去错误的部分,不必将与错字相关联的其他文字划去;但对于数字差错,应将错误的数额全部划掉,不得只更正错误数字中的个别数字。

【例 8-1】把 789 误记为 798,应将 798 全部用红线划去,在上方更正为 789。

2) 红字更正法

红字更正法又称红字冲销法,在会计上,以红字记录表明对原记录的冲减。红字更正有以下两种情况。

(1) 根据记账凭证所记录的内容记账以后,发现记账凭证中的应借、应贷会计科目或记账方向有错误,且记账凭证同账簿记录的金额相吻合。

更正的方法是:先用红字金额填制一张与原错误记账凭证内容完全相同的记账凭证,并据以用红字登记入账,冲销原有错误的账簿记录;然后,再用蓝字或黑字填制一张正确的记账凭证,据以用蓝字或黑字登记入账。

采用红字更正法更正错账时应注意:若错误的记账凭证中在采用复式记账凭证的情况下,一个科目运用发生错误,也必须根据复式记账原理,将原有错误记账凭证全部冲销,以反映更正原错误凭证的内容,不得只用红字填制更正单个会计科目的单式记账凭证;在采用单式记账凭证的情况下,应只用红字填制更正单个会计科目的单式记账凭证。

下面举例说明采用复式记账凭证情况下，更正错账的方法。

【例 8-2】甲公司领用材料 3 600 元，用于生产车间的一般消耗。填制记账凭证时误做会计分录如下，并已登记入账。

错误的会计分录为

  借：生产成本　　　　3 600
   贷：原材料　　　　3 600

发现错误时，先用红字金额填制一张记账凭证，并登记入账，冲销错账。

  借：生产成本　　　　3 600
   贷：原材料　　　　3 600

再用蓝字填制一张正确的记账凭证，并登记入账。

  借：制造费用　　　　3 600
   贷：原材料　　　　3 600

(2) 记账后，发现记账凭证中应借、应贷的会计科目、记账方向没有错误，只是记账金额发生错误，而且所记入账簿的金额大于应记的金额。

更正方法是：将多记的金额用红字登记入账以冲销多记的金额，并在账簿"摘要"栏注明"注销××年×月×日×号凭证多记金额"。

【例 8-3】甲公司用银行存款购买办公用品，价值 1 200 元，编制记账凭证时，误将金额写成 12 000 元，并登记入账。

错误的分录为

  借：管理费用　　　　　　　12 000
   贷：银行存款　　　　　12 000

更正时，将多记金额 10 800 填制一张红字金额的记账凭证，应借、应贷会计科目与原记账凭证相同。

  借：管理费用　　　　　　　10 800
   贷：银行存款　　　　　10 800

注意：填制红字凭证并据以登记账簿时，只是金额红字，其他文字用蓝字填写和登记。

3) 补充登记法

根据记账凭证所记录的内容记账以后，发现记账凭证中应借、应贷的会计科目和记账方向都没有错误，记账凭证和账簿记录的金额相吻合，只是所记金额小于应记的正确金额，应采用补充登记法进行更正。

更正的方法是，将少记的金额用蓝字或黑字填制一张与错误记账凭证所记载的借贷方向、应借应贷会计科目相同的记账凭证，并在"摘要"栏内注明"补充第×号凭证少记数"，并据以登记入账，这样便可将少记的金额补充登记入账簿。

【例 8-4】开出转账支票 54 000 元，用于发放工资，原来会计分录把金额误写成 45 000 元，并已登记入账。

错误分录为

  借：应付职工薪酬　　　45 000
   贷：银行存款　　　　45 000

发现错误后，将少记金额 9 000 元用蓝字填制一张记账凭证，并登记入账。

借：应付职工薪酬　　　9 000
　　贷：银行存款　　　　　9 000

2. 计算机环境下错账的更正方法

计算机环境下对于发生的错账，根据错误出现的不同阶段，采用不同的方法进行修改。

1) 直接修改凭证

记账凭证存盘后发现凭证内容错误，且发生错误的项目不是凭证类别或编号，当凭证尚未进行审核等后续处理时，可以直接对错误的项目进行修改，然后再次存盘即可改正错误。如果此时凭证已经审核或者出纳签字，则需要取消审核或者出纳签字，然后直接修改再次存盘。

2) 作废凭证

在"填制凭证"功能的"制单"菜单中选择"作废/恢复"功能，系统将会在凭证上盖"作废"戳记，但这张凭证还保留在数据库中，并占用一个凭证号。

如果需要把作废的凭证从数据库中清除，可以执行"整理凭证"功能，将它永久删除。

3) 冲销凭证

完成记账以后，如果发现已记账的凭证有错误，则需要采用错账更正方法进行修改。此时，由于记账凭证和账簿都有错误，所以，需要调用填制凭证的"冲销凭证"功能，对凭证错误和账簿错误一起进行修改。

另外，如果结账以后发现前面的处理存在问题，也可以调用系统提供的"反结账"功能将结账标记去除，从而为修改错误提供可能。当年初建完账后，若发现账建得太乱或错误太多，希望将该账冲掉，然后重新建账，可使用"账簿清理"功能。"账簿清理"功能可以将账套本年度已录入的财务数据清空。若会计科目体系发生了重大变化，可使用"重新初始化"功能将总账系统进行重新初始化。若需要在结账以后仍然可以填制凭证，可在"总账"选项中启用"调整期"。系统自动在"结账"功能菜单后增加"关账"功能，在结账之后关账之前为调整期，在调整期内填制的凭证为调整凭证。

第四节　对账和结账

由于复杂的会计核算环境、特殊的会计方法等多种原因，为了保证账簿记录正确无误，财务人员必须对账簿记录进行核对。

一、对账

(一)对账的意义

对账，就是核对账目，指会计人员对账簿记录进行核对。由于账簿记录是编制会计报表的重要依据，账簿记录正确与否直接影响着会计报表的质量。因此会计人员不但要做好记账、算账工作，还要做好对账工作，定期将会计账簿记录的有关数字与库存实物、货币资金、有价证券及往来单位或个人进行相互核对，做到账证相符、账账相符、账实相符、账表相符，以保证各种账簿记录的真实、完整和正确，加强对经济活动的核算与监督，为编制会计报表提供真实可靠的数据资料。

(二)对账的内容

1. 账证核对

账证核对是指各种账簿记录与其相应的会计凭证核对，目的就是保证账簿和会计凭证记录相符。账证核对的主要内容是将总分类账、明细分类账以及现金和银行存款日记账的记录与记账凭证及其所附的原始凭证进行核对。账簿记录与记账凭证相核对，可以检查账簿登记工作的质量；账簿记录与原始凭证相核对，可以检查账簿所记录经济业务的合理性、合法性。

由于原始凭证和记账凭证种类多、数量大，因此，账证核对一般是在日常核算工作中进行的，通常是会计人员在编制记账凭证和登记账簿时进行核对。如果在月末发现账账不符时，为查找原因，也需要进行账证核对。

2. 账账核对

账账核对是指各种不同账簿之间有关记录的核对。账账核对一般是在账证核对的基础上进行的，其目的是保证账账相符。账账核对的主要内容包括：总分类账各账户的借方期末余额合计数与贷方期末余额合计数核对相符；总分类账中的现金账户和银行存款账户的期末余额分别与现金日记账和银行存款日记账的期末余额核对相符；总分类账各账户的期末余额与其所属的各明细分类账的期末余额合计数核对相符；会计部门的各种财产物资明细分类账的期末余额与财产物资保管和使用部门的有关财产物资明细分类账的期末余额核对相符。

3. 账实核对

账实核对是指各种财产物资的账面余额与实存数额的核对。账实核对是在账账核对的基础上，结合财产清查进行的，其目的是保证账实相符。账实核对的主要内容包括：现金日记账的账面余额与现金实际库存数额核对相符；银行存款日记账的账面余额与银行对账单核对相符；财产物资明细分类账的账面余额与财产物资的实存数额核对相符；各种应收、应付账款的明细分类账的账面余额与有关债务、债权单位或个人核对相符。

4. 账表核对

账表核对是指会计账簿记录与会计报表有关内容的核对。由于会计报表是根据会计账簿记录及有关资料编制的，两者之间存在一定的对应关系，因此，通过检查会计报表各项目的数据与会计账簿有关数据之间的相互核对，可以检查、验证会计账簿记录和会计报表数据是否正确无误，确保会计信息的质量。

通过上述对账工作，就能做到账证相符、账账相符、账实相符和账表相符，使会计核算资料真实、正确、可靠。

二、结账

结账就是在会计期间计算并结转各账户的本期发生额和期末余额。各会计期间内所发生的经济业务，于该会计期间全部登记入账以后，即可通过账簿记录了解经济业务的发生和完成情况，但管理上需要掌握各会计期间的经济活动情况及其结果，并相应编制各会计期间的财务报表。而根据会计凭证将经济业务记入账簿后，还不能直观地获得所需的各项数字资料，必须通过结账的方式，把各种账簿记录结算清楚，提供所需的各项信息资料。会计分期一般实行日历制，月末进行计算，季末进行结算，年末进行决算。结账于各会计期末进行，所以，可以分为月结、季结和年结。

(一)结账的程序和内容

结账包括下面几个程序。

(1) 将本期发生的经济业务全部登记入账，并保证其正确性。不得把将要发生的经济业务提前入账，也不得把已经在本期发生的经济业务延至下期(甚至以后各期)入账。为了确保结账的正确性，在本期发生的各项经济业务全部入账的基础上，按照会计核算原则的要求，将有关的转账事项编制记账凭证，并据以记入有关账簿。

(2) 根据权责发生制的要求，调整有关账项，合理确定本期应计的收入和应计的费用。具体包括以下内容。

① 应计收入和应计费用的调整。应计收入是指那些已经在本期实现，因款项未收而未登记入账的收入。企业发生的应计收入主要是本期已经发生并符合收入确认标准，但尚未收到款项的商品或劳务。对于这类调整事项，应确认为本期收入，借记"应收账款"等科目，贷记"主营业务收入"等科目；待以后收到款项时，借记"银行存款"科目，贷记"应收账款"科目。

【例 8-5】企业采用委托收款结算方式销售商品一批，货款为 300 000 元，不考虑增值税。月末办妥托收手续。月末结账前将其确认为本期的收入。据此编制的会计分录为

  借：应收账款   300 000
    贷：主营业务收入   300 000

应计费用是指那些已经在本期发生，因款项未支付尚未登记入账的费用。企业发生的应计费用，本期已经受益，如租用房屋但尚未支付租金、应付未付的借款利息等。由于这些费用已经发生，应当在本期确认为费用，借记"管理费用""财务费用"等科目，贷记"其他应付款"等科目；待以后实际支付时，借记"其他应付款"科目，贷记"银行存款""库存现金"等科目。

【例 8-6】某企业将向银行借入的款项 900 000 元作为短期借款核算，按银行规定应于每个季末结算本季度的利息。该企业为了均衡各期的费用，每月计算利息，季末结算利息。4 月份应计利息费用为 4 500 元。据此编制的会计分录为

  借：财务费用   4 500
    贷：应付利息   4 500

② 收入分摊和费用分摊的调整。收入分摊是指企业已经收取有关款项，但未完成或未全部完成销售商品或提供劳务，需在期末按本期已完成的比例，分摊确认本期已经实现的收入金额，并调整以前预收款项时形成的负债。如企业销售商品预收定金，提供劳务预收佣金。在收到预收收入时，借记"银行存款"等科目，贷记"预收账款"等科目；在以后提供商品或劳务、确认收入时，进行期末账项调整，借记"预收账款"科目，贷记"主

营业务收入"等科目。

【例 8-7】某企业将暂时不用的办公用房出租。合同约定，承租人年初预付全年租金 120 000 元。企业收到该项租金并存入银行，将该项收入作为其他业务收入处理。

收到租金时，
借：银行存款　　　　　120 000
　　贷：预收账款　　　　　120 000

每月确认收入时，
借：预收账款　　　　　10 000
　　贷：其他业务收入　　　10 000

费用分摊是指企业的支出已经发生，能使若干会计期间受益，为正确计算各个会计期间的盈亏，将这些支出在其受益的会计期间进行分配，如企业购建设备等的支出。企业在发生这些支出时，借记"固定资产"等科目，贷记"银行存款"等科目；在会计期末进行账项调整时，借记"销售费用""管理费用""制造费用"等科目，贷记"累计折旧"等科目。

【例 8-8】某企业根据本月销售商品的情况计算本月销售商品成本为 3 000 000 元。据此编制的会计分录为

借：主营业务成本　　　　3 000 000
　　贷：库存商品　　　　　3 000 000

(3) 将损益类科目收入转入"本年利润"科目，结平所有损益类科目。

【例 8-9】某企业月末结账前有关损益类科目的余额如表 8-20 所示。

表 8-20　损益类账户结账前余额表

会计科目	结账前贷方余额	会计科目	结账前借方余额
主营业务收入	5 000 000	主营业务成本	1 800 000
其他业务收入	360 000	税金及附加	5 000
营业外收入	10 000	其他业务支出	10 000
		销售费用	184 000
		管理费用	420 000
		财务费用	8 000
		营业外支出	3 000
		所得税费用	180 000

借：主营业务收入　　　　5 000 000
　　其他业务收入　　　　360 000
　　营业外收入　　　　　10 000
　　贷：本年利润　　　　　5 370 000
借：本年利润　　　　　　2 610 000
　　贷：主营业务成本　　　1 800 000
　　　　税金及附加　　　　5 000
　　　　其他业务支出　　　10 000

销售费用	184 000
管理费用	420 000
财务费用	8 000
营业外支出	3 000
所得税费用	180 000

(4) 结算出资产、负债、所有者权益科目的本期发生额和余额,并结转下期。

(二)手工环境下结账要点

结账时,应结出每个账户的期末余额。需要结出当月(季、年)发生额的(如各项收入、费用账户等),应单列一行进行发生额的登记,在"摘要"栏内注明"本月(季)合计"字样,并在下面画一单红线至"余额"栏;需要结出本年累计发生额的,为了反映自年初开始直至本月末为止的累计发生额,还应在月(季)结下面再单列一行进行累计发生额的登记,并在下面再画一单红线至"余额"栏。具体的方法如下。

1. 办理月结

办理月结应在各账户本月份最后一笔记录下面画一通栏红线,表示本月结束;然后,在红线下结算出本月发生额和月末余额(无月末余额的,可在"余额"栏内注明"平"字或"0"符号),并在"摘要"栏内注明"××月份发生额及余额"或"本月合计"字样;最后,再在本"摘要"栏下面画一通栏红线,表示完成月结工作。

2. 办理季结

办理季结应在各账户本季度最后一个月的月结下面(需按月结出累计发生额的,应在"本季累计"下面)画一通栏红线,表示本季结束;然后,在红线下结算出本季发生额和季末余额,并在"摘要"栏内注明"第××季度发生额及余额"或"本季合计"字样;最后,再在本"摘要"栏下面画一通栏红线,表示完成季结工作。

3. 办理年结

办理年结应在12月份月结下面(需办理季结的,应在第4季度的季结下面,需结出本年累计发生额的,应在"本年累计"下面)画一通栏红线,表示年度终了;然后,在红线下面填列全年12个月份的月结发生额或4个季度的季结发生额,并在"摘要"栏内注明"年度发生额及余额"或"本年合计"字样;在此基础上,将年初借(贷)方余额抄列于"年度发生额"或"本年合计"下一行的借(贷)方栏内,并在"摘要"栏内注明"年初余额"字样,同时将年末借(贷)方余额列入下一行的贷(借)方栏内,并在"摘要"栏内注明"结转下年"字样;最后加计借贷两方合计数相等,并在合计数下画通栏双红线,表示完成年结工作。需要更换新账的,应在进行年结的同时,在新账中有关账户的第一行"摘要"栏内注明"上年结转"或"年初余额"字样,并将上年的年末余额以同方向记入新账中的"余额"栏内。新旧账有关账户余额的转记事项,不编制记账凭证。

(三)计算机环境下对账与结账

(1) 对账之前选择核对内容和需要核对的会计月份,执行对账操作,系统显示对账结果，如图 8-1 所示。

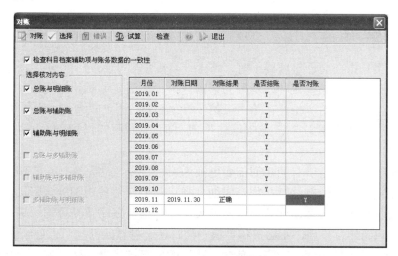

表 8-1　计算机环境下总账与明细账对账示意图

(2) 结账。如果各项条件满足，系统可以正常结账，如图 8-2 所示。如果不能结账，需要仔细查看月度工作报告，特别是第一部分和最后一部分的提示信息，解决存在的问题以后再次启动结账。

图 8-2　计算机环境下总账结账示意图

第五节　账簿的启用、更换和保管

一、启用账簿的规则

为了明确记账责任，保证账簿记录的合法性和会计档案的安全性，启用新的会计账簿时，应填写"账簿启用日期和经管人员一览表"，如表 8-2 所示。该表载明了单位名称、开始使用日期、共计页数(活页和卡片账可在装订成册后注明页数)、会计主管人员和记账人员姓名等，按税法规定粘贴印花税票并注销，加盖单位公章，由会计主管人员和记账人员分别签章。记账人员调换时，要在表中标明交接日期和交接人员姓名，并签字盖章，明确有关人员的责任，确保会计账簿记录的严肃性。

二、账簿的更换

账簿的更换是指在会计年度终了时，将上一年度旧账更换为下一年度新账。即年度终了，将有余额账户的余额直接转入新账的余额栏内，不需要编制记账凭证。具体操作是：在新账中，注明各账户的年份，在第一页第一行"日期"栏内写明 1 月 1 日；"记账凭证"栏不填；"摘要"栏注明"上年结转"或"期初余额"；注明余额的借贷方向，在"余额"栏内填写金额。

建立新账时，并不是所有的账簿都要更换为新账。一般总账、日记账和大多数明细分类账应每年更换一次。但有些财产物资明细分类账和债权债务明细分类账，因材料品种、规格繁多以及往来单位较多，或业务量又不大，在更换新账时重新登记一遍余额，工作量较大，所以可以跨年度使用，不必每年更换一次，各种备查账簿也可以连续使用。

在手工会计记账的条件下，账簿是会计数据的储存转换器，也是实现内部控制、明确经济责任的重要工具。账簿的运用分为启用、日常登记、错账更正、对账、结账、交接等环节。

三、账簿保管

各种账簿同会计凭证及会计报表一样，都是重要的会计档案，必须重视和加强保管。账簿的保管分为日常保管和归档保管。日常保管主要包括：各种账簿要分工明确，指定专人管理，账簿经管人员既要负责记账、对账、结账等工作，又要负责账簿安全；会计账簿未经单位领导和会计负责人或有关人员批准，非经管人员不能随意翻阅查看；会计账簿除需要与外单位核对外，一般不能携带外出，对需要携带外出的账簿，应由经管人员或会计主管指定专人负责；会计账簿不能随意交予其他人员管理，以保证账簿安全和防止任意涂改账簿等情况发生。归档保管的要求包括：年度终了更换并启用新账后，对更换下来的旧账要整理装订，造册归档；旧账装订完毕，应编制目录并编写移交清单，然后按期移交档案部门保管；账簿必须按照统一会计制度规定的保存年限妥善保管，不得丢失和任意销毁，保管期满后，应按照规定的审批程序报经批准后才能销毁。会计档案保管期限如表 8-21 所示。

表 8-21 企业和其他组织会计档案保管期限表

序 号	档案名称	保管期限/年	备 注
一	会计凭证类		
1	原始凭证	15	
2	记账凭证	15	
3	汇总凭证	15	
二	会计账簿类		
4	总账	15	包括日记总账
5	明细账	15	

续表

序 号	档案名称	保管期限/年	备 注
6	日记账	15	现金和银行存款日记账保管 25 年
7	固定资产卡片		固定资产报废清理后保管 5 年
8	辅助账簿	15	
三	财务报告类		包括各级主管部门汇总的财务报告
9	月、季度财务报告	3	包括文字分析
10	年度财务报告(决算)	永久	包括文字分析
四	其他类		
11	会计移交清册	15	
12	会计档案保管清册	永久	
13	会计档案销毁清册	永久	
14	银行余额调节表	5	
15	银行对账单	5	

本 章 小 结

本章介绍了会计账簿的概念，会计账簿的种类，如何设置和登记账簿，错账的查找和更正，结账和对账以及账簿的启用、更换和保管。

会计账簿(简称账簿)是指由一定格式账页组成的，以会计凭证为依据，全面、系统、连续地记录各项交易、事项的簿籍。账簿按用途不同，分为日记账、分类账和备查簿；按格式不同，分为三栏式账簿、多栏式账簿和数量金额式账簿；按外形不同，分为订本账、活页账和卡片账。对于记账中发生的错误，应采用正确的方法予以更正，主要包括画线更正法、红字更正法和补充登记法。账簿的启用、更换和保管应严格按照国家的规定执行，以便加强财务工作的管理和控制。

账簿记录是编制财务会计报告的重要依据，应按照规定的要求登记，做到及时、真实、完整、正确，为披露会计信息的真实、完整奠定良好基础。

思 考 题

1. 设置账簿有哪些作用？
2. 查找错账的方法有哪些？
3. 错账更正有几种方法？各适用于什么情况？如何更正错账？
4. 试述各种会计账簿的登记规则。
5. 什么是对账？对账有哪些内容？
6. 什么是结账？结账时应注意哪些事项？

7. 会计账簿是如何保管的？

8. 试述各种会计档案的保管期限。

9. 王先生应聘一家外国公司的会计，发现这家公司与其他公司不同，具体表现在以下几方面。

(1) 公司的所有账簿均采用活页式账簿，理由是活页式账簿便于改错。

(2) 公司的往来账采用凭证控制的方式进行管理，即抽取相关的原始凭证进行核对。若两联原始凭证能对应上，则表明该项业务已完成，不再记账。

(3) 在记账发生错误时允许使用涂改液，但是强调必须由有关责任人签字。

(4) 经理要求王先生在登记现金总分类账的同时也要负责出纳工作。经过 3 个月的试用期，尽管这家公司的报酬高出其他类似公司，王先生还是决定辞职。

请问：王先生为什么辞职？该公司在会计处理方面存在什么问题？

 微课资源

自测题

第九章 财产清查

在现金已经很少被使用、"花呗"等信用支付普遍的今天，在不查询余额的情况下，很多时候我们往往并不是很清楚自己卡里还有多少钱，甚至不很清楚自己有多少待还的欠款。再也没有了现金时代在很久没读的一本纸质书里或者不穿的衣服口袋里突然发现几张纸币的那种惊喜！那是一笔"意外"的财富。说意外，那是因为这笔钱不在你的记忆中（"账"上），属于账外资产。相反，最糟糕的，莫过于明明记得自己银行卡里还有钱的（记得，意味着"账"上有），可是刷卡的时候却提示余额不足（实际上已经没有了）。这种情况，在会计上被称为账实不符。在企业里，由于各种原因，也可能会发生类似的账目与实际对不上的情况。账实不符意味着账目提供的信息与实际情况不一致，作为满足各方经济决策需求的会计信息，一旦与事实不符，就有可能误导信息使用者。为了保证信息的真实性和公允性，就有必要进行财产清查，搞清楚我们到底拥有什么、拥有多少。

知识要点

1. 财产清查的作用。
2. 存货的实地盘存制与永续盘存制。(重点)
3. 各种财产物资的清查方法。
4. 财产清查结果的会计处理。(重点、难点)

课程思政

1. 财产清查的作用——摸清"家底"，掌握"家底"，热爱集体，关心爱护公共财物。
2. 财产清查的方法——鼓励学生思考更多的财产清查方法，培养创新精神。

第一节 财产清查概述

一、财产清查的概念与作用

(一)财产清查的概念

财产清查俗称"摸家底"，顾名思义就是通过盘点、检查财产物资实物和核对账目等方式，来确定货币资金、财产物资和债权债务等的实有数额和实际价值，并同账面结存数额和账面价值进行对比，以确定到底有多少家底，价值几何，账面与实际是否相符的一种专门会计方法。

会计好比是企业的"管家"，担负着为企业管理当局，为国家宏观经济管理和调控，为包括投资人、债权人在内的广大社会公众进行经济决策提供反映企业财务状况、经营成果、现金流量等方面的信息，以加强经济管理和财务管理，提高经济效益，维护社会主义市场经济秩序的重要使命。《会计法》规定，会计资料必须真实、完整，即各单位必须根据实际发生的经济业务进行会计核算,填制会计凭证,登记会计账簿,编制财务会计报告。并要求记账凭证应当根据经过审核的原始凭证及有关资料编制;会计账簿登记必须以经过审核的会计凭证为依据,并符合有关法律、行政法规和企业会计准则的规定;财务会计报告应当根据经过审核的会计账簿记录和有关资料编制,并符合《会计法》和企业会计准则的规定。因此,从理论上讲,账实应当是相符的。但是,在实际会计工作中,由于种种原因,会使账簿记录的结存数与货币资金、各项财产物资以及债权债务的实际结存数不一致,即通常所说的账实不符。进行财产清查就是要通过实物的盘点和账面的核对,及时了解账实是否相符,及时发现差异,分析原因,以加强经济管理,并按照企业会计准则的规定,及时调整账目,以保证会计资料真实完整。

(二)账实不符的原因

为什么会发生账实不符呢?根据实际工作中出现的情况,归纳起来,导致账实不符的原因主要有以下七个方面。

1. 因自然因素或其他条件的影响而产生损耗或收发计量的差错

各种财产物资在收发保管的过程中,可能会因自然因素或其他条件的影响而产生损耗。例如,一些化学类物质发生挥发,牲畜等生物资产在放养过程中发生走失等,或者因度量衡不准确而导致收发计量的差错。

【例 9-1】某建筑材料生产企业用水泥作原材料来生产预制板。新上任的总会计师发现,企业的原材料——水泥,每年都会发生大量的盘盈(即年末盘点库存实有数量大于账面结存数量)。经询问,仓库保管员说他每天都会非常认真、仔细地打扫仓库,把每次入库出库时洒落的水泥清扫起来,并入库存。经了解该仓库保管员工作确实非常认真负责,连年被评为单位的劳动模范。但是细心的总会计师计算了每年盘盈的水泥数量和金额,发现每年的盘盈金额约占出库金额的 1/3。他又多次观察了入库出库发生的洒落情况,得出了一个结论:通过打扫洒落水泥的方式,无论如何也不可能产生如此巨大的盘盈数量。那么这巨额的盘盈到底是怎样产生的呢?

总会计师面对这个疑问,也是一头雾水,但他决定查个水落石出。功夫不负有心人,在反复观察和检查了很多次的水泥收发过程之后,总会计师终于发现了奥妙所在——原来仓库发出水泥是用一种手推的小翻斗车,它的容量是确定的。因此发出水泥时,是根据车次来计量的。每次发出的车数乘以车的容量,就是发出的数量,再乘以单位成本就是发出总成本。然而由于长期使用,疏于清理,翻斗底部大约有整个容量的 1/3 的部分因受潮而沾满了水泥,凝固在底部,每次装车实际上只是装了 2/3 的容量,却是按照满车的容量来记账。总会计师按照每年领料凭证记载的发出数量的 1/3 估算了一下,基本上与每年盘盈的数字相符。

2. 因凭证传递顺序先后或拒绝付款等原因导致债权债务结算过程中发生账账不符

在第七章中我们已经学习了会计凭证的传递,在实务中,由于会计凭证传递顺序的先后不同,常常会导致债权单位和债务单位之间在短时间内出现账账不符。例如,企业如果委托银行对水电费等费用进行代扣,则受托银行在以企业的银行存款支付了水电费之后,需要向委托企业提交扣款通知,在扣款通知到达企业之前,银行和企业之间在存款的金额上就会出现不同。

3. 自然灾害造成的损失

水灾、火灾、飓风、海啸、地震等自然灾害的发生，会导致企业财产发生损失。

4. 财产物资的价值因技术进步或可收回性等其他原因而发生减损

科技的进步不断淘汰旧有的财产物资，使得其价值下跌甚至完全失去价值，从而使企业财产物资的实际价值与其账面价值不符。例如，华为、小米、苹果、三星等公司推出的一代代新型智能手机，新机型、新功能的推出使原有机型立刻价值下跌。又如过季的服装，甚至刚买到手就转卖的新车等。总之，除非古董等特殊商品，其他财产物资的价值都会随着时间的推移而逐渐降低。

【小问题】如何看待北京、上海、深圳、广州等一线城市的商品房价格？这些城市的商品房这种财产的价格二十余年来一直在上涨。如何从会计角度理解这一问题？

5. 会计凭证或账簿中的漏记、重记或错记

例如，企业销售的商品因故被购货方退回，商品已验收入库，但未进行会计处理，从而导致商品的实际数量与账面数量不符。

6. 管理不善或工作人员的失职

例如，生鲜蔬菜因保管不善造成腐烂变质，从而导致实际数量与账面数量不符。

7. 贪污、盗窃、营私舞弊等行为所致

这是指企业发生了贪污、盗窃、营私舞弊等问题，导致财产物资减少，从而造成实际数量与账面数量不符。

(三)财产清查的作用

《企业内部控制应用指引第 8 号——资产管理》指出，企业的资产可能存在各种风险隐患，例如存货积压或短缺，可能导致流动资金占用过量、存货价值贬损或生产中断；固定资产更新改造不够、使用效能低下、维护不当、产能过剩，可能导致企业缺乏竞争力、资产价值贬损、安全事故频发或资源浪费；无形资产缺乏核心技术、权属不清、技术落后、存在重大技术安全隐患，可能导致企业法律纠纷、缺乏可持续发展能力等。财产清查是发挥会计监督职能的一种必要手段，是单位内部控制的一个重要组成部分。财产清查的作用主要表现在以下四个方面。

1. 财产清查有助于企业加强和改善经营管理以保护财产的安全完整

通过财产清查，可以发现财产收发保管中存在的问题和漏洞，从而切实采取有效措施加以改进，加强各项资产管理，全面梳理资产管理流程，及时发现资产管理中的薄弱环节，建立健全各项财产物资的管理制度，完善财产物资的收发手续，加强和改善财产物资的经营管理，从而保护财产的安全与完整。同时关注资产减值迹象，合理确认资产减值损失，不断提高企业资产管理水平。

2. 财产清查有助于维护企业的商业信用

通过财产清查，可以发现债权债务管理中存在的问题和漏洞，从而采取相关措施，建立健全债权债务的催收制度、结算制度、信用制度，及时催收债权，及时筹措资金偿还债务，以维护企业的商业信用。

3. 财产清查有助于保证企业会计资料的真实与完整

通过财产清查，可以确定各项财产的实有数和实际价值，通过会计账簿记录与实物、款项的实有数和实际价值相核对，可以检查、验证会计账簿记录的正确性，对实际价值已经发生减损的，及时调整各项资产的账面价值，查明账实不符的责任和原因，制定改进措施，做到账实相符，从而保证会计资料真实、完整地反映企业的财务状况和经营成果。

4. 财产清查有助于提高企业经济效益

通过财产清查，可以了解各种财产物资的使用和保管情况，了解资产的实际价值，及时组织财产物资的供应，及时处置价值发生减损或已经没有价值的资产，减少不合理的资金占用，减少积压，避免损失浪费，促进节约，促进财产物资的合理有效使用，充分挖掘财产物资的使用潜力，从而加速资金的周转，提高经济效益。

可见，财产清查既是加强财产物资管理的一项重要手段，也是会计核算工作的一项重要制度。因此，《会计法》第十七条规定："各单位应当定期将会计账簿记录与实物、款项及有关资料相互核对，保证会计账簿记录与实物及款项的实有数额相符、会计账簿记录与会计凭证的有关内容相符、会计账簿之间相对应的记录相符、会计账簿记录与会计报表的有关内容相符。"

二、财产清查的种类

财产清查要根据企业需要在不同时期、不同情况下进行。不同的要求需要清查的财产范围也不同，因此，通常可以按不同的标准将财产清查划分成不同的类别。财产清查的种类如图9-1所示。

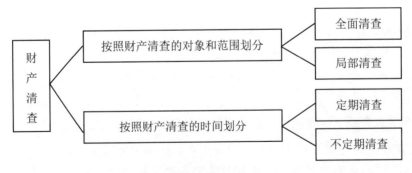

图9-1 财产清查的种类

(一)按照财产清查的对象和范围划分

按照财产清查的对象和范围不同，财产清查可分为全面清查和局部清查。

1. 全面清查

全面清查是指对会计主体的全部财产物资、货币资金和债权债务进行盘点和核对。其清查对象主要包括以下六项。

(1) 现金、银行存款、其他货币资金以及各种金融资产和长期股权投资。

(2) 各种存货，包括库存存货、在途存货、加工中的存货以及各种委托加工物资、委托代销商品等。

(3) 各种固定资产、在建工程。

(4) 各种租赁财产、代保管物资。

(5) 各项债权债务。

(6) 各种无形资产等。

全面清查的特点是清查范围广，涉及内容多，涉及的部门和人员多，工作量大。按照会计制度的规定，全面清查一般每年进行一次。通常在以下五种情况下需要进行全面清查。

(1) 年终决算之前，要进行一次全面清查。由于企业的年度财务会计报告要对外提供，为保证年度财务会计报告反映的会计信息真实、完整，《企业财务会计报告条例》第二十条规定，企业在编制年度财务会计报告前，应当全面清查资产、核实债务。对账实不符的项目根据有关规定进行会计处理，做到账实相符。

(2) 单位撤销或发生合并、分立等，改变隶属关系时，要进行一次全面清查。单位撤销或发生合并、改变隶属关系时，需要弄清"家底"，从而对其货币资金、各项财产物资以及债权债务等进行相应的处理和明确经济责任。

(3) 开展资产评估、清产核资等活动时，需要进行全面财产清查，从而保证评估结果或清产结果的准确性。

(4) 单位主要负责人调离工作时，需要进行一次全面清查，以明确其在任期间的经济责任。目前，我国有关法律、行政法规规定，企业的厂长、经理在离任后要对其在任期间的经济责任进行审计。因此，在其调离工作时，应当进行一次全面财产清查。

(5) 与其他单位合资或联营时。

2. 局部清查

局部清查是指根据经营管理的需要或有关规定，除年终清查外，对部分财产物资、债权债务进行盘点和核对。《企业财务会计报告条例》规定，企业应当在年度中间根据具体情况，对各项财产物资和结算款项进行重点抽查、轮流清查或者定期清查。其清查对象主要是货币资金、原材料、库存商品、在产品等流动性较大或较贵重、较重要的财产物资。局部清查的特点是清查范围小，仅涉及部分财产物资，涉及的部门和人员少，工作量小，但专业性较强。局部清查一般在以下五种情况下进行。

(1) 每日营业终了时应对库存现金进行清查，做到日清月结。

(2) 每月终了应对银行存款和银行借款进行核对。

(3) 每月应对各种材料物资、在产品和产成品进行重点抽查。

(4) 每月终了应对贵重财产物资进行清查。

(5) 每年至少核对一至二次债权债务。

(二) 按照财产清查的时间划分

按照财产清查的时间不同，财产清查可分为定期清查和不定期清查。

1. 定期清查

定期清查是指根据有关会计准则的规定，在特定时间所进行的财产清查。如年终决算之前进行的全面财产清查和局部清查中的几种情况都属于定期清查。

定期清查可以是全面清查，也可以是局部清查。定期清查一般在年末、季末或月末结账前进行。

2. 不定期清查

不定期清查也称临时清查，是指根据经营活动的需要随时进行的财产清查。不定期清查可以是全面清查，如全面清查中的第二、三、四、五种情况；也可以是局部清查。除这几种情况外，以下两种情况也需要进行不定期清查。

(1) 发生自然灾害等非常损失。
(2) 更换财产物资保管员或出纳员。

三、财产清查的工作组织

财产清查是会计核算的一项重要内容，关系到会计资料的真实、完整与否，关系到会计信息的质量。因此，各单位必须组织好财产清查工作，确保财产清查工作的合理、有效和有序进行。财产清查的组织工作主要包括建立健全财产清查制度、财产清查前的准备、财产清查的实施以及清查结果的处理四个内容。

(一) 建立健全财产清查制度

《会计基础工作规范》规定，各单位应当建立财产清查制度。《会计法》第二十七条在要求各单位建立健全本单位内部会计监督制度的同时，也要求明确财产清查的范围、期限和组织程序。财产清查制度主要应当包括以下五方面的内容。

1. 财产清查的范围

各单位在财产清查制度中应首先明确财产清查的范围，这里的清查范围是指全面清查的范围，局部清查的范围应当根据需要确定。根据有关会计制度的规定，财产清查的范围应当包括以下八方面的内容。

(1) 货币资金，包括人民币库存现金和各种外币库存现金、人民币存款和各种外币存款以及其他各种以货币形式存在的资金，如支票、银行汇票等。清查内容主要是这些货币资金是否存在，与账面金额是否一致。

(2) 各种金融资产，包括各种股票、债券、基金以及其他形式的金融资产和长期股权投资等。清查内容主要是这些金融资产是否存在；投资收益是否按照会计准则进行确认和计量；采用公允价值计量的金融资产，其公允价值的确定以及公允价值变动产生的损益的确认是否与实际情况相符。

(3) 各种存货，包括库存的各种原材料、周转材料、库存商品，以及各种正在加工中的产品和各种在途物资、委托加工物资、发出商品、发出展销的商品、发出展览的商品等。清查的内容主要是各种存货实存数量与账面数量是否一致，是否发生减值，是否有报废损失和积压物资。

(4) 各种固定资产。清查内容主要是各种固定资产的实存数量与账面数量是否一致；使用情况及完好程度如何；在建工程的实际发生额与账面记录是否一致；是否发生资产减值等。

(5) 由其他单位代为保管的物资和代其他单位保管的物资。清查的内容主要是这些物资是否存在；实存数量与账面数量是否一致；是否有报废损失和减值损失等。

(6) 各种租赁物资。清查内容主要是这些物资是否存在；实存数量是否与相关记录相符；使用情况如何等。

(7) 各种债权债务，包括各种往来款项和借款等。清查内容主要是各种债权债务是否存在；与债务、债权单位的相应债务、债权金额是否一致；是否发生坏账(指债权无法收回)。

(8) 其他应当进行清查的财产物资。清查内容主要是这些财产物资是否存在；实存数量与账面数量是否一致；是否发生减值或报废损失等。

2. 财产清查的组织

各单位在财产清查制度中应明确财产清查中的组织工作。具体来说，应当明确财产清查工作的参加人员构成、有关参加人员的权利和责任、度量衡等计量工具的要求，以及财产清查工作的程序和步骤等。

3. 财产清查的期限和方法

无论是全面清查或局部清查，还是定期清查或不定期清查，都应当对清查的期限作出明确规定，保证清查工作的效率。同时，由于不同类型的财产物资各有其特点，应当采用不同的方法进行清查。财产清查的方法一般有实地盘点、技术推算、核对账目、询证核对等。

4. 对财产清查中发现问题的处理办法

对于财产清查中发现问题的处理方法和手续，应当根据有关会计制度作出明确的规定，保证会计处理有章可循。

5. 对财产管理人员的奖惩办法

为调动财产管理人员的积极性，规范财产管理人员的行为，明确经济责任，财产清查制度应当明确对财产管理人员的奖惩办法，促进财产管理人员认真履行职责，保护财产的安全完整。

(二)财产清查前的准备

财产清查是一项复杂、细致的工作，其内容涉及面广，涉及的部门和人员多，并且具有一定的专业性。因此，为确保清查结果的准确性，除了要建立健全财产清查制度之外，在具体进行财产清查工作之前，还要做好必要的准备工作。财产清查的准备工作主要包括以下两方面的内容。

1. 组织上的准备

组织上的准备主要是指应当成立清查领导小组，具体领导组织财产清查工作。财产清查小组的成员应当由管理、会计、业务和保管等部门的有关人员组成。然后根据清查对象和范围制订清查计划，明确清查小组内的人员分工，以合理组织财产清查工作。

2. 业务上的准备

业务上的准备主要包括以下三个方面的内容。

(1) 账簿的准备。财产清查的主要任务，就是确定账实是否相符，因此，在进行财产清查之前，首先应当由会计部门和财产物资的保管、使用部门将截至财产清查开始时间之前所发生的全部经济业务登记有关总账和明细账、日记账等，并结出账面余额，以备与清查结果核对。

(2) 实物的准备。为了便于进行财产物资的盘点，财产物资的保管和使用部门应当将所保管和使用的财产物资摆放整齐，挂上标签，标明品种规格和结存数量，以便进行实地盘点。

(3) 计量器具和表格等凭证的准备。在清查地点，应当预先对各种财产清查中必要的度量衡器具进行检查，以保证计量结果准确可靠。同时，应当准备好记录清查结果所需的一些表格、单据以及核对账目的函件，并在这些表格、单据或函件中记录清查对象的账面结存数量和金额。

(三)财产清查的实施

财产清查的实施一般分为两个步骤。

1. 实物盘点和账目核对

这一阶段的主要工作就是通过盘点实物和核对账目的方法，确定各项财产物资、债权债务以及货币资金的实有数额、使用情况、完好程度和质量等。

2. 记录清查结果

这一阶段的主要工作是将清查结果记录在事先准备好的表格等书面凭证中，并对账实进行对比，确定差异。

(四)清查结果的处理

财产清查工作结束后，企业应当对清查中发现的账实不符的情况作出相应的处理。财产清查结果的处理包括两方面的内容：一是查明账实不符的原因，以明确经济责任，并据以改善经营管理；二是进行账务处理。财产清查结果的账务处理一般分为以下两步。

(1) 根据财产清查记录中的对比结果，将发现的账实差异调整账目，使账目与实际相符。同时将该差异所产生的财产短缺或溢余挂账等待查清原因后处理。企业对发现的账实不符项目，应根据实有数额调整有关财产物资、债权债务和货币资金账户，并将财产短缺或溢余所产生的损失或收益挂账，待查明原因后再进行核销，以明确经济责任，并据以改善经营管理。

(2) 根据调查结果，核销挂账的损失或溢余。企业应当根据账实不符的原因，按照企业会计准则的规定，进行相应的会计处理，核销挂账的损失或收益。

有关财产清查的实施和清查结果处理的详细内容将在下节介绍。

第二节 存货的盘存制度

财产清查的重点工作是确定资产的实存数量和质量。存货作为企业的重要资产,通常在企业全部资产中所占比例较大,而且由于存货是流动资产,流动性强,种类繁多,收发业务频繁,因此为使存货的盘点工作能够有序开展,企业首先应当确定存货的盘存制度。存货的盘存制度一般有两种:实地盘存制和永续盘存制。

一、实地盘存制

(一)实地盘存制的概念

实地盘存制是指平时在存货账簿中只登记存货的本期增加数,不登记减少数,期末通过实地盘点,确定各种存货的结存数量,从而倒推出本期减少数的一种盘存制度。即根据库存计算发出的盘存制度。其计算本期减少数的公式如下:

$$本期减少数=期初账面余额+本期增加数-期末实际结存数 \quad (9\text{-}1)$$

其中,期初账面余额源自上期的期末实地盘点结果;本期增加数是根据本期存货增加时取得的原始凭证登记记账凭证,再据以登记入账的结果;期末结存数则是根据本期期末实地盘点的结果获得。这种方法也叫"以存计耗"或"以存计销"。

(二)实地盘存制的应用程序

实地盘存制的应用程序如下。

1. 日常的账务处理

由实地盘存制的概念可知,实地盘存制下存货的日常账务处理,就是在存货增加时根据会计凭证登记存货的有关账簿,记录其增加数量和确定的成本,存货减少时不登记。

2. 期末的处理

由于存货的记录包括实物数量和成本两部分,因此期末应确定的内容也包括数量和成本两部分。

期末存货数量的确定就是通过实地盘点,确定盘存数,并登记在存货的有关账簿中。

存货成本的确定则取决于存货盘存的数量和存货单位成本两个因素。存货单位成本的确定方法将在下面介绍。

二、永续盘存制

(一)永续盘存制的概念

永续盘存制是指平时在存货账簿中既登记存货的本期增加数,又登记本期减少数,并随时结出账面余额的盘存制度,因此又称账面盘存制度。在这种盘存制度下,存货的本期减少数是根据会计凭证登记的,期末数是从账面结算下来的,使用的是下述公式:

$$\text{期末数(余额)=期初账面余额+本期增加数-本期减少数} \tag{9-2}$$

公式中所有数据均来源于存货的有关明细账户。显然，这种盘存制度对存货的收发手续要求较严格，即收入和发出都需要在账簿中随时、连续登记。但由于前面所述种种可能导致账实不符的原因，采用这种盘存制度，仍然需要定期或不定期地对全部或部分存货特别是那些贵重的材料物资进行实地盘点，以检查账实是否相符。

(二)永续盘存制下的账簿组织

由于永续盘存制下对存货的收发记录要求严格，因此企业通常可以采取会计、仓储同时设账进行登记的办法加强存货的管理和控制。具体办法如下：

会计部门设置存货的有关总分类账，然后按存货物资的大类设置二级账，在总分类账和二级账中，只登记金额，进行价值控制；在二级账下，再按每种存货物资设置三级明细账，采用数量金额式的账页，既登记数量，又登记金额，进行实物和价值的双重控制。

仓储部门设置各种存货的保管账，由保管员负责根据有关收发存货的原始凭证进行登记，只登记数量，不登记金额。

通过会计和仓储部门分设账簿的方式，可以对存货进行双重控制，通过相互核对，随时反映存货的库存情况，可有效地保护存货资产的安全和完整。一旦出现差错，也容易及时发现，有助于加强存货的管理。

三、存货单位成本的确定

前已述及，存货成本取决于存货的数量和存货的单位成本。存货成本可以用下述公式来表示：

$$\text{期末存货成本=期末存货数量×存货单位成本} \tag{9-3}$$

$$\text{本期减少存货成本=本期减少存货数量×存货单位成本} \tag{9-4}$$

在第五章中，介绍了制造业企业材料存货的采购成本，并根据入库材料存货的数量和采购成本计算确定了单位成本(详见例 5-16)。显然，在材料按实际成本核算的情况下，材料存货的单位采购成本就是库存材料的单位成本；而在材料按计划成本核算的情况下，库存材料的单位成本是其计划单位成本。

问题在于：在材料按实际成本核算的情况下，除非每次采购的材料无论是购买价款还是采购费用等采购成本的构成项目完全相同，同一种材料的单位采购成本才会是相同的。而事实上，即使是同一种材料，在不同的会计期间甚至同一个会计期间，由于购货单位、市场价格、采购数量、运输方式等的不同，都有可能导致单位采购成本不同，而在使用的时候却具有同样的使用价值。那么对于减少(发出)的和期末库存的存货，到底该按什么价格来计算单位成本呢？这个问题会计上称为存货的发出计价。按照我国会计准则的规定，应当采用先进先出法、加权平均法或者个别计价法来确定发出存货的实际成本。

(一)个别计价法

个别计价法也称具体辨认法，是指发出存货的成本根据该批存货的采购成本确定。具体来说，就是发出的是哪一批的存货，就按哪一批存货的单位成本确定发出成本。这种方法确定的发出成本和库存成本都非常准确。但是操作起来比较困难，对存货的实物管理要求比较高。因为在存货管理上必须保证能够区分每一批购入的存货,并标明其单位成本。

个别计价法适用于单位价值较高、体积较大且易于区分的存货。例如,古董、房地产、船舶、大型机械设备等。

(二)先进先出法

先进先出法是存货成本流转的一种假设,就是假定先购进的存货先发出,因此最先发出的存货其成本就按最先购入的存货单价计算,从而按照存货购进的先后顺序依次确定发出存货的单位成本。值得注意的是,这是一个假设,我们是假设先购进的存货先发出,从而使相应的成本最先转出。这一假设是基于价值随着实物的转移而转移这一前提产生的。从第五章制造业企业主要经济业务核算的流程图中,我们看到了价值怎样随着实物的转移而转移。虽然每一批次购入的存货单位成本可能不同,实际工作当中也未必就是先购进的存货先发出,但相同的存货具有相同的使用价值,所以才能使这一假设成立。

先进先出法适用于存货价格相对比较稳定的情况。

(三)加权平均法

加权平均法是指本月发出的存货,平时只登记数量,不登记金额,月末根据期初库存成本和本期入库成本以及期初库存数量和本期入库数量,计算加权平均单价,从而计算确定发出存货和结存存货的成本。其计算公式如下:

$$加权平均单位成本=\frac{期初存货成本+本期增加存货成本}{期初存货数量+本期增加存货数量} \quad (9\text{-}5)$$

$$本期发出存货成本=发出存货数量\times 加权平均单位成本 \quad (9\text{-}6)$$

$$期末存货成本=期末存货数量\times 加权平均单位成本 \quad (9\text{-}7)$$

期末存货成本也可使用公式(9-2)计算。在加权平均法下,加权平均单位成本的计算结果如果能整除,期末存货成本使用哪个公式计算都可以。如果加权平均单位成本的计算结果不能整除,则必须使用公式(9-2)计算,将误差计入期末存货成本中。

加权平均法适用于存货价格起伏不定的情况。

下面举例说明先进先出法和加权平均法的应用。

【例9-2】甲材料本期期初余额和本期购进、发出资料如下。

12月1日	期初余额	1 000 kg	单价10元	金额10 000元
12月2日	购进	3 000 kg	单价10.2元	金额30 600元
12月8日	购进	2 000 kg	单价10.06元	金额20 120元
	合计	6 000 kg		60 720元

本月发出甲材料5 300kg。

(1) 采用先进先出法计算本期发出成本和期末存货成本。

本期发出成本=1 000×10+3 000×10.2+1 300×10.06=53 678(元)

期末存货成本=700×10.06=7 042(元)

(2) 采用加权平均法计算本期发出成本和期末存货成本。

$$加权平均单位成本=\frac{10\ 000+30\ 600+20\ 120}{1\ 000+3\ 000+2\ 000}=10.12(元/kg)$$

本期发出成本=5 300×10.12=53 636(元)
期末存货成本=700×10.12=7 084(元)

或者

期末存货成本=10 000+30 600+20 120-53 636=7 084(元)

显然，对企业而言，在同一个会计期间，采用不同的存货发出计价方法，计算出的本期发出存货成本和期末存货成本是不同的。

四、实地盘存制和永续盘存制的比较

从上面的介绍中可以看出，实地盘存制具有以下特点：操作简单，工作量小。平时在账目中只需要登记本期增加数，不需要登记本期减少数。期末倒挤出本期减少数，一次登记入账即可，简化了会计核算。但是由于平时只登记增加数，不登记减少数，存货的发出成本不是根据领用情况登记的，而是根据期末盘点结果倒推出来的，显然存在一定的不合理之处。理由是：本期减少的存货未必全部属于正常耗用，可能存在一些非正常耗用，例如，发生毁损，甚至盗窃丢失等。将倒推出的减少数全部作为消耗会导致企业的成本费用计算不准确，掩盖企业存货管理中存在的问题，不利于保护资产的安全、完整和加强财产物资的管理。因此，这种方法的适用范围较小，通常用于数量不稳定，容易发生损耗且难以控制的存货或者那些品种多、价值低、收发频繁的存货。例如，农业企业的鲜活商品等生物资产[①]。制造业企业一般很少采用这种方法。

永续盘存制的优点是：可以随时反映每种存货的收入、发出和结存方面的信息，从数量和金额两方面对存货进行管理和控制；可以及时发现存货的短缺或溢余，从而及时查明原因，并采取相应措施加强管理。其缺点是工作量大，管理成本相对较高。

显然，二者相比，对于保护企业资产的安全完整而言，永续盘存制的优势是毋庸置疑的。一般情况下，除了上述所说的生物性资产，企业大都采用永续盘存制。

第三节　财产清查的内容和方法

一、实物财产的清查

(一)实物财产的清查方法

实物财产是指具有实物形态的各种财产物资，主要包括存货和固定资产。对实物财产的清查应当核实两方面的内容：一是实物财产的实存数量与账面结存数量是否相符；二是

[①] 生物资产是指有生命的动物和植物，包括消耗性生物资产、生产性生物资产和公益性生物资产。消耗性生物资产，是指为出售而持有的，或在将来收获为农产品的生物资产，包括生长中的大田作物、蔬菜、用材林以及存栏待售的牲畜等。生产性生物资产，是指为产出农产品、提供劳务或出租等目的而持有的生物资产，包括经济林、薪炭林、产畜和役畜等。公益性生物资产，是指以防护、环境保护为主要目的的生物资产，包括防风固沙林、水土保持林和水源涵养林等。

实物财产的实际价值与账面价值是否相符。实物财产清查的方法主要是指核实实物财产数量的方法。由于各种实物财产的实物形态不同，所使用的清查方法也有所不同。常用的方法主要包括实地盘点法、技术推算法和函证核对法三种。

1. 实地盘点法

实地盘点法又可以分为逐一盘点和抽样盘点两种方法。

采用逐一盘点法确定的实物数量结果准确，并且能逐一观察财产物资的使用情况和质量，但工作量较大。这种方法一般适用于可以逐一点数或用度量衡器具准确计量的实物财产。例如，房屋、建筑物、机器设备等固定资产以及原材料、在产品、库存商品等，都可以采用逐一清点或过秤等办法确定其实物数量。

抽样盘点法是从被清查财产的总体中随机抽取一部分，然后根据包装等情况确定清查对象总体的实物数量的一种方法。使用这种方法进行清查比较简便，省时省力，但所得出的实物财产数量可能会与实际数量之间有一定的误差，并且不能逐一观察财产物资的质量和使用情况。这种方法一般适用于包装好的原材料、库存商品等。

2. 技术推算法

技术推算法是对一些不宜或无法逐一点数计量的实物财产，通过一些数学方法运用一定的技术手段进行推算，从而确定其实物数量的方法。例如，采矿业挖掘出来的矿产品(如煤、铁、矿石等)，由于其堆存量大或重量、体积较大等原因，无法逐一点数或过秤，因此，可以采用技术推算法确定其实物数量。

3. 函证核对法

函证核对法是对委托外单位加工或保管的物资以及发出展览、展销商品等，采用向对方单位发函调查，从而与本单位账面结存数额相核对的方法。这种方法尤其适用于债权债务的清查。

企业在确定实物财产实有数量的同时，还应当注意观察实物财产的质量和使用情况，注意是否有报废损失和积压、闲置物资，使用情况和完好程度如何，能否保证生产经营的需要，是否发生减值等，以确定其实际价值与账面价值是否一致。如果发生减值，应按照《企业会计准则第 8 号——资产减值》和其他相关会计准则的有关规定进行处理，关于这部分内容，在《财务会计》或《中级会计实务》中有系统的介绍，这里不再赘述。此外，盘点时，实物财产的保管人员和使用人员必须在场；注意不要遗漏或重复盘点，必须将临时租赁的财产物资和代其他单位保管的物资同本企业的财产物资区别开来。

(二)清查结果的记录

盘点结束后，对实物财产的清查结果，一般通过填制"盘存单"和"实存账存对比表"的方式进行记录。盘存单和实存账存对比表的格式如表 9-1、表 9-2 所示。有关人员，包括盘点人员和实物保管人员应当在盘存单和实存账存对比表上签名，以明确经济责任。

盘存单是记录实物盘点结果的书面证明，也是反映实物财产实有数额的原始凭证。盘存单中所列的实物编号、名称与规格、计量单位和单价等项目必须与账面记录一致，以便于核对。实存账存对比表是根据账面记录与盘存单编制的，是分析账实不符的原因和明确经济责任的依据,也是调整财产物资账面记录的依据。表内"实存"栏根据盘存单填列,"账存"栏根据有关财产物资的明细账账面余额填列。"对比结果"栏中,盘盈是指实存数大于账存数的差额,也称溢余;盘亏是指实存数小于账存数的差额,也称短缺。"备注"栏主要用于说明盘盈、盘亏的原因。

表 9-1 盘存单

单位名称: 盘点时间:
  财产类别: 存放地点: 编号:

编号	名 称	规格型号	计量单位	实存数量	单 价	金 额	备 注

盘点人: 保管人:

表 9-2 实存账存对比表

单位名称: 年   月   日

编号	名称与规格	计量单位	单价	实存		账存		对比结果				备注
								盘盈		盘亏		
				数量	金额	数量	金额	数量	金额	数量	金额	

主管人员: 会计: 制表:

二、货币资金的清查

货币资金包括库存现金、银行存款和其他货币资金三项内容,其清查方法各不相同,下面主要介绍库存现金和银行存款的清查。

(一)库存现金的清查

1. 库存现金的清查方法

对库存现金的清查主要采用实地盘点法。

在进行实地盘点之前,除了要做好前述准备工作之外,还要进行以下工作:由出纳员将所有现金集中起来存入保险柜,必要时可加以封存;如果企业现金存放部门有两处或两处以上,应同时进行盘点;盘点的时间最好选择在上班前或下班后,以免影响营业活动的进行和盘点结果的准确性。

库存现金的清查一般分为日常清查和专门清查两种。

日常清查是由出纳员于每日营业终了对库存现金进行盘点,并将盘点结果与现金日记账余额进行核对,即通常所说的日清月结中的日清,做到账实相符。日常清查的结果在账实相符的情况下，一般不必做记录。

专门清查是由财产清查小组进行的现金清查，清查时出纳员必须在场。在清查库存现金实有数额的同时，还要注意有无白条(指非正式的借据)抵充现金，即通常所说的白条抵库现象和挪用现金的情况，以及是否设有账外小金库等。

2. 库存现金清查结果的记录

库存现金清查结束后，应当编制"现金盘点报告表"，并由盘点人和出纳员共同签名盖章以资证明。现金盘点报告表的格式如表9-3所示。

表9-3　现金盘点报告表

单位名称：　　　　　　　　　　　　年　月　日

币 种	实存金额	账存金额	对比结果		备 注
			盘盈	盘亏	

主管人员：　　　　　盘点：　　　　　出纳：

表中"币种"栏是在企业有外币库存现金的情况下设置的，如果企业没有外币现金，则不需要设置此栏。现金盘点报告表既是记录现金盘点结果、反映现金实有数额的原始凭证，也是调整现金日记账账面余额的依据。

(二)银行存款的清查

1. 银行存款的清查方法

银行存款的清查，与实物财产和库存现金的清查方法不同。它主要是采用与开户银行核对账目的方法来进行的。

企业所发生的每一笔银行存款收付业务，都按照时间的先后顺序根据取得或填制的有关原始凭证记录在企业的银行存款日记账中，而企业的开户银行也根据其取得的有关企业存款收付的原始凭证，按照发生时间的先后顺序记录企业在其账户中存款的增减变动和结存情况。银行定期(通常每个月一次)地编制"银行对账单"，将企业当月在其账户所存款项的收付业务按照发生时间的先后顺序逐笔列示，并将"银行对账单"送达企业，供企业核对。因此，银行存款的清查方法，就是将银行对账单与企业的银行存款日记账逐笔核对。但二者核对的结果经常是不一致的，其主要原因有两个：一是存在未达账项；二是企业或银行一方或双方出现记账错误，如漏记、重记或错记等。此外，也有可能存在舞弊行为。

未达账项是指由于企业和银行取得原始凭证的时间先后顺序不同，导致一方已经收到凭证并据以登记入账，而另一方因尚未收到有关凭证，因而尚未登记入账的会计事项。记录经济业务的发生必须取得或填制有关原始凭证，否则就不能编制记账凭证并据以登记账簿。而会计凭证的传递有着一定的顺序，这就使未达账项的产生有了可能性。因此，企业银行存款日记账的余额与银行对账单的余额不一致是一种正常现象。

未达账项主要有以下四种类型。

(1) 企业已经收到有关收款凭证并登记入账，而银行尚未收到有关收款凭证，因而尚未登记入账的经济业务。这种情况通常简称"企业已收，银行未收"。例如，企业将收到的支票送存银行后，即可根据银行盖章的"进账单"编制记账凭证，并登记银行存款日记账，记录银行存款的增加。而银行则要等到款项划拨后才能登记企业银行存款的增加。这样，在款项划拨之前，就导致了"企业已收，银行未收"的情况。

(2) 企业已经收到有关付款凭证并登记入账，而银行尚未收到有关付款凭证，因而尚未登记入账的经济业务。这种情况通常简称"企业已付，银行未付"。例如，企业开出支票即可根据支票存根编制记账凭证，并登记银行存款日记账，记录银行存款的减少，而由于种种原因持票人可能尚未将支票送存银行或提取现金。此时就形成了"企业已付，银行未付"的情况。

(3) 银行已经收到有关收款凭证并登记入账，而企业尚未收到有关收款凭证，因而尚未登记入账的经济业务。这种情况通常简称"银行已收，企业未收"。例如，企业委托银行收取的销货款，银行已经划拨入企业账户，并登记企业在银行所存款项的增加，但企业由于尚未收到收款通知，因而尚未登记银行存款的增加。这就形成了"银行已收，企业未收"的情况。

(4) 银行已经收到有关付款凭证并登记入账，而企业尚未收到有关付款凭证，因而尚未登记入账的经济业务。这种情况通常简称"银行已付，企业未付"。例如，银行从企业存款账户中扣取的贷款利息，银行已经在扣款时登记企业银行存款的减少，而企业由于尚未收到扣款通知，因而尚未登记银行存款的减少。此时就形成了"银行已付，企业未付"的情况。

可见，任何一种情况的未达账项发生，都会导致银行对账单上的内容和余额与企业银行存款日记账上的内容和账面余额不一致。为了查找未达账项，企业在将银行对账单与银行存款日记账逐笔核对时，对核对一致的账项应作出核对无误的标志，核对完毕后，银行对账单和企业银行存款日记账中无标志的账项，就是未达账项或错账。

2. 银行存款清查结果的记录

对于银行存款清查中发现的未达账项，应编制"银行存款余额调节表"(格式见表 9-4)，一方面对其进行记录，另一方面检查双方账簿记录的正确性。

在不考虑错账的情况下，根据对未达账项的分析，我们可以得出下列等式：

$$\text{企业银行存款日记账余额} + \text{银行已收企业未收} - \text{银行已付企业未付} = \text{银行对账单余额} + \text{企业已收银行未收} - \text{企业已付银行未付} \tag{9-8}$$

银行存款余额调节表的编制方法就是根据上述公式，在企业银行存款日记账和银行对账单现有余额的基础上，分左右两方，各自加减有关未达账项，然后计算确定调节后双方余额是否相等，从而确定双方账簿记录是否正确。

现举例说明银行存款余额调节表的编制方法。

【例 9-3】 A 公司 20××年 6 月 30 日银行存款日记账余额为 124 950 元，银行送来的对账单上的余额为 129 295 元。经核对发现下列收支业务核对不符。

(1) 6月29日，公司存入转账支票一张，金额为11 200元，银行尚未划拨款项。

(2) 6月29日，公司开出转账支票一张，金额为9 100元，支付购货款，持票人尚未将该支票送存银行。

(3) 6月30日，银行代扣公司本月水费345元，付款通知尚未送达公司。

(4) 6月30日，公司委托银行收取的销货款6 790元已经收到，而银行发出的收款通知尚未送达公司。

要求：根据上述内容，编制银行存款余额调节表。

根据上述未达账项，公司应编制银行存款余额调节表，如表9-4所示。

表9-4 银行存款余额调节表

单位名称：A公司　　　　　　　　　　　　　　　　　　　　　　　　币别：人民币
户名：××银行××支行　　　　20××年6月30日　　　　　　　　计量单位：元

项目	金额	项目	金额
企业银行存款日记账余额	124 950	银行对账单余额	129 295
加：银行已收		加：企业已收	
企业未收	6 790	银行未收	11 200
减：银行已付		减：企业已付	
企业未付	345	银行未付	9 100
调节后的存款余额	131 395	调节后的存款余额	131 395

如果调节后的存款余额相等，则基本上可以确定企业和银行的账务处理没有错误。反之，如果调节后的存款余额不等，则说明企业或银行一方或双方记账有错误。此时，企业应首先查找有关原始凭证，确定是否存在记账错误，如有，则应查明原因，并按规定的错账更正方法予以更正。如果经反复查找仍未发现记账错误，则应通知开户银行查找银行方面是否存在记账错误。

对银行存款的清查结果，应当注意两个问题：一是银行存款余额调节表和银行对账单是否可以作为原始凭证据以调整企业银行存款日记账的账面余额；二是结账日企业实际可支配的银行存款余额是多少。

对于第一个问题，应当明确的是，银行存款余额调节表与实存账存对比表和现金盘点报告表不同，编制银行存款余额调节表的目的，仅仅用来确定并汇总未达账项，核对企业和银行双方记账是否有误。错账应按规定方法更正，而未达账项是因尚未收到有关原始凭证形成的，前已述及，按照《会计基础工作规范》的规定，除结账和更正错误的记账凭证可以不附原始凭证外，其他记账凭证必须附有原始凭证。因此，未达账项只有等有关原始凭证传递到企业之后才能进行相应的账务处理。企业不能将银行存款余额调节表和银行对账单作为原始凭证据以调整企业银行存款日记账的账面余额。

对于第二个问题，从上表中可见，调节后的余额，既不等于企业银行存款日记账的余额，也不等于银行对账单余额。从理论上讲，调节后的余额应当是企业银行存款的实际余额。但由于银行也必须等到收到有关原始凭证时才能对未达账项进行处理，因此，银行允许企业动用的存款数额是以银行对账单余额为准的。也就是说，企业实际可支配的银行存款金额是银行对账单上的余额，而不是企业银行存款日记账余额或银行存款余额调节表调节后的银行存款余额。

三、债权债务的清查

(一)债权债务的清查方法

对于借款以及往来结算款项等债权债务的清查,一般采用询证核对的方法,即通过向债权债务单位发出询证函(或称对账单)的方式,同对方单位核对账目,以确定有关债权债务是否存在,双方余额是否一致等问题。询证函按债权债务单位填制,通常一式两份,如双方核对相符,由对方单位在回单上注明"经核对无误"字样并加盖公章后退回;如果经核对不符,则由对方单位在回单上注明情况,或另抄对账单退回本单位。债权债务核对的结果与账面记录不符除了可能存在记账错误以外,也有可能存在未达账项或其他原因,应进一步查明原因,再行核对,直至相符为止。对于发现的记账错误,应按规定方法更正;对于未达账项,双方都应采用调节法核对账面余额是否相符。询证函的格式如表9-5所示。

表9-5 往来款项对账单

×××单位: 编号:

本公司因进行财产清查,需要与贵公司核对截至某年某月某日的往来款项发生额及余额情况。下列数额出自本公司账簿记录,如与贵公司记录相符,请在本函下端"数额证明无误"处签章证明;如有不符,请在"数额不符需要说明事项"处详加说明。(本函仅为核对账目之用,并非催款结算。)

发生日期	贵公司欠	欠贵公司	余 额	备 注

————(公司印鉴)

年 月 日

数据证明无误

签章_____ 日期_____

数据不符需要说明事项

签章_____ 日期_____

(二)清查结果的记录

债权债务清查的结果,可以通过编制"往来款项清查表"加以记录。往来款项清查表的格式如表9-6所示。

表9-6 往来款项清查表

单位名称: 年 月 日 计量单位:

询证函编号	债务(权)人名称及地址	账面余额	询证结果	差异金额	核对不符的原因分析				备注
					争执中款项	未达账项	无法收回或偿还	其他	

主管: 清查: 制表:

往来款项清查表是根据询证函编制的，是分析账实不符的原因和明确经济责任的依据，也是调整往来款项账面记录的依据。

四、金融资产与长期股权投资的清查

金融资产与长期股权投资的清查主要是通过同证券公司和被投资单位等核对账目的方式进行。对于采用公允价值计量的金融资产，主要是判断其公允价值的确定是否准确，是否及时反映了公允价值变动损益；对于长期股权投资，则根据其采用的核算方法判断其账面价值是否与实际价值相符，是否发生了减值。公允价值变动损益的核算和金融资产减值的判断与减值准备的计提方法，将在《财务会计》或《中级会计实务》中学习，这里不做介绍。

第四节　财产清查结果的处理

一、财产清查结果的账务处理程序

财产清查工作结束后，如果账实相符，则不必进行账务处理。如果账实不符，即发生了盘盈(实存数大于账存数)或盘亏(实存数小于账存数)，或虽然账实相符，即账存数等于实存数，但实际结存的财产物资发生毁损或减值，或者有质量问题甚至发生报废等，不能正常使用，则首先应根据编制的有关"实存账存对比表"或"现金盘点报告单"以及"往来款项清查表"等在清查过程中编制的原始凭证，调整账存数，使账实相符；对于发生减值的资产，则应根据会计准则的规定计提资产减值准备。其次，根据查明的造成财产盘盈、盘亏或毁损以及债权债务无法收回或偿还的原因，对其所产生的损失或收益按照规定报请有关部门批准后进行相应的会计处理。因此，财产清查结果的账务处理程序一般包括以下两步。

(一)调账

根据清查结果，对账实不符的项目调整账存数。为保证账实相符，保证会计信息真实、完整，企业应及时调整账面记录。即根据财产清查过程中编制的"实存账存对比表"等有关原始凭证中记录的盘盈、盘亏、毁损或无法收回或偿还的财产物资、债权债务的金额和数量，填制记账凭证，据以登记有关账簿，调整账簿记录，使之与实际结存数相符，同时将因账实不符而产生的损失或收益暂时挂账，等查明原因后，再报请有关部门审批处理。

对于发生减值的资产，应根据企业会计准则和相关会计制度的规定，计提相关资产减值准备，并同时确认由此产生的资产减值损失。其中债权类的资产，通常需要根据其发生坏账(即无法收回)的可能性，计提坏账准备，同时确认资产减值损失。有关资产减值或债权发生坏账的业务，将在《财务会计》或《中级会计实务》中介绍，本书不再赘述。

(二)报批核销

根据查明的原因，确认损失或收益。原因查清后，应明确相应的经济责任，经有关主管部门审批后，再根据企业会计准则的规定，以经审批的有关书面凭证为依据，填制记账凭证，登记账簿，确认损失或收益。

对于债权类的资产，在经调查确定确实无法收回时，应报请批准后予以核销。其他资产发生减值后，应在该资产终止确认时予以核销。

债务清查结果的账务处理与现金和实物资产不同，一般其处理只有一步，即在发现时不作账务处理，只在经调查确定确实无法偿还时，才对由此所产生的收益或损失经批准后再行处理。

二、财产清查结果账务处理应设置的账户

为恰当地核算和监督财产清查的过程和结果，企业需要设置"待处理财产损溢"账户，此外还涉及"其他应收款""以前年度损益调整""管理费用""营业外收入""营业外支出"等账户。

"待处理财产损溢"账户专门用来核算企业在清查财产过程中查明的各种财产盘盈、盘亏和毁损的价值。物资在运输途中发生的非正常短缺与损耗，也通过本科目核算。但固定资产的盘盈和无法收回或偿还的债权债务所产生的损失或收益不在本科目核算。"待处理财产损溢"账户从会计科目表上看是资产类账户，但它具有双重性质。其借方登记各种材料、产成品、商品、生物资产、固定资产等的盘亏、毁损额和外购生产用材料物资已经抵扣的增值税进项税额，以及经批准确认的盘盈收益；贷方登记各种材料、产成品、商品、生物资产等的盘盈收益，以及经批准确认的盘亏、毁损损失。原材料采用计划成本核算的企业，还应同时登记应当结转的材料成本差异。企业清查的各种财产物资的损溢，应于期末前查明原因，并根据企业的管理权限，经股东大会或董事会，或经理会议或类似机构批准后，在期末结账前处理完毕。因此，期末本账户无余额。本账户可按盘盈、盘亏的资产种类和项目设置明细账，进行明细核算。

"待处理财产损溢"账户的结构如下。

借方	待处理财产损溢	贷方
①发生的待处理财产盘亏、毁损额 ②批准转销的待处理财产盘盈额		①发生的待处理财产盘盈额 ②批准转销的待处理财产盘亏、毁损额

三、财产清查结果的账务处理原则

前已述及，对于财产清查中发现的问题，应首先将盘盈、盘亏、毁损的金额调整增加或冲减有关财产物资账户，同时，记入"待处理财产损溢"账户或有关账户。然后，根据查明原因后报经审批处理的结果，确认损益。具体处理原则如下。

(一)现金和实物资产清查结果的处理原则

1. 盘盈

(1) 发现时，调账，做到账实相符。

盘盈的固定资产，按重置成本确定其入账价值，借记"固定资产"科目，贷记"以前年度损益调整"科目。

盘盈的现金、各种材料、产成品、商品、生物资产等固定资产以外的其他资产，借记"库存现金""原材料""库存商品""消耗性生物资产"等科目，贷记"待处理财产损溢"科目。

(2) 按管理权限报经批准后处理。

盘盈的除固定资产以外的其他资产，借记"待处理财产损溢"科目，贷记"管理费用"等科目。

2. 盘亏、毁损

(1) 发现时，调账，做到账实相符。

对于盘亏、毁损的现金、各种材料、产成品、商品、生物资产等，盘亏的固定资产，借记"待处理财产损溢"科目，贷记"库存现金""原材料""库存商品""消耗性生物资产""固定资产"等科目。材料、产成品、商品采用计划成本(或售价)核算的，还应同时结转成本差异(或商品进销差价)，固定资产已计提折旧和减值准备的，还应同时结转累计折旧和固定资产减值准备。涉及增值税的，按照税法规定，购进货物发生非正常损失(指因管理不善造成的损失)，如果该资产在购进时进项税额已经抵扣记入"应交税费"科目借方的，还应贷记"应交税费——应交增值税(进项税额转出)"科目，将进项税额转出，不再作为抵扣项目减少企业的应交增值税。因自然灾害等不可抗力造成的损失，已经抵扣的进项税额不需要转出。

(2) 按管理权限报经批准后处理。

盘亏、毁损的各项资产，可能收回一些残余材料物资，或者获得保险赔偿或过失人赔偿，按收回的残料价值，借记"原材料"等科目；按可收回的保险赔偿或过失人赔偿，借记"其他应收款"科目。待实际收到赔偿时，再冲减"其他应收款"科目。按扣除收回的残料价值和可收回的保险赔偿或过失人赔偿之后的剩余部分，固定资产盘亏、毁损损失和由于非常原因造成的固定资产以外的其他资产的损失，借记"营业外支出"科目；管理不善等其他情况造成的固定资产以外的其他资产损失借记"管理费用"科目；按"待处理财产损溢"科目余额，贷记"待处理财产损溢"科目。

(二)债权债务清查结果的处理原则

对于确实无法支付的应付账款，一般直接调整减少应付账款账面余额，同时确认为营业外收入。而对于确实无法收回的应收账款，按照《企业会计准则》的规定，应当直接调整减少应收账款的余额，同时冲减企业为可能无法收回的应收账款计提的坏账准备。这部分内容将在《财务会计》或《中级会计实务》中学习，这里不做介绍。

四、财产清查结果账务处理举例

为进一步明确财产清查结果的账务处理方法，现举例说明。

【例9-4】 某企业是增值税的一般纳税人，增值税税率为13%。材料采用实际成本核算。某年在年终决算前进行的全面财产清查中发现以下情况。

(1) 盘盈甲材料400 kg，价值2 000元。经查系收发计量差错所致。

(2) 盘亏丁材料100 kg，价值1 000元，该材料系外购材料。其购进时发生的增值税进项税额 130 元已抵扣。经查系管理不善造成。

(3) 盘盈设备一台，经确定其同类市场价格为 100 000 元，估计折旧额为 30 000 元。

(4) 盘亏一台设备，该设备的账面原值(即历史成本)为 200 000 元，已累计折旧 165 000 元。

上述清查结果查明原因，经批准予以核销。

要求：根据上述经济业务，编制有关会计分录。

(1) 根据财产清查结果的账务处理原则，应首先调整原材料账户的账面余额，使账实相符，同时将材料的溢余挂账待查。这项经济业务的发生，一方面使企业的原材料增加；另一方面使企业的待处理财产溢余增加，应分别记入"原材料"账户的借方和"待处理财产损溢"账户的贷方。在记账凭证中编制如下会计分录。

  借：原材料——甲材料 2 000
    贷：待处理财产损溢 2 000

企业在根据这笔会计分录登记甲材料的明细账时，应同时记录其数量的增加。

其次，根据调查审批结果转销财产的溢余。按照规定，材料的盘盈应当冲减管理费用。因此，这项经济业务的发生，一方面使企业的待处理财产溢余减少，另一方面使企业的管理费用减少，应分别记入"待处理财产损溢"账户的借方和"管理费用"账户的贷方。会计分录编制如下。

  借：待处理财产损溢 2 000
    贷：管理费用 2 000

(2) 根据财产清查结果的账务处理原则，应首先调整原材料账户的账面余额，使账实相符，同时将材料的短缺损失挂账待查。但这里应当注意的是，由于该材料系外购材料，按照增值税条例的有关规定，企业外购的用于应纳增值税项目的材料物资，其支付的全部货款中的增值税即增值税进项税额可以抵扣。即在购入材料时，所支付的增值税进项税额记入"应交税费"账户的借方。由于该材料的损失是因管理不善造成，按照增值税条例的规定，其进项税额不得从销项税额中抵扣。已抵扣的，应将该项货物的进项税额从当期发生的进项税额中扣减。在增值税的会计处理上，通常称为进项税额转出，并随同盘亏、毁损财产的历史成本一起记入"待处理财产损溢"账户。因此，这项经济业务的发生，一方面使企业的待处理财产损失和应交税费增加，另一方面使企业的原材料减少，应分别记入"待处理财产损溢"账户的借方和"原材料""应交税费"账户的贷方。在记账凭证中编制会计分录如下。

  借：待处理财产损溢 1 130
    贷：原材料——丁材料 1 000
      应交税费——应交增值税(进项税额转出) 130

企业在根据这笔会计分录登记丁材料的明细账时，应同时记录其数量的减少额。

其次，根据调查审批结果转销财产的损失。按照规定，该项材料的盘亏损失应当计入管理费用。因此，这项经济业务的发生，一方面使企业的管理费用增加，另一方面使企业的待处理财产损失减少，应分别记入"管理费用"账户的借方和"待处理财产损溢"账户的贷方。在记账凭证中编制会计分录如下。

借：管理费用　　　　　　　　　1 130
　　贷：待处理财产损溢　　　1 130

(3) 根据财产清查结果的账务处理原则，应首先调整固定资产账户的账面余额，使账实相符，同时作为会计差错记入"以前年度损益调整"科目。按照会计准则的规定，盘盈固定资产的入账价值应按同类或类似固定资产的市场价格扣除估计折旧后的余额确定。因此，固定资产的盘盈所产生的收益就等于其入账价值。本例中，固定资产的入账价值为：100 000-30 000=70 000(元)。

这项经济业务的发生，一方面使企业的固定资产增加，应记入"固定资产"账户的借方；另一方面应调整企业的以前年度损溢，记入"以前年度损溢调整"账户的贷方。在记账凭证中编制会计分录如下。

借：固定资产　　　　　　　　70 000
　　贷：以前年度损溢调整　　70 000

企业在根据上述会计分录登记固定资产明细账(固定资产卡片)时，应当记录该固定资产的原值、使用部门、预计使用年限等有关资料。

记入"以前年度损溢调整"科目后，还需要考虑该事项对所得税费用和利润分配等的影响，这部分内容将在《中级会计实务》或《财务会计》中学习。本例题中不考虑该事项对所得税费用和利润分配等的影响。

其次，根据调查审批结果转销财产的溢余。按照规定，固定资产的盘盈收益扣除所得税费用和利润分配的影响后的余额(此处不考虑所得税费用和利润分配的影响)应转入"利润分配——未分配利润"账户。因此，这项经济业务的发生，一方面使可供分配的利润增加，应记入"利润分配——未分配利润"账户的贷方；另一方面应核销"以前年度损溢调整"账户的余额，记入"以前年度损溢调整"账户的借方。在记账凭证中编制会计分录如下。

借：以前年度损溢调整　　　　70 000
　　贷：利润分配——未分配利润　　70 000

(4) 根据财产清查结果的财务处理原则，应首先调整固定资产账户的账面余额，使账实相符，同时将损失挂账待查。应当注意的是，由于累计折旧是依附于固定资产而存在的，没有固定资产，也就不存在累计折旧。固定资产减少，则该项固定资产在使用期间提取的累计折旧也应当随之转销。此外，由于该项固定资产已经使用，累计折旧账户的余额代表了其已经转移到有关成本费用中的价值。因此，盘亏固定资产所发生的实际损失额并不是该项固定资产的历史成本(即账面原值)，而是该项固定资产的原值减去累计折旧后的差额，即该项固定资产的净值。因此，这项经济业务的发生，一方面使企业的固定资产和累计折旧减少，另一方面使企业的待处理财产损失增加，应分别记入"待处理财产损溢""累计折旧"账户的借方和"固定资产"账户的贷方。在记账凭证中编制会计分录如下。

借：累计折旧　　　　　　165 000
　　待处理财产损溢　　　 35 000
　　贷：固定资产　　　　　　200 000

其次，根据调查审批结果转销财产的损失。按照规定，固定资产的盘亏损失应当计入营业外支出。因此，这项经济业务的发生，一方面使企业的营业外支出增加，另一方面使企业的待处理财产损失减少，应分别记入"营业外支出"账户的借方和"待处理财产损溢"账户的贷方。在记账凭证中编制会计分录如下：

　　借：营业外支出　　　　　　　35 000
　　　　贷：待处理财产损溢　　　　　35 000

【例9-5】某企业因雷电引起火灾，烧毁库存外购材料一批，价值210 000元。其进项税额27 300元已抵扣。企业已于上年末投保，经保险公司确定，应当赔偿180 000元，赔款尚未收到。

　　根据财产清查结果的财务处理原则，首先应调整原材料账户的账面余额，使账实相符，同时将材料毁损损失挂账待查。由于材料的毁损是雷电引起的火灾所致，属于自然灾害，按照增值税的有关规定，其进项税额可以抵扣，不必转出。因此，这项经济业务的发生，一方面使企业的原材料减少，另一方面使企业的待处理财产损失增加，应分别记入"待处理财产损溢"账户的借方和"原材料"账户的贷方。在记账凭证中编制会计分录如下：

　　借：待处理财产损溢　　　　　210 000
　　　　贷：原材料　　　　　　　　　210 000

　　企业在根据上述会计分录登记原材料的明细账时，应同时记录原材料金额及数量的减少额。

　　其次，根据调查审批结果转销财产毁损损失。该批材料毁损的原因系自然灾害，按照规定，自然灾害等非常原因造成的财产毁损损失在扣除保险公司的赔偿后应当计入营业外支出。因此，这项经济业务的发生，一方面使企业的其他应收款和营业外支出增加，另一方面使企业待处理财产损失减少，应分别记入"其他应收款""营业外支出"账户的借方和"待处理财产损溢"账户的贷方。在记账凭证中编制会计分录如下：

　　借：其他应收款　　　　　　　180 000
　　　　营业外支出　　　　　　　　30 000
　　　　贷：待处理财产损溢　　　　　210 000

本 章 小 结

　　财产清查是通过盘点、检查财产物资实物和核对账目等方式，来确定货币资金、财产物资和债权债务等的实有数额和实际价值，并同账面结存数额和账面价值进行对比，以确定到底有多少家底，价值几何，账面与实际是否相符的一种专门会计方法。财产清查既是加强财产物资管理的一项重要手段，也是会计核算工作的一项重要制度。在会计实务中，企业应根据需要选择全面清查或局部清查、定期清查或不定期清查等形式进行财产清查，并根据清查的财产物资的特点选择实地盘点法、技术推算法和函证核对法等清查方法。企业应制定有关财产清查的制度，做好财产清查的组织和准备工作，并根据会计准则和相关会计制度的规定对清查结果进行相应的会计处理。

思 考 题

1. 想一想，在例 9-1 中，财产在收发计量上存在的问题会对哪些会计要素构成影响？具体会涉及哪些会计科目？是什么影响(指增加或减少)？

2. 进行财产清查的意义何在？

3. 如果你的朋友请你帮助他的公司进行一次财产清查工作，你会给他提些什么建议？先做好哪些准备工作？

4. 采用不同的存货发出计价方法对企业的财务状况、经营成果会有什么影响？影响哪些会计科目？

5. 银行存款余额调节表和银行对账单是否可以作为原始凭证据以调整企业银行存款日记账的账面余额？为什么？

6. 在银行存款的清查中，企业的银行存款出现了三个余额，一是企业银行存款日记账上的余额，二是企业的开户银行对账单上的余额，三是企业通过编制银行存款余额调节表对未达账项进行调整后计算出的余额。在期末结账日，到底哪一个余额才是企业银行存款的真实余额呢？结账日企业实际可支配的银行存款余额又是多少？

7. 你清楚你拥有的财产状况吗？有没有债权债务？债权是否存在无法收回的可能？你打算如何处理？给自己做一次财产清查吧。

 微课资源

自测题

第十章 财务报表

自从证券市场诞生以来，就吸引了人们，尤其是普通人的眼球，因为它给了普通人一种简单、方便的赚钱方式——不用办企业(太操心)，不用跑业务(没时间)，不用摆地摊(风吹日晒雨淋)，无论人在哪里，只要有网络，只要选择一只赚钱的股票，最好是潜力股或蓝筹股，就可以等着数钱了……然而，股市有风险，入市需谨慎。要知道在证券市场上公开发行股票的公司有数千家，到底哪一匹才是真正能带来财富的"黑马"呢？华尔街的财务分析师们力荐的蓝筹股又依据何在呢？赚钱与否当然要看公司的经营业绩，而当你要了解一个企业的经营情况时，面临的问题大概是：这个公司有多大？每年能赚多少钱？那么如何来了解和衡量一个公司的大小与盈利情况呢？这就需要学会阅读企业的财务报表。

知识要点

1. 财务报表的含义与作用。(重点)
2. 资产负债表的结构、编制依据和编制方法。
3. 利润表的结构、编制依据和编制方法。(重点)
4. 现金流量表的作用和结构。

课程思政

财务报表的编制要求——实事求是，实话实说。

第一节 财务报表概述

一、财务报表的概念与内容构成

(一)财务报表的概念

有需求的地方就有市场，就有用来满足需求的产品。通过前面各章节的学习，我们已经了解到，会计从产生伊始，其目标就是为会计信息使用者提供决策所需要的会计信息。合伙、股份制等公司形式的出现，导致了财产所有权和经营管理权的分离，资本市场的建立与投资的多元化，使得反映企业财务状况、经营成果和现金流量等的会计信息日益成为政府、投资人、债权人乃至社会公众所需求的"公共产品"，成为各方信息需求者赖以作出投资与否等的经济决策的重要依据。会计凭证和账簿中的信息过于专业化，也过于零散，没有系统性、整体性和概括性。现实生活中，一方面大部分人并没有专业的会计知识，也没有足够的时间从浩如烟海的凭证、账簿中快速地提炼出所需要的会计信息；另一方面，面对众多的信息需求者，企业也没有可能和必要向他们逐一提供会计凭证和账簿供其查阅。显然，一种能够简练地、概括地、总结性地反映企业财务状况、经营成果和现金流量的会计信息成为生活中普遍需要的特殊产品。这种产品，就是在会计凭证和账簿的基础上，经过加工提炼而成的财务报表。

财务报表是对企业财务状况、经营成果和现金流量的结构性表述。

财务报表是企业会计工作的最终成果。如果将会计人员视为生产者，则财务报表就是其生产的最终产品。而会计凭证、会计账簿则是为生产最终产品而取得的原材料和生产的半成品。这些"原材料""半成品"记录了经济活动的具体内容和发生过程，而最终产品——财务报表则是对其进行了进一步加工，即概括、综合和总结，从而形成有关方面所需的会计信息。财务报表是企业对外提供会计信息的主要途径，是对企业一定时期经济活动的过程与结果的高度概括和综合。

在日常的会计核算工作中，企业已经按照会计准则的规定，采用一定的账务处理程序，对所发生的经济业务取得和填制了会计凭证，并据以登记有关账簿，进行了连续、系统、全面、分类的记录。因此，企业在一定时期的经营成果和现金流量以及由此形成的财务状况，都已经在这些日常的会计记录资料中得以反映。但这些日常会计核算资料数量太多，而且比较分散，不能集中、概括、相互联系地反映企业的经营及其财务收支的全貌。而会计信息的使用者不能直接利用这些分散、零星的会计记录来分析和评价企业的财务状况、经营成果和现金流量，据以作出恰当的决策。因此，有必要定期地对日常会计核算资料进行归纳、总结，按照会计准则的规定编制成总括、综合地反映企业一定时期经济活动过程和结果的书面文件，为有关方面提供决策所需的相关信息。

可见，编制财务报表作为企业会计核算的一种专门方法，其目的就是将企业一定时期的经济活动对其财务状况、经营成果、现金流量所产生的影响进行概括与总结，从而向有关方面提供与决策相关的信息。同时通过会计信息使用者对会计信息的分析利用，使有限的资源能够充分有效地利用，促进社会资源的合理配置，为公众利益服务。

(二)财务报表的内容构成

在第一章里，我们已经知道会计的目标就是向财务会计报告使用者提供与企业财务状况、经营成果和现金流量等有关的会计信息，反映企业管理层受托责任履行情况，有助于财务会计报告使用者作出经济决策。财务报表的使用者主要包括投资人、债权人、政府及其有关部门、社会公众等。虽然投资人、债权人、政府职能部门以及社会公众对会计信息需求的侧重点有所不同，但他们都需要全面了解企业的财务状况、经营成果和现金流动情况。这就要求企业必须定期地为上述有关方面提供其所需的会计信息。

按照《企业会计准则第 30 号——财务报表列报》的规定，财务报表至少应当包括：资产负债表、利润表、现金流量表、所有者权益(或股东权益)变动表、附注。财务报表的内容构成如图 10-1 所示。

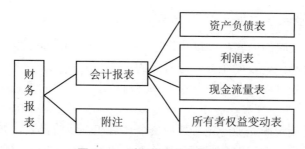

图 10-1　财务报表的内容构成

二、财务报表的作用

财务报表作为会计信息使用者经济决策的有用工具,其作用在于以下几个方面。

(一)财务报表提供的经济信息是企业加强和改善经营管理的重要依据

企业管理当局通过财务报表,可以全面、系统、综合地了解企业的生产经营活动情况、财务情况和经营成果,检查分析财务计划、成本计划、费用预算及有关方针政策的执行情况,能够及时发现经营活动中存在的问题,迅速作出决策,采取有效的措施,改善经营管理;同时也可以根据财务报表提供的信息,制订更为科学合理的经营计划和方针。

(二)财务报表提供的信息是相关各方进行经济决策的依据

随着经济的发展,以及资本市场、证券市场的建立和完善,企业与社会上各方面的联系越来越密切,在企业外部形成了众多的与企业有利害关系的单位和个人。他们往往不能直接参与企业的生产经营活动,不能直接从中获取所需要的信息,为了进行投资等方面的决策,他们需要通过财务报表了解企业的财务状况及生产经营情况,分析企业的偿债能力和获利能力,并对企业的财务状况作出判断,作为决策的依据;同时,投资人和债权人以及广大社会公众需要通过财务报表提供的信息,了解企业的情况,监督企业的生产经营管理,以保护自身的合法权益,减少经营风险和财务风险,从而促进资本市场和其他市场的有效运作,促进有限资源的合理配置。

(三)财务报表提供的信息是国家进行宏观经济调控和管理的依据

政府部门可以通过财务报表及时掌握各企业、各行业的经济情况和管理情况,便于对企业的生产经营情况进行检查分析。例如,国家财政部门可以利用企业报送的财务报表,监督检查企业会计核算是否符合会计准则和相关会计制度的规定,财务报表内容是否真实、合法;税务部门可以通过财务报表了解企业税收的执行情况,据以作出是否对税收政策进行调整的决策等。

三、财务报表的种类

市场对产品的不同偏好和需求,决定了所提供产品的多样性。不同性质的会计主体,其财务报表的种类也不尽相同。我们仍以企业为例,说明财务报表的分类。

(一)按照财务报表所反映的内容分类

按照财务报表所反映的内容可以将其分为静态财务报表和动态财务报表。

静态财务报表是指综合反映企业一定时点的资产、负债、所有者权益的财务报表,如资产负债表,它主要反映企业的财务状况。静态财务报表反映的是企业资金运动在某一时点上的结果。

动态财务报表是指反映企业一定时期内资金耗费和收回的报表,如利润表和现金流量表、所有者权益变动表。动态财务报表反映的是企业某一时期资金运动的过程,反映企业的获利能力和现金的流入、流出情况等。

(二)按照财务报表的报送对象分类

按照财务报表的报送对象可以将其分为对外财务报表和对内财务报表。

对外财务报表,是指向企业外部有关方面提供的,可以供各类会计信息使用者共同使用的通用财务报表。企业会计准则规定,企业对外提供的财务报表包括资产负债表、利润表、现金流量表、所有者权益(或股东权益)变动表及附注。

对内财务报表,是指企业根据自身管理的需要自行确定编制的,为企业经营管理服务,供企业内部使用的财务报表。例如,产品销售收入明细表、管理费用明细表等。对内财务报表一般没有统一规定的格式和指标口径。

(三)按照财务报表编制和报送的时间分类

按照财务报表编制和报送的时间可以将其分为中期财务报表和年度财务报表。

中期财务报表,是指以中期为基础编制的财务报表。所谓中期,通常是指短于一个完整的会计年度的报告期间。《会计法》规定:"会计年度自公历1月1日起至12月31日止。"因此中期财务报表包括月度财务报表、季度财务报表、半年度财务报表和任何一个短于一个完整会计年度的期间的财务报表。中期财务报表的内容至少应当包括资产负债表、利润表、现金流量表和附注,并且报表应当是完整的,与上年度的年报格式和内容相一致。

年度财务报表则是反映一个完整会计年度财务状况、经营成果和现金流量等信息的财务报表。

(四)按照财务报表的编制基础分类

按照财务报表的编制基础可以将其分为个别财务报表、汇总财务报表、分部报表和合并财务报表。

个别财务报表是根据账簿等日常会计核算资料加工后编制的,反映一个独立法人财务状况、经营成果和现金流量情况的财务报表。

汇总财务报表是由企业上级主管部门根据所属基层单位报送的财务报表及本单位财务报表简单汇总后编制的财务报表,反映某个部门或地区、行业的财务状况和经营成果。

分部报表是指企业存在多种经营或跨地区经营的,在会计核算资料基础上,以所经营的业务种类和所在经营地区为单位编制的反映分部资产、负债、收入、费用、利润等会计信息的财务报表。

合并财务报表是指由母公司[1]在母公司和子公司[2]个别财务报表的基础上,对企业集团内部交易进行抵销后编制的反映母公司和其全部子公司形成的企业集团整体财务状况、经营成果和现金流量的财务报表。

---

[1] 母公司,是指有一个或一个以上子公司的企业(或主体)。
[2] 子公司,是指被母公司控制的企业。控制则是指有权决定一个企业的财务和经营政策,并能据以从该企业的经营活动中获取利益。

四、财务报表的编制要求

作为一种产品,必须符合一定的质量标准,才能让使用者安全、放心地使用。财务报表作为满足各方经济决策信息需求的产品,其编制应当符合以下要求。

(一)真实可靠——不能是假冒伪劣产品

所谓真实可靠,是指企业编制财务报表,应当根据真实的交易、事项以及完整、准确的账簿记录等资料,并按照企业会计准则规定的编制基础、编制依据、编制原则和方法编制。财务报表作为综合反映企业财务状况、经营成果、现金流量等方面信息的重要文件,关系到各有关方面决策的正确性,关系到整个国民经济的发展,甚至关系到企业、投资人、债权人的生死存亡。21世纪初国内外发生著名财务舞弊案件的公司,如美国的安然、世界通讯,日本的活力门,中国的银广夏、乐视网等,其结果导致公司破产或股东、债权人等损失惨重。因此,企业编制的财务报表首先应当是真实的、可靠的。《会计法》《公司法》和《证券法》等有关法律均规定,企业不得编制和对外提供虚假的或者隐瞒重要事实的财务报表,并规定企业负责人对本企业财务报表的真实性、完整性负责。

【例10-1】瑞幸咖啡财务造假案

2020年1月31日,知名做空机构浑水(Muddy Waters Research)调研公司声称,收到了一份长达89页的匿名做空报告,直指瑞幸咖啡财务数据造假。当时瑞幸咖啡予以否认。两个月后,2020年4月2日,瑞幸咖啡发布公告,承认虚假交易22亿元人民币,股价暴跌80%,盘中数次暂停交易。5月19日,瑞幸咖啡收到美国纳斯达克交易所通知,要求从纳斯达克退市。6月27日,瑞幸咖啡发表声明:于6月29日停牌并进行退市备案。2020年7月31日,财政部表示,自2019年4月起至2019年末,瑞幸咖啡公司通过虚构商品券业务增加交易额22.46亿元,虚增收入21.19亿元(占对外披露收入51.5亿元的41.16%),虚增成本费用12.11亿元,虚增利润9.08亿元。同日,证监会宣布,瑞幸咖啡财务造假调查处置工作取得了重要进展。调查显示,瑞幸咖啡境内运营主体及相关管理人员、相关第三方公司大规模虚构交易,虚增收入、成本、费用,虚假宣传等行为,违反了我国会计法、反不正当竞争法的相关规定。2020年9月18日,市场监管总局及上海、北京市场监管部门,对瑞幸咖啡(中国)有限公司、瑞幸咖啡(北京)有限公司等公司作出行政处罚决定。2021年4月,美股投资者在中国上海起诉瑞幸,法院正式立案,这是中国概念股份公司首例在中国境内被起诉。截至2021年4月29日,起诉的投资者有3个,有意向的则大概有20个。

(二)相关可比——具有使用价值,可以货比三家

所谓相关可比,是指企业财务报表所反映的综合会计信息必须是与有关方面进行经济决策有关的,并且按照会计准则的规定编制,从而便于投资人进行同一企业不同时期、不同企业同一时期之间会计信息的比较。编制财务报表的目的就是为各有关方面提供决策所需的信息,因此,财务报表所提供的信息必须和决策有关,有助于正确决策;同时,为使有关方面能够在众多决策方案中通过比较,选择出更加合理、更加科学的方案,必须使不同的企业以及同一企业不同期间提供的财务报表所反映的相同信息具有可比性。

【例10-2】 [00700.HK]腾讯控股财务报告中的主要财务数据如表10-1和表10-2所示。

表10-1　[00700.HK]腾讯控股资产负债表主要财务数据

金额单位：人民币亿元

项目	2020年12月31日	2019年12月31日	2018年12月31日
现金及现金等价物	1 527.98	1 329.91	978.14
应收账款及票据	449.81	358.39	284.27
不动产、厂房及设备	598.43	468.24	350.91
资产总额	13 300.00	9 539.86	7 235.21
负债总额	5 553.82	4 651.62	3 673.14
股东权益合计	7 780.43	4 888.24	3 562.07

表10-2　[00700.HK]腾讯控股利润表主要财务数据

金额单位：人民币亿元

项目	2020年	2019年	2018年
营业收入	4 820.64	3 772.89	3 126.94
销售成本	2 605.32	2 097.56	1 705.74
净利润	1 601.25	958.88	799.84

(资料来源：同花顺腾讯控股财报(部分数据)。)

从上述数据中，我们可以对该公司连续一段时间的经营情况进行比较、分析，为经济决策提供信息基础。

(三)全面完整——产品构成要件齐全

所谓全面完整，是指企业编制的财务报表应当全面反映报告日和报告期内企业的财务状况、经营成果、现金流量等方面的信息，不得遗漏。财务报表只有全面反映企业的财务状况、经营成果和现金流量，提供完整的会计信息资料，才能满足各方面对会计信息的需求。为了保证财务报表全面完整，企业在编制财务报表时，应当按照会计准则规定的格式和内容，根据登记完整、核对无误的会计账簿记录和其他有关资料编制，做到内容完整、数字真实、计算准确，不得漏报或者任意取舍。

(四)便于理解——操作简单，使用方便

所谓便于理解，是指财务报表提供的信息易于为财务报表使用者理解。财务报表是为有关方面进行经济决策提供信息，而这些会计信息的使用者不可能都是会计专业人士，因此，财务报表应当清晰易懂，易于理解。如果财务报表提供的信息晦涩难懂，不可理解，会计信息的使用者就无法作出可靠的判断，财务报表也就毫无作用。当然，财务报表的这一编制要求是建立在财务报表的使用者具有一定的阅读财务报表能力的基础之上的。

(五)编报及时——雨中送伞，雪中送炭

信息的特征是有时效性，财务报表只有及时编制和报送，才能有利于财务报表的使用者使用。否则，即使最真实、可靠、完整的财务报表，对其使用者而言，也没有价值。特

别是在市场经济条件下，市场需求瞬息万变，企业应当根据市场供求的变化情况，及时调整生产经营活动。如果不能及时得到有关信息资料，对市场的变化情况作出及时反映，企业在市场竞争中将处于被动的地位。因此，企业应当及时编制财务报表，并及时报送传递给有关方面。

为了保证财务报表的质量，做到真实可靠、相关可比、全面完整和编报及时，企业在编制财务报表之前，应当做好准备工作。编制财务报表前应当做的准备工作主要包括期末账项调整、财产清查、对账、结账等。

第二节　资产负债表

一、资产负债表的概念与理论依据

谈到福布斯富豪榜，我们首先想到的可能是这些全球富豪们拥有多少身家财产。与这些富翁相对应的是一个被"创造"出来的名词——"负翁"，是指那些月收入很高(有较好的现金流入)，有房有车(有可观的资产)，但是房子、汽车都是贷款买的(有较多的债务)，每月要拼命赚钱去偿还金额可观的按揭贷款的人。前面已经说过，当你要了解一个企业的经营情况时，第一个问题大概是：这个公司有多大？那么如何来了解和衡量一个公司的大小呢？就是看它拥有多少资产，是否欠有债务，欠多少债务，究竟是富翁还是"负翁"，盈利状况如何，资金是否充裕，等等。也就是说，要知道它的资产负债状况。

(一)资产负债表的概念

资产负债表是指反映企业在某一特定日期的财务状况的财务报表。即反映企业拥有多少资产，欠多少债务，有多少净资产的报表。

根据会计分期这一会计核算的基本前提，企业应当定期对外报告企业的财务状况，即按月份、季度、半年或全年报告。因此，这里的某一特定日期一般是指公历每月、每季、每半年的最后一天以及公历每年的12月31日。

(二)资产负债表编制的理论依据

资产负债表是以"资产=负债+所有者权益"这一会计等式为理论依据，按照一定的分类标准和一定的顺序，把企业一定日期的资产、负债和所有者权益予以适当排列，按照会计准则的规定编制而成的。它所提供的会计信息能够起到如下作用。

(1) 能够反映资产、负债和所有者权益的全貌，可以帮助财务报表使用者了解企业所拥有或控制的资源的总量，以及这些资源的分布与结构，帮助财务报表使用者分析企业的生产经营能力。

(2) 能够反映企业资金的来源构成，即债权人和投资人各自的权益及其结构，从而分析企业未来需要用多少资产或劳务清偿债务，了解投资者在企业资产中所享有的份额，帮助财务报表使用者分析企业的财务风险和权益保障程度。

(3) 通过资产负债的对比分析，可以了解企业的偿债能力(包括短期偿债能力和长期偿债能力)和支付能力，分析企业未来财务状况的变动趋势。

二、资产负债表的内容与结构

(一)资产负债表的内容

资产负债表的内容分为资产和权益两部分,其中权益部分包括负债和所有者权益。各部分的具体项目并不是随意排列的,按照企业会计准则的规定,各项目的分类标准和排列顺序如下。

(1) 资产分为流动资产和非流动资产,按照其流动性由强到弱分类列示。流动资产中的具体项目也按照流动性由强到弱依次排列;非流动资产中的各项目则按性质分类列示。

(2) 负债分为流动负债和非流动负债,按照其偿还期限由短到长分类列示,其中各项目按其性质分别列示。

(3) 所有者权益按照其永久性递减的顺序排列,各类顺序依次为实收资本(或者股本)、资本公积、盈余公积、未分配利润。

(二)资产负债表的结构

资产负债表的结构由表首和正表构成。其中,表首概括地说明报表名称、编制单位、编制日期、报表编号、货币名称等。正表是资产负债表的主体,列示说明企业财务状况的各个项目。

资产负债表的格式一般有账户式和报告式两种。

1. 账户式资产负债表

账户式资产负债表又称平衡式资产负债表。账户式资产负债表严格地将该表分为左右两方,左方列示资产项目,右方列示负债和所有者权益项目,从而使资产负债表左右两方的合计数保持平衡,即"资产=负债+所有者权益"。其格式如表 10-3 所示。

表 10-3 资产负债表(账户式) 会企 01 表

编制单位: 年 月 日 单位:

资 产	行次	期末余额	年初余额	负债及所有者权益	行次	期末余额	年初余额
流动资产:				流动负债:			
流动资产合计				流动负债合计			
非流动资产:				非流动负债:			
固定资产							
无形资产							
其他资产				非流动负债合计			
				负债合计			
				所有者权益:			
				所有者权益合计			
资产总计				负债与所有者权益总计			

2. 报告式资产负债表

报告式资产负债表是将资产负债表的项目自上而下排列，首先列示资产各项目的数额，然后列示负债各项目的数额，最后列示所有者权益各项目的数额，其格式如表 10-4 所示。

表 10-4　资产负债表(报告式)

资　产	金　额
流动资产	××××
持有至到期投资	××××
固定资产	××××
无形资产	××××
其他资产	××××
资产合计	××××
负债	
流动负债	××××
非流动负债	××××
负债合计	××××
所有者权益	
实收资本	××××
资本公积	××××
盈余公积	××××
未分配利润	××××
所有者权益合计	××××

按照会计准则的规定，我国企业的资产负债表采用账户式，格式如表 10-5 所示。

表 10-5　资产负债表　　　　　　　　　　　　　　　会企 01 表

编制单位：　　　　　　　　　　　____年___月___日　　　　　　　　　　　　单位：元

资　产	期末余额	年初余额	负债和所有者权益 (或股东权益)	期末余额	年初余额
流动资产：			流动负债：		
货币资金			短期借款		
交易性金融资产			交易性金融负债		
衍生金融资产			衍生金融负债		
应收票据			应付票据		
应收账款			应付账款		
应收款项融资			预收账款		
预付账款			合同负债		
其他应收款			应付职工薪酬		

续表

资　产	期末余额	年初余额	负债和所有者权益(或股东权益)	期末余额	年初余额
存货			应交税费		
合同资产			其他应付款		
持有待售资产			持有待售负债		
一年内到期的非流动资产			一年内到期的非流动负债		
其他流动资产			其他流动负债		
流动资产合计			流动负债合计		
非流动资产：			非流动负债：		
债权投资			长期借款		
其他债权投资			应付债券		
长期应收款			其中：优先股		
长期股权投资			永续债		
其他权益工具投资			租赁负债		
其他非流动金融资产			长期应付款		
投资性房地产			预计负债		
固定资产			递延收益		
在建工程			递延所得税负债		
生产性生物资产			其他非流动负债		
油气资产			非流动负债合计		
使用权资产			负债合计		
无形资产			所有者权益(或股东权益)：		
开发支出			实收资本(或股本)		
商誉			其他权益工具		
长期待摊费用			其中：优先股		
递延所得税资产			永续债		
其他非流动资产			资本公积		
非流动资产合计			减：库存股		
			其他综合收益		
			专项储备		
			盈余公积		
			未分配利润		
			所有者权益(或股东权益)合计		
资产总计			负债和所有者权益(或股东权益)总计		

三、资产负债表的编制方法

资产负债表各项目的有关数据应当按照本期总分类账户以及明细分类账户的期末余额直接填列、汇总填列、分析处理后填列。下面简要说明正表部分有关项目的填列方法。

1."年初余额"栏

"年初余额"栏内的数字，应根据上年末资产负债表"期末数"栏内所列数字填列。如果本年度资产负债表规定的各个项目的名称和内容同上年度不一致，应当对上年年末资产负债表各项目的名称和数字按照本年度的口径进行调整，按调整后的项目名称和金额，填入本表"年初余额"栏内。

财务报表的使用者可以通过年初余额和期末余额的比较，分析企业财务状况的变动情况。

2."期末余额"栏

"期末余额"栏内的数字，应根据资产、负债、所有者权益类科目的期末余额填列。

(1) 根据总账账户的期末余额直接填列。资产负债表的有些项目可以根据一个总账账户的期末余额直接填列。使用这种方法填列的项目主要包括："其他权益工具投资""递延所得税资产""长期待摊费用""短期借款""应付票据""持有待售负债""交易性金融负债""租赁负债""递延收益""递延所得税负债""实收资本(或股本)""其他权益工具""库存股""资本公积""其他综合收益""专项储备""盈余公积"等。

(2) 根据明细账户的期末余额分析计算填列。资产负债表有些项目需要根据有关总账账户所属明细账户的期末余额分析计算填列。使用这种方法填列的项目主要包括："开发支出""应付账款""预收账款""交易性金融资产""其他债权投资""应收款项融资""应付职工薪酬""应交税费""一年内到期的非流动资产""一年内到期的非流动负债""预计负债""未分配利润"等。

(3) 根据若干总账账户期末余额计算填列。资产负债表某些项目需要根据若干总账账户的期末余额计算填列。使用这种方法填列的项目主要包括："货币资金"和"其他应付款"。其中，"货币资金"项目根据"库存现金""银行存款""其他货币资金"三个总账科目余额的合计数填列；"其他应付款"项目根据"其他应付款""应付利息""应付股利"三个总账科目余额的合计数填列。

(4) 根据总账账户和明细账户期末余额分析计算填列。使用这种方法填列的项目主要包括："其他非流动资产""长期借款""应付债券""其他非流动负债"等。

(5) 根据有关账户余额减去其备抵账户余额后的净额填列。使用这种方法填列的项目主要包括："持有待售资产""长期股权投资""投资性房地产""固定资产""在建工程""生产性生物资产""油气资产""无形资产""商誉""长期应收款""使用权资产""长期应付款"等。

(6) 综合运用上述方法分析填列。使用这种方法填列的项目主要包括："应收票据""应收账款""预付账款""其他应收款""债权投资""合同资产""合同负债""存货""其他非流动资产"等。

四、资产负债表的编制举例

【例 10-3】W 公司为增值税一般纳税人,增值税税率为 13%,所得税税率为 25%。原材料按实际成本进行日常核算。某年 12 月 1 日总分类账户余额资料如表 10-6 所示。

表 10-6　科目余额表

单位:元

科目名称	借方余额	科目名称	贷方余额
库存现金	1 000	短期借款	600 000
银行存款	890 500	应付账款	78 000
应收账款	268 000	应付职工薪酬	43 500
预付账款	50 000	应交税费	0
原材料	40 000	应付利息	27 600
库存商品	232 110	应付股利	0
生产成本	68 000	长期借款	400 000
固定资产	540 000	实收资本	1 000 000
累计折旧	−25 510	盈余公积	48 000
无形资产	600 000	本年利润	480 000
累计摊销	−35 000	利润分配	−48 000
合　　计	2 629 100	合　　计	2 629 100

W 公司当年 12 月份发生的经济业务见第 5 章例 5-15 至例 5-22,例 5-27 至例 5-62。根据这些业务计算 W 公司各账户 12 月份的本期发生额和期末余额如表 10-7 所示。

表 10-7　各账户本期发生额与期末余额表

单位:元

账户名称	本期发生额		期末余额	
	借　方	贷　方	借　方	贷　方
库存现金	0.00	960.00	40.00	
银行存款	738 400.00	465 553.07	1 163 346.93	
应收账款	316 925.00	123 975.00	460 950.00	
预付账款	40 400.00	90 400.00	0.00	
原材料	212 700.00	228 500.00	24 200.00	
在途物资	51 100.00	51 100.00	0.00	
库存商品	316 680.00	386 850.00	161 940.00	
生产成本	321 140.00	316 680.00	72 460.00	
制造费用	19 980.00	19 980.00	0.00	
固定资产			540 000.00	

续表

账户名称	本期发生额		期末余额	
	借方	贷方	借方	贷方
累计折旧		5 500.00	-31 010.00	
无形资产			600 000.00	
累计摊销		5 000.00	-40 000.00	
短期借款				600 000.00
应付账款	91 054.00	91 054.00		78 000.00
预收账款	218 655.00	218 655.00		0.00
应付职工薪酬	75 000.00	100 500.00		69 000.00
应交税费	27 577.00	167 526.43		139 949.43
应付利息	9 600.00	3 000.00		21 000.00
应付股利	70 276.07	70 276.07		0.00
长期借款				400 000.00
实收资本				1 000 000.00
盈余公积		70 276.07		118 276.07
本年利润	1 325 000.00	845 000.00		
利润分配	281 104.28	854 805.71		525 701.43
主营业务收入	645 000.00	645 000.00		
主营业务成本	386 850.00	386 850.00		
税金及附加	5 591.90	5 591.90		
销售费用	10 500.00	10 500.00		
管理费用	24 320.00	24 320.00		
财务费用	5 400.00	5 400.00		
其他收益	200 000.00	200 000.00		
营业外支出	100 000.00	100 000.00		
所得税费用	78 084.53	78 084.53		
合计	5 571 337.78	5 571 337.78	2 951 926.93	2 951 926.93

根据上述资料编制W公司本年12月31日的资产负债表如表10-8所示。

表10-8 资产负债表　　　　　　　　　　　会企01表

编制单位：W公司　　　　　20××年12月31日　　　　　　单位：元

资产	期末余额	年初余额	负债和所有者权益（或股东权益）	期末余额	年初余额
流动资产：			流动负债：		
货币资金	1 163 386.93		短期借款	600 000.00	
交易性金融资产			交易性金融负债		
衍生金融资产			衍生金融负债		

续表

资　产	期末余额	年初余额	负债和所有者权益(或股东权益)	期末余额	年初余额
应收票据			应付票据		
应收账款	460 950.00		应付账款	78 000.00	
应收款项融资			预收账款	0.00	
预付账款	0.00		合同负债		
其他应收款			应付职工薪酬	69 000.00	
流动资产合计	1 882 936.93		流动负债合计	907 949.43	
非流动资产：			非流动负债：		
债权投资			长期借款	400 000.00	
其他债权投资			应付债券		
长期应收款			其中：优先股		
长期股权投资			永续债		
其他权益工具投资			租赁负债		
其他非流动金融资产			长期应付款		
投资性房地产			预计负债		
固定资产	508 990.00		递延收益		
在建工程			递延所得税负债		
生产性生物资产			其他非流动负债		
油气资产			非流动负债合计	400 000.00	
使用权资产			负债合计	1 307 949.43	
无形资产	560 000.00		所有者权益(或股东权益)：		
开发支出			实收资本(或股本)	1 000 000.00	
商誉			其他权益工具		
长期待摊费用			其中：优先股		
递延所得税资产			永续债		
其他非流动资产			资本公积		
非流动资产合计	1 068 990.00		减：库存股		
			其他综合收益		
			专项储备		
			盈余公积	118 276.07	
			未分配利润	525 701.43	
			所有者权益(或股东权益)合计	1 643 977.50	
资产总计	2 951 926.93		负债和所有者权益(或股东权益)总计	2 951 926.93	

其中：
货币资金=库存现金账户余额+银行存款账户余额
存货=原材料账户余额+库存商品账户余额+生产成本账户余额
其他应付款=应付股利账户余额+应付利息账户余额

第三节 利 润 表

一、利润表的概念与理论依据

无论是投资人还是债权人、经营者，在市场经济中追求的都是利润，大家最关心的都是赚了没有，赚了多少。利润表就是指反映企业在一定会计期间的经营成果的财务报表。这里的一定期间包括一个月、一个季度、半年和一年等。由于利润是企业经营业绩的综合体现，也是企业分配利润的主要依据，因此，利润表是企业财务报表中的主表之一。

利润表是以"收入-费用=利润"为理论依据，按照收入的性质和费用的功能、营业内与营业外分类，顺序排列，将企业在一定时期内所有的收入和利得与所有的费用与损失进行比较，按照企业会计准则的规定编制而成，据以计算该期间的净利润(或净亏损)。利润表所提供的会计信息能够起到如下作用。

(1) 能够反映企业生产经营的收益和成本耗费情况，表明企业的生产经营成果。

(2) 能够提供企业不同时期的比较数字，可以帮助财务报表使用者分析企业未来的利润发展趋势和获利能力，了解投资人投入资本的完整性。

(3) 能够帮助财务报表使用者分析企业利润增减变动的原因，有助于发现企业经营管理中存在的漏洞和弊端。

二、利润表的内容与结构

利润表的结构一般包括表首、正表两部分。其中，表首概括地说明报表名称、编制单位、编制日期、报表编号、货币名称、计量单位等。正表是利润表的主体，反映形成经营成果的各个项目和计算过程。

正表一般有单步式和多步式两种格式。

(一)单步式利润表

单步式利润表又有账户式和报告式两种格式。账户式利润表采用左右对照的结构，把表格分为左右两部分，左边反映各种收入项目，右边反映各种费用项目，两者相抵的差额，即为本期实现的净利润(或净亏损)，其格式如表10-9所示。

报告式利润表，是将利润表的项目自上而下排列，首先列示收入各项目的数额，然后列示费用各项目的数额，最后列示二者的差额即净利润(或净亏损)，其格式如表10-10所示。

表 10-9　利润表(账户式)

项　目	上年实际数	本年累计数	项　目	上年实际数	本年累计数
主营业务收入			主营业务成本		
其他业务收入			其他业务成本		
公允价值变动收益			税金及附加		
投资收益			销售费用		
其他收益			管理费用		
营业外收入			财务费用		
			资产减值损失		
			营业外支出		
			所得税费用		
合计			合计		
净利润					

表 10-10　利润表(报告式)

项　目	上年实际数	本年实际数
收入：		
主营业务收入		
其他业务收入		
公允价值变动收益		
投资收益		
其他收益		
营业外收入		
收入与利得合计		
费用：		
主营业务成本		
其他业务成本		
税金及附加		
销售费用		
管理费用		
财务费用		
资产减值损失		
营业外支出		
所得税费用		
费用与损失合计		
净利润		

从上述两个表的格式中,我们可以看到,无论是账户式还是报告式,单步式利润表中

利润的形成都是一步完成的,其计算过程都可以用如下公式表示:

$$收入与利得合计数-费用与损失合计数=净利润$$

单步式利润表的优点是比较直观、简单,易于编制。但它不能揭示利润各构成要素之间的内在联系,不便于财务报表使用者对企业进行盈利预测及分析,也不便于同行业之间财务报表的比较评价。因此,单步式利润表主要适用于那些业务比较简单的行业。

(二)多步式利润表

多步式利润表通常采用上加下减的报告式结构。在该表中,净利润不是利用收入合计数减去费用合计数一步计算完成的,而是将其分解为若干个计算步骤,分步计算确定的。由于不同行业的生产经营特点不同,各行业之间这种步骤的划分也不完全一致。通常是将净利润的计算分解为营业利润、利润总额和净利润三个步骤来进行。各步骤的计算过程如下。

  营业收入
  减:营业成本
    税金及附加
    销售费用
    管理费用
    财务费用
    资产减值损失
  加:公允价值变动收益(损失以"-"号填列)
    投资收益(损失以"-"号填列)
    其他收益
  ―――――――――――――――
  营业利润(亏损以"-"号填列)
  加:营业外收入
  减:营业外支出
  ―――――――――――――――
  利润总额(亏损总额以"-"号填列)
  减:所得税费用
  ―――――――――――――――
  净利润(净亏损以"-"号填列)

多步式利润表基本上弥补了单步式利润表的缺陷,它能清晰地反映企业利润的形成过程,准确揭示利润各构成要素之间的内在联系,便于财务报表使用者进行预测与分析,评价企业的获利能力。我国企业即采用多步式利润表,其格式如表10-11所示。

表 10-11 利润表

会企 01 表

编制单位：　　　　　　　　　　　　年　　月　　　　　　　　　　　　单位：元

项　目	本期金额	上期金额
一、营业收入		
减：营业成本		
税金及附加		
销售费用		
管理费用		
研发费用		
财务费用		
其中：利息费用		
利息收入		
加：其他收益		
投资收益(损失以"-"号填列)		
其中：对联营企业和合营企业的投资收益		
以摊余成本计量的金融资产终止确认收益(损失以"-"号填列)		
净敞口到期收益(损失以"-"号填列)		
公允价值变动收益(损失以"-"号填列)		
信用减值损失		
资产减值损失		
资产处置收益(损失以"-"号填列)		
二、营业利润(亏损以"-"号填列)		
加：营业外收入		
减：营业外支出		
三、利润总额(亏损总额以"-"号填列)		
减：所得税费用		
四、净利润(净亏损以"-"号填列)		
(一)持续经营净利润(净亏损以"-"号填列)		
(二)终止经营净利润(净亏损以"-"号填列)		
五、其他综合收益的税后净额		
(一)不能重分类进损益的其他综合收益		
1.重新计量设定受益计划变动额		
2.权益法下不能转损益的其他综合收益		
3.其他权益工具投资公允价值变动		
4.企业自身信用风险公允价值变动		
……		

续表

项 目	本期金额	上期金额
(二)将重分类进损益的其他综合收益		
1.权益法下可转损益的其他综合收益		
2.其他债权投资公允价值变动		
3.金融资产重分类计入其他综合收益的金额		
4.其他债权投资信用减值准备		
5.现金流量套期储备		
6.外币财务报表折算差额		
……		
六、综合收益总额		
七、每股收益		
(一)基本每股收益		
(二)稀释每股收益		

三、利润表的编制方法

为了便于财务报表使用者分析预测企业的利润变动趋势，了解企业的获利能力，利润表中设置了"本期金额"和"上期金额"两个栏目。"本期金额"栏反映各项目的本期(月、季、年等)实际发生数。在编制中期和年度利润表时，"上期金额"栏应改为"上年数"，填列上年中期或全年累计实际发生数。如果上年度利润表的项目名称和内容与本年度利润表不一致，应对上年度报表项目的名称和数字按本年度的规定进行调整，按调整后的项目名称和金额填入本表"上期金额"栏相应项目。

利润表"本期金额"栏是根据损益类账户的本期发生额或净额以及所有者权益类有关账户的发生额填列的。其中，收入和利得类项目根据该账户的贷方发生额(净额)填列，费用和损失类项目根据该账户的借方发生额(净额)填列。其具体编制方法如下：

(1) 根据有关损益类总账账户的本期发生额或净额分析填列。采用这种方法填列的项目有："税金及附加""销售费用""管理费用""财务费用""其他收益""投资收益""净敞口套期收益""公允价值变动收益""信用减值损失""资产减值损失""资产处置收益""营业外收入""营业外支出""所得税费用"等。

(2) 根据有关损益类账户的本期发生额或净额相加后的和填列。采用这种方法填列的项目有："营业收入"和"营业成本"。

(3) 根据有关损益类账户的明细账户本期发生额(净额)填列。采用这种方法填列的项目有："研发费用""其中：利息费用"和"利息收入""其中：对联营企业和合营企业的投资收益"和"以摊余成本计量的金融资产终止确认收益"。"研发费用"项目应根据"管理费用"科目下的"研发费用"明细科目和"无形资产摊销"明细科目的发生额分析填列；"其中：利息费用"和"利息收入"项目，应根据"财务费用"科目所属的相关明细科目的发生额分析填列；"其中：对联营企业和合营企业的投资收益"和"以摊余成本计量的金融资产终止确认收益"项目，应根据"投资收益"科目所属的相关明细科目的发生额分析填列。

(4) 根据有关损益类总账账户的本期发生额及其所属明细账户本期发生额分析填列。采用这种方法填列的项目有:"其他综合收益的税后净额"。

(5) 根据利润表中的有关项目金额计算填列。采用这种方法填列的项目有:"营业利润""利润总额""净利润""综合收益总额"。

(6) "(一)持续经营净利润"和"(二)终止经营净利润"项目,应根据《企业会计准则第42号——持有待售的非流动资产、处置组和终止交易》的相关规定进行填列。本教材不予介绍。

(7) 根据有关利润表和资产负债表有关项目的数据计算填列。采用这种方法填列的项目有:"基本每股收益""稀释每股收益"。这两个指标可以向资本市场广大投资者反映上市公司每一股普通股所创造的收益水平,是反映投资价值的重要指标,是投资者进行投资决策时最直观、最重要的参考指标,因此备受投资者关注。每股收益应按照《企业会计准则第34号——每股收益》的规定计算确定,本教材不予介绍。

四、利润表的编制举例

【例10-4】根据例10-4的资料,编制W公司12月份的利润表,如表10-12所示。

表10-12 利润表

编制单位: 　　　　　　　　　　20××年12月　　　　　　　　　　单位:元

项　目	本期金额	上期金额
一、营业收入	645 000.00	
减:营业成本	386 850.00	
税金及附加	5 591.90	
销售费用	10 500.00	
管理费用	24 320.00	
研发费用		
财务费用	5 400.00	
其中:利息费用	5 400.00	
利息收入		
加:其他收益	200 000.00	
投资收益(损失以"-"号填列)		
其中:对联营企业和合营企业的投资收益		
以摊余成本计量的金融资产终止确认收益(损失以"-"号填列)		
净敞口到期收益(损失以"-"号填列)		
公允价值变动收益(损失以"-"号填列)		
信用减值损失		
资产减值损失		
资产处置收益(损失以"-"号填列)		

续表

项 目	本期金额	上期金额
二、营业利润(亏损以"-"号填列)	412 338.10	
加：营业外收入		
减：营业外支出	100 000.00	
三、利润总额(亏损总额以"-"号填列)	312 338.10	
减：所得税费用	78 084.53	
四、净利润(净亏损以"-"号填列)	234 253.57	
(一)持续经营净利润(净亏损以"-"号填列)		
(二)终止经营净利润(净亏损以"-"号填列)		
五、其他综合收益的税后净额		
(一)不能重分类进损益的其他综合收益		
1.重新计量设定受益计划变动额		
2.权益法下不能转损益的其他综合收益		
3.其他权益工具投资公允价值变动		
4.企业自身信用风险公允价值变动		
……		
(二)将重分类进损益的其他综合收益		
1.权益法下可转损益的其他综合收益		
2.其他债权投资公允价值变动		
3.金融资产重分类计入其他综合收益的金额		
4.其他债权投资信用减值准备		
5.现金流量套期储备		
6.外币财务报表折算差额		
……		
六、综合收益总额		
七、每股收益		
(一)基本每股收益		
(二)稀释每股收益		

第四节 现金流量表

一、现金流量表的作用

现金流量表是指反映企业在一定会计期间的现金和现金等价物流入和流出的财务报表。

现金流量表告诉我们企业在一定会计期间内现金(含现金等价物)的来源和去向，反映企业获取现金的能力。其中，现金是指企业库存现金以及可以随时用于支付的存款；现金等价物是指企业持有的期限短、流动性强、易于转换为已知金额现金、价值变动风险很小的投资。

现金(含现金等价物，下同)流量表具有以下作用。

(1) 通过现金流量表提供的企业现金流量信息，可以弥补权责发生制的不足，有助于财务报表使用者对企业的整体财务状况作出客观评价。评价一个企业的获利能力，预测其发展前景，仅仅依靠资产负债表和利润表是不够的。由于资产负债表和利润表都是权责发生制的核算结果，企业利润表中所反映的利润并不与企业当期获取的现金对应，即企业当期获得了 1 000 万元的利润，并不等于企业当期增加了 1 000 万元的现金，有 1 000 万元的现金可供使用。在市场经济条件下，竞争异常激烈，如果企业的利润仅仅是账面上的"利润"，而实际并无现金可供周转，长此以往，企业必然陷入困境，甚至可能因无法偿还到期债务而濒临破产的境地。

(2) 通过现金流量表，可以了解企业当前的财务状况，预测企业未来的发展情况。现金流量表将引起企业现金流入、流出的经济活动分为三类，即经营活动产生的现金流量、投资活动产生的现金流量和筹资活动产生的现金流量。根据报表中现金流量的构成，可以判断企业现金流量结构是否合理，现金流量是否有重大波动，从而深入分析和评价企业的财务状况，并根据企业现阶段发生的重大经营活动，预测其未来的发展情况。

二、现金流量表的内容与格式

(一)现金流量表的内容

现金流量表包括正表和附注两部分。

1. 正表

现金流量表正表应当将经营活动、投资活动和筹资活动现金流量分别列报。经营活动，是指企业投资活动和筹资活动以外的所有交易和事项；投资活动，是指企业长期资产的购建和不包括在现金等价物范围内的投资及其处置活动；筹资活动，是指导致企业资本及债务规模和构成发生变化的活动。各项活动产生的现金流量具体内容详见报表格式。

2. 现金流量表附注

现金流量表附注包括以下内容。

(1) 将净利润调节为经营活动现金流量的信息。

(2) 当期取得或处置子公司及其他营业单位的有关信息。

(3) 不涉及当期现金收支，但影响企业财务状况或在未来可能影响企业现金流量的重大投资和筹资活动。

(4) 现金和现金等价物的构成及其在资产负债表中的相应金额，以及企业持有但不能由母公司或集团内其他子公司使用的大额现金和现金等价物金额。

(二)现金流量表的格式

企业会计准则将现金流量表的格式分为一般企业、商业银行、保险公司、证券公司等企业类型进行了规定。政策性银行、信托投资公司、租赁公司、财务公司、典当公司应当执行商业银行现金流量表格式规定;担保公司应当执行保险公司现金流量表格式规定;资产管理公司、基金公司、期货公司应当执行证券公司现金流量表格式规定。上述公司如有特别需要,可以结合本企业的实际情况,进行必要的调整和补充。企业应当根据其经营活动的性质,确定本企业适用的现金流表格式。

一般企业的现金流量表格式如表10-13所示。

表10-13 现金流量表　　　　　　　　　　　　会企03表

编制单位：　　　　　　　　　年　　月　　　　　　　　　　　　单位：元

项　目	本期金额	上期金额
一、经营活动产生的现金流量：		
销售商品、提供劳务收到的现金		
收到的税费返还		
收到的其他与经营活动有关的现金		
经营活动现金流入小计		
购买商品、接受劳务支付的现金		
支付给职工以及为职工支付的现金		
支付的各项税费		
支付的其他与经营活动有关的现金		
经营活动现金流出小计		
经营活动产生的现金流量净额		
二、投资活动产生的现金流量：		
收回投资收到的现金		
取得投资收益收到的现金		
处置固定资产、无形资产和其他长期资产收回的现金净额		
处置子公司及其他营业单位收到的现金净额		
收到的其他与投资活动有关的现金		
投资活动现金流入小计		
购建固定资产、无形资产和其他长期资产支付的现金		
投资支付的现金		
取得子公司及其他营业单位支付的现金净额		
支付的其他与投资活动有关的现金		
投资活动现金流出小计		
投资活动产生的现金流量净额		
三、筹资活动产生的现金流量：		
吸收投资收到的现金		
取得借款收到的现金		
收到的其他与筹资活动有关的现金		
筹资活动现金流入小计		

续表

项 目	本期金额	上期金额
偿还债务支付的现金		
分配股利、利润或偿付利息支付的现金		
支付的其他与筹资活动有关的现金		
筹资活动现金流出小计		
筹资活动产生的现金流量净额		
四、汇率变动对现金及现金等价物的影响		
五、现金及现金等价物净增加额		
加：期初现金及现金等价物余额		
六、期末现金及现金等价物余额		

三、现金流量表的编制方法

经营活动是企业现金流量的主要渠道，经营活动产生的现金流量是现金流量表的重要组成部分。经营活动产生的现金流量的编制方法分为直接法和间接法两种。有关经营活动现金流量的信息，可以通过企业的会计记录或者根据有关项目对利润表中的营业收入、营业成本以及其他项目进行调整获得。

直接法，是指通过现金收入和现金支出的主要类别列示经营活动的现金流量。通常根据企业的会计记录获取有关信息。间接法则是通过对净利润的调整来确定经营活动现金流量。在现金流量表附注中披露将净利润调节为经营活动现金流量的信息时，采用间接法。

关于现金流量表的具体编制方法及现金流量表附注的内容将在《财务会计》或《中级会计实务》中详细介绍，本教材不再介绍。

第五节　所有者权益变动表

一、所有者权益变动表的定义与作用

(一)所有者权益变动表的定义

所有者权益变动表是反映构成所有者权益的各个组成部分当期的增减变动情况的报表。

所有者权益变动表应当全面反映企业一定时期所有者权益变动的情况，包括以下三个部分。

(1) 所有者权益总量的增减变动。
(2) 综合收益。
(3) 与所有者(或股东，下同)的资本交易导致的所有者权益的变动。

(二)所有者权益变动表的作用

所有者权益变动表的作用在于以下几方面。

(1) 有助于财务报表使用者了解所有者权益的变动情况。所有者权益变动表全面反映了一定时期所有者权益总量的增减变动情况。

(2) 有助于财务报表使用者准确理解所有者权益增减变动的根源。所有者权益变动表既包括所有者权益总量的增减变动，也包括所有者权益的结构性增减变动。在所有者权益变动表中，综合收益和与所有者(或股东)的资本交易导致的所有者权益的变动分两个部分单独列项目，反映了所有者权益增减变动的重要结构性信息，使财务报表使用者能够直观、准确地理解导致所有者权益增减变动的因素有哪些。

综合收益，是指企业在某一期间与所有者之外的其他方面进行交易或发生其他事项所引起的净资产变动。

二、所有者权益变动表的内容

所有者权益变动表至少应当单独列示反映下列信息的项目。
(1) 综合收益总额。
(2) 会计政策变更和前期差错更正的累积影响金额。
(3) 所有者投入资本和向所有者分配利润等。
(4) 提取的盈余公积。
(5) 所有者权益各组成部分的期初和期末余额及其调节情况。

所有者权益变动表的具体格式如表 10-14 所示。

三、所有者权益变动表的编制方法

1. "上年金额"栏

根据各项目上年度所有者权益变动表"本年金额"栏内所列各项数字填列。如果本年度所有者权益变动表规定的各个项目的名称和内容同上年度不一致，应对上年度所有者权益变动表各项目的名称和数字按照本年度的规定进行调整，填入本表"上年金额"栏内。

2. "本年金额"栏

根据"实收资本(或股本)""其他权益工具""资本公积""盈余公积""专项储备""其他综合收益""利润分配""库存股""以前年度损益调整"等有关科目及其明细科目的发生额分析填列。

表 10-14 所有者权益(股东权益)变动表

编制单位：   年度   会企 04 表
                                                                                  单位：元

项目	本年金额										上年金额									
	实收资本(或股本)	其他权益工具			资本公积	减：库存股	其他综合收益	专项储备	盈余公积	未分配利润	所有者权益合计	实收资本(或股本)	其他权益工具			资本公积	减：库存股	其他综合收益	专项储备	盈余公积	未分配利润	所有者权益合计
		优先股	永续债	其他									优先股	永续债	其他							
一、上年年末余额																						
加：会计政策变更																						
前期差错更正																						
其他																						
二、本年年初余额																						
三、本年增减变动金额(减少以"-"号填列)																						
(一)综合收益总额																						
(二)所有者投入和减少资本																						
1. 所有者投入资本																						
2. 其他权益工具持有者投入资本																						
3. 股份支付计入所有者权益的金额																						
4. 其他																						

续表

项目	本年金额										上年金额									
	实收资本(或股本)	其他权益工具			资本公积	减:库存股	其他综合收益	专项储备	盈余公积	未分配利润	所有者权益合计	实收资本(或股本)	其他权益工具			资本公积	减:库存股	其他综合收益	专项储备	盈余公积	未分配利润	所有者权益合计
		优先股	永续债	其他									优先股	永续债	其他							
(三)利润分配																						
1. 提取盈余公积																						
2. 对所有者(或股东)的分配																						
3. 其他																						
(四)所有者权益内部结转																						
1. 资本公积转增资本(或股本)																						
2. 盈余公积转增资本(或股本)																						
3. 盈余公积弥补亏损																						
4. 设定受益计划变动额结转留存收益																						
5. 其他综合收益结转留存收益																						
6. 其他																						
四、本年年末余额																						

第六节　附　　注

一、附注的概念与作用

1. 附注的概念

附注是对在资产负债表、利润表、现金流量表和所有者权益变动表等报表中列示项目的文字描述或明细资料，以及对未能在这些报表中列示项目的说明等。

2. 附注的作用——财务报表的解释和补充

附注是便于财务报表使用者理解财务报表的内容而对财务报表的编制基础、编制依据、编制原则和方法及主要项目等所作的解释、说明和补充。由于报表采用的是表格形式，具有一定的固定性和规定性，只能提供有限的会计信息，并且所提供的有限信息还要受到公认会计原则的限制，所以报表所提供的会计信息具有一定的局限性。为便于财务报表使用者理解财务报表的内容，掌握更为丰富的会计信息，需要对报表的编制基础、编制依据、重要项目等作一些必要的解释。附注就是对报表所不能包括的内容或者披露不详尽的内容所作的进一步解释和说明，是报表的必要补充。

二、附注的主要内容

附注应当披露财务报表的编制基础，其所披露的其他相关信息应当与资产负债表、利润表、现金流量表和所有者权益变动表等报表中列示的项目相互参照，并且应当按顺序至少披露以下内容。

1. 企业的基本情况

(1) 企业注册地、组织形式和总部地址。
(2) 企业的业务性质和主要经营活动。
(3) 母公司以及集团最终母公司的名称。
(4) 财务报告的批准报出者和批准报出日，或者以签字人及其签字日期为准。
(5) 营业期限有限的企业，还应当披露有关其营业期限的信息。

2. 财务报表的编制基础

在第一章里，我们已经了解到，会计核算是建立在会计主体、持续经营、会计分期、货币计量四个基本假设基础上的。如果企业编制的财务报表不是建立在上述四个基本会计假设基础上的，则为了避免财务报表使用者在阅读财务报表时产生误解，必须对此进行说明和披露，并说明不符合会计基本假设的理由。例如，一般情况下，编制财务报表是以会计主体持续经营为前提的，如果企业已经宣告破产，则持续经营前提已不存在，此时企业编制的财务报表不符合基本会计假设，企业必须在附注中对此予以说明。

3. 遵循企业会计准则的声明

会计准则的声明主要说明财务报表的编制是否遵循了会计准则的规定。企业应当声明编制的财务报表符合企业会计准则的要求，真实、公允地反映了企业的财务状况、经营成果和现金流量等有关信息。如果企业编制的财务报表只是部分地遵循了企业会计准则，则在附注中不得作出这种表述。

4. 重要会计政策和会计估计

企业应当披露采用的重要会计政策和会计估计，包括财务报表项目的计量基础和会计政策的确定依据，下一会计期间内很可能导致资产、负债账面价值重大调整的会计估计的确定依据等。

5. 会计政策和会计估计变更以及差错更正的说明

企业应当按照《企业会计准则第 28 号——会计政策、会计估计变更和差错更正》及其应用指南的规定，披露会计政策和会计估计变更以及差错更正的有关情况。

6. 报表重要项目的说明

对已在资产负债表、利润表、现金流量表和所有者权益变动表中列示的重要项目的进一步说明，包括终止经营税后利润的金额及其构成情况等。

7. 其他需要说明的重要事项

其他需要说明的重要事项包括或有和承诺事项、资产负债表日后非调整事项、关联方关系及其交易等[①]。

企业还应当在附注中披露在资产负债表日后、财务报告批准报出日前提议或宣布发放的股利总额和每股股利金额(或向投资者分配的利润总额)。

8. 有助于财务报表使用者评价企业管理资本的目标、政策及程序的信息

此外，企业如有终止经营，还应当在附注中披露有关终止经营的信息。

本 章 小 结

本章主要阐述了财务报表的构成和编制。财务报表包括资产负债表、利润表、现金流量表、所有者权益变动表等；附注是对在资产负债表、利润表、现金流量表和所有者权益变动表中列示项目的文字描述或明细资料，以及对未能在这些报表中列示项目的说明等。

资产负债表是反映企业在某一特定日期财务状况的报表。它根据"资产=负债+所有者权益"这一基本公式，依照一定的分类标准和一定的次序，把企业在某一特定日期的资产、负债和所有者权益项目予以适当排列编制而成。其编制方法可归纳为：①根据总账的

[①] 限于篇幅，关于会计政策、会计估计、或有和承诺事项、资产负债表日后非调整事项、关联方关系及其交易等内容将在《财务会计》或《中级会计实务》中学习，这里不作介绍。

期末余额直接填列；②根据明细账户的期末余额分析计算填列；③根据若干总账账户期末余额计算填列；④根据总账账户和明细账户期末余额分析计算填列；⑤根据有关账户余额减去其备抵账户余额后的净额填列；⑥综合运用上述方法分析填列。

利润表是反映企业在一定会计期间的经营成果的会计报表。它根据"收入-费用=利润"这一平衡公式，依照一定的标准和次序，把企业一定时期内的收入、费用和利润项目予以适当排列编制而成。其编制方法可归纳为：①根据有关损益类账户(或其明细账户)的发生额或净额分析填列；②根据报表项目之间的关系计算填列；③根据有关利润表和资产负债表有关项目的数据计算填列等。

现金流量表是指反映企业在一定会计期间的现金和现金等价物流入和流出的财务报表。现金流量表包括正表和附注两部分。现金流量表一般根据企业的经营活动所产生的现金流编制。

所有者权益变动表是反映构成所有者权益的各个组成部分当期的增减变动情况的报表。所有者权益变动表在一定程度上体现了企业的综合收益，有助于财务报表使用者准确理解所有者权益增减变动的根源。

附注是便于财务报表使用者理解财务报表的内容而对财务报表的编制基础、编制依据、编制原则和方法及主要项目等报表所不能包括的内容或者披露不详尽的内容所作的进一步解释和说明，是报表的必要补充。

思 考 题

1. 什么是财务报表？为什么需要编制财务报表？
2. 为什么资产负债表中的各个项目要按照流动性由强到弱进行排列？
3. 资产负债表有什么用途？
4. 利润表中为什么要将营业收入和营业外收入分别列示？如果你想投资一家公司，在考察其收入状况时，你会关注哪个项目？为什么？
5. 盈利=赚钱，这个等式成立吗？为什么？
6. 为什么要编制现金流量表？
7. 请到上海证券交易所或深圳证券交易所网站去查询几个上市公司连续三年的财务报表，说说你从中看出了什么。

 微课资源

自测题

第十一章 账务处理程序

会计信息是通过一系列会计核算方法和程序加工处理后所形成的"信息产品",在这个过程中,一个非常重要的问题是会计信息的传输和处理应该选择什么样的路径才能够起到既节约时间和费用,又能够保证会计信息质量的效果。这就是本章所涉及的账务处理程序问题。

知识要点

1. 账务处理程序的基本概念、种类。
2. 各种账务处理程序的特点、优点和缺点以及适用范围。(重点)

第一节 账务处理程序概述

账务处理程序也称为会计核算组织程序、会计核算形式,是指对会计数据的记录、归类、汇总、陈报的步骤和方法,即从整理、汇总原始凭证,填制记账凭证,登记各种账簿,直到编制会计报表整个工作过程中的步骤和方法。

一、账务处理程序的意义

会计凭证、会计账簿和会计报表都是用以核算和监督企业经济活动,并为企业内部经济管理提供核算资料,对外提供会计信息的主要载体。在会计核算中,会计凭证、会计账簿和会计报表是相互联系、相互影响的。

会计凭证是核算和监督企业各项经济业务的依据,同时也是登记账簿的依据。因此,日常的经营管理和登记账簿的要求,决定了会计凭证的种类、格式和内容,同时,会计凭证的种类、格式和内容对账簿的种类、格式和记录的内容也有一定的影响。

会计账簿既是企业核算和监督日常经济活动的根据,同时也是编制会计报表的根据。因此,日常的经营管理和编制会计报表不同的要求,决定了企业应设置的账簿的种类、格式和记账的内容也各不相同。

会计报表是为本单位、上级主管部门、财税部门、投资者以及债权人等信息使用者提供会计信息的载体,因此这些报表使用者各自的管理要求和决策需要决定了会计报表的种类、项目、格式和编报日期等。

可见,会计凭证、会计账簿和会计报表的种类、格式和内容,取决于企业的日常经营管理要求,同时它们之间也存在依存关系,各种会计凭证之间、各种账簿之间和各种会计报表之间是相互联系的,应相互配合起来共同作用于企业的经济活动。

因此,为了充分发挥会计的职能,完成会计的任务,能正确、及时、全面、系统地提供各单位内部经济管理所必需的各种核算资料,满足企业内部和外部报表使用者对会计信息的不同要求，更有效地监督经济活动，各单位都应依据会计法，根据会计准则和行业会计制度的要求，结合本单位的具体情况，采用适当的账务处理程序。合理的账务处理程序，对于科学组织会计核算工作具有重要的意义。

(1) 可以保证会计数据在整个处理过程中的各个环节有条不紊地进行传递，保证会计记录的正确、及时、完整，并迅速编制会计报表，从而提高会计核算工作的效率。

(2) 可以保证便捷而迅速地提供会计信息，保证为报表使用者及时提供全面、准确、有用的财务信息，从而提高会计核算工作的质量。

(3) 可以减少不必要的核算环节和手续，避免烦琐重复，节约人力、物力，从而提高会计核算工作的效益。

(4) 有利于会计核算工作的合理分工与协作，明确责任，加强岗位责任制，有利于充分发挥会计的监督职能。

二、设计账务处理程序的要求

合理、科学的会计账务处理程序是组织会计工作、进行会计核算的前提。设计会计账务处理程序时应符合以下三个要求。

(1) 要与本单位的性质、经济活动特点、规模大小、业务繁简程度、经营管理要求等相适应，有利于加强会计核算工作的分工协作，落实会计核算工作的岗位责任制。

(2) 要能够及时、准确、系统和完整地提供各种必要的会计核算资料，满足本单位和外部信息使用者的需要。

(3) 要在保证会计信息质量的前提下，力求简化核算手续，减少不必要的环节，节约人力、物力和财力，降低会计信息成本，提高会计核算的效率。

三、账务处理程序的种类

我国会计核算工作在长期的实践中，形成了多种账务处理程序。各种账务处理程序既有共同点，又各有特点，但基本模式是一致的，可以简述为"证(凭证)——账(账簿)——表(报表)"，如图11-1所示。

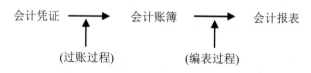

图 11-1 账务处理的基本模式

账务处理程序主要包括以下六种。
(1) 记账凭证账务处理程序。
(2) 汇总记账凭证账务处理程序。
(3) 科目汇总表账务处理程序。
(4) 多栏式日记账账务处理程序。
(5) 日记总账账务处理程序。
(6) 通用日记账账务处理程序。

其中，记账凭证账务处理程序是最基本的一种账务处理程序，其他账务处理程序都是由此发展、演变而来的。目前，我国企业、行政事业单位会计较常采用的账务处理程序有记账凭证账务处理程序、汇总记账凭证账务处理程序、科目汇总表账务处理程序和多栏式日记账账务处理程序。

【资料 11-1】明末清初龙门账的核算组织程序为：根据原始凭证，直接记入流水账，然后从流水账过入誊清账。年终结账时，结出各账户余额，根据进缴账户余额编制"进缴表"，根据存该账户余额编制"存该表"，结算两表是否相符，即"合龙门"。其程序如图 11-2 所示。

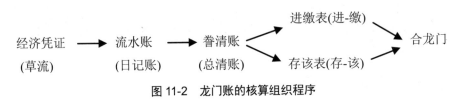

图 11-2 龙门账的核算组织程序

第二节 记账凭证账务处理程序

记账凭证账务处理程序是指对发生的经济业务事项，都要根据原始凭证或原始凭证汇总表编制记账凭证，再根据记账凭证逐笔登记总分类账的一种账务处理程序。它是会计核算中最基本的账务处理程序。其主要特点是直接根据记账凭证登记总分类账。

一、记账凭证账务处理程序的设计要求

采用记账凭证账务处理程序，可使用分类记账凭证，即收款凭证、付款凭证和转账凭证，也可以使用通用格式的记账凭证。

设置的账簿一般包括现金日记账、银行存款日记账、总分类账和明细分类账。现金日记账和银行存款日记账可用三栏式，也可用多栏式。总分类账可用三栏式，应按账户设置。明细分类账根据需要可用三栏式、数量金额式或多栏式等。

二、记账凭证账务处理程序的核算步骤

记账凭证账务处理程序的核算步骤如图 11-3 所示。
对图 11-3 的说明如下。
① 根据原始凭证或原始凭证汇总表填制记账凭证。
② 根据收款凭证、付款凭证登记现金日记账和银行存款日记账。
③ 根据原始凭证、原始凭证汇总表和记账凭证登记各种明细分类账。
④ 根据记账凭证登记总分类账。
⑤ 期末，将现金日记账、银行存款日记账的余额，以及各种明细分类账余额的合计数与总分类账中有关账户的余额核对。
⑥ 期末，根据总分类账和明细分类账资料编制会计报表。

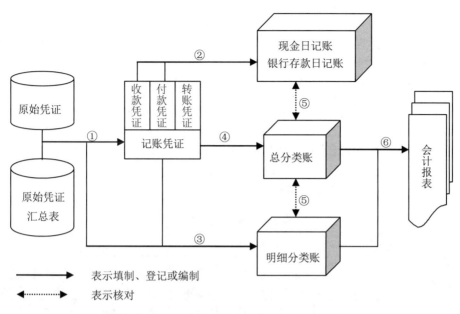

图 11-3 记账凭证账务处理程序

三、记账凭证账务处理程序的优点、缺点和适用范围

记账凭证账务处理程序的主要优点:一是简单明了,易于理解和运用;二是由于总分类账是直接根据各种记账凭证逐笔登记的,因而能比较详细和具体地反映各项经济业务的发生情况,便于查对账目和分析,而且对于经济业务发生较少的科目,总分类账可以代替明细分类账。

记账凭证账务处理程序的主要缺点:根据记账凭证逐笔登记总分类账,因此,登记总分类账的工作量较大。

记账凭证账务处理程序的适用范围:一般适用于规模较小、经济业务量较少的单位。

在手工记账下,为了尽量减少记账凭证的数量,减轻登记总分类账的工作量,应尽可能地将同类经济业务的原始凭证先编制成原始凭证汇总表,再根据原始凭证汇总表编制记账凭证。此账务处理程序适宜利用计算机进行处理,可以克服其工作量大的缺点。

第三节 汇总记账凭证账务处理程序

汇总记账凭证账务处理程序是定期根据全部记账凭证,按照账户的对应关系分别编制汇总记账凭证,并据以登记总分类账的一种账务处理程序。其主要特点是:定期将所有记账凭证分别编制汇总收款凭证、汇总付款凭证和汇总转账凭证,然后再根据各种汇总记账凭证登记总分类账。

一、汇总记账凭证账务处理程序的设计要求

在汇总记账凭证账务处理程序下,除了要分别设置收款凭证、付款凭证和转账凭证

外，还要分别设置汇总收款凭证、汇总付款凭证和汇总转账凭证；设置的账簿主要有现金日记账、银行存款日记账、总分类账和各种明细分类账，其格式与记账凭证账务处理程序采用的格式基本相同。

汇总记账凭证要定期编制，间隔天数视业务量多少而定，一般为每隔5天或10天，每月汇总编制一张，月终结出合计数，据以登记总分类账。汇总记账凭证是按照会计账户的对应关系进行汇总的。

(1) 汇总收款凭证应根据库存现金和银行存款的收款凭证，分别以"库存现金"和"银行存款"账户的借方设置，并按与该两账户对应的贷方账户归类汇总。

汇总收款凭证的格式如表11-1所示。

表11-1 汇总收款凭证

借方科目：银行存款　　　　202×年6月　　　　汇收第　号

贷方科目	金额				总分类账页数	
	(1)	(2)	(3)	合计	借方	贷方
其他货币资金	5 000			5 000	(略)	(略)
应收账款	10 000	8 000	2 000	20 000		
短期借款	30 000			30 000		
主营业务收入	15 000	40 000	25 000	80 000		
合计	60 000	48 000	27 000	135 000		

注：表中(1)填列上旬记账凭证共___张；(2)填列中旬记账凭证共___张；(3)填列下旬记账凭证共___张。

(2) 汇总付款凭证应根据库存现金或银行存款的付款凭证，分别以"库存现金"和"银行存款"账户的贷方设置，并按与该两账户对应的借方账户归类汇总。

汇总付款凭证的格式如表11-2所示。

表11-2 汇总付款凭证

贷方科目：库存现金　　　　201×年6月　　　　汇付第　号

借方科目	金额				总分类账页数	
	(1)	(2)	(3)	合计	借方	贷方
银行存款	3 000	1 000	5 000	9 000	(略)	(略)
应付账款	2 000	3 000	1 000	6 000		
在途物资	1 000	2 000		3 000		
管理费用	5 000	4 000	8 000	17 000		
合计	11 000	10 000	14 000	35 000		

注：表中(1)填列上旬记账凭证共___张；(2)填列中旬记账凭证共___张；(3)填列下旬记账凭证共___张。

(3) 汇总转账凭证应根据转账凭证，按贷方科目分别设置，并按借方科目加以归类汇总，每5天或10天汇总填列一次，每月编制一张，月末结出汇总转账凭证的合计数，分别计入总分类账中各个借方账户的借方以及该汇总凭证所列的贷方账户的贷方。当在月份内某一贷方科目的转账凭证为数不多时，也可不编制汇总转账凭证，直接根据转账凭证计入总分类账。

汇总转账凭证上的科目对应关系是一个贷方科目与一个或几个借方科目相对应,因此,为了便于编制汇总转账凭证,平时只能填制一借一贷或多借一贷的转账凭证,不能编制一借多贷和多借多贷的转账凭证。

汇总转账凭证的格式如表 11-3 所示。

表 11-3 汇总转账凭证

贷方科目：原材料　　　　　　　　　　201×年 6 月　　　　　　　　汇转第　　号

借方科目	金　额				总分类账页数	
	(1)	(2)	(3)	合　计	借　方	贷　方
生产成本	50 000	45 000	60 000	155 000	(略)	(略)
制造费用	10 000	10 000	13 000	33 000		
管理费用	4 000	1 000		5 000		
销售费用	1 000			1 000		
合　计	65 000	56 000	73 000	194 000		

注：表中(1)填列上旬记账凭证共＿＿张；(2)填列中旬记账凭证共＿＿张；(3)填列下旬记账凭证共＿＿张。

二、汇总记账凭证账务处理程序的核算步骤

汇总记账凭证账务处理程序的核算步骤如图 11-4 所示。

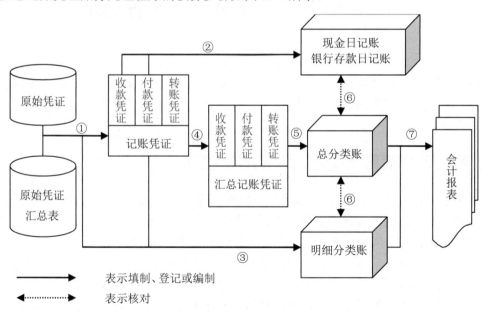

图 11-4　汇总记账凭证账务处理程序

对图 11-4 的说明如下。

① 根据原始凭证或原始凭证汇总表填制记账凭证。
② 根据收款凭证、付款凭证登记现金日记账和银行存款日记账。
③ 根据原始凭证、原始凭证汇总表和记账凭证登记各种明细分类账。
④ 根据记账凭证定期编制汇总收款凭证、汇总付款凭证和汇总转账凭证。

⑤ 期末，根据汇总收款凭证、汇总付款凭证和汇总转账凭证登记总分类账。

⑥ 期末，将现金日记账、银行存款日记账的余额，以及各种明细分类账余额的合计数与总分类账中有关账户的余额核对。

⑦ 期末，根据总分类账和明细分类账资料编制会计报表。

三、汇总记账凭证账务处理程序的优点、缺点和适用范围

汇总记账凭证账务处理程序的优点：一是根据汇总记账凭证登记总分类账簿，大量减轻了登记总分类账的工作量；二是汇总记账凭证能够清晰地反映各科目之间的对应关系和经济业务的来龙去脉，便于对经济业务进行分析和检查，克服了科目汇总表账务处理程序的不足。

汇总记账凭证账务处理程序的缺点：一是转账凭证按贷方科目，而不是按经济业务的性质归类汇总，因而不利于日常核算工作的合理分工；二是在经济业务比较零星、同一贷方科目的转账凭证数量不多的情况下，汇总工作量比较大，简化总分类账的登记工作量的作用不明显。

汇总记账凭证账务处理程序的适用范围：适用于规模较大、经济业务较多的大、中型企业或单位。

第四节　科目汇总表账务处理程序

科目汇总表账务处理程序又称记账凭证汇总表账务处理程序，它是根据记账凭证定期编制科目汇总表，并据以登记总分类账的一种账务处理程序，是会计实务工作中使用较为普遍的一种账务处理程序。其主要特点是定期将记账凭证汇总编制科目汇总表，并据以登记总分类账。

一、科目汇总表账务处理程序的设计要求

在科目汇总表账务处理程序下，除了要分别设置收款凭证、付款凭证和转账凭证外，还要设置科目汇总表。设置的账簿主要有：现金日记账、银行存款日记账、总分类账和各种明细分类账，其格式与记账凭证账务处理程序下采用的格式基本相同。

科目汇总表又称记账凭证汇总表，它是根据记账凭证定期汇总编制，列示有关总分类账户的本期借方发生额合计数和本期贷方发生额合计数，并据以登记总分类账的一种汇总记账凭证。科目汇总表的编制方法为：根据一定时期内的全部记账凭证，按相同的会计科目归类，定期汇总每一会计科目的本期借方发生额和本期贷方发生额，并将发生额填入科目汇总表内；会计科目可以每月汇总一次编制一张，也可以按旬或按周汇总一次，每月编一张。科目汇总表通常有两种格式，如表 11-4、表 11-5 所示。

科目汇总表的过账方法是：定期将科目汇总表中各总账科目的借方发生额和贷方发生额过入总账账簿的相应账户内。

表 11-4　科目汇总表(格式一)

年　月　日至　日　　　　　　　　　　　　　　　第　号

会计科目	总分类账页数	本期发生额		记账凭证起讫号数
		借　方	贷　方	
合　计				

表 11-5　科目汇总表(格式二)

年　月　日至　日　　　　　　　　　　　　　　　第　号

会计科目	1—10日		11—20日		21—31日		合　计		总分类账页数
	借方	贷方	借方	贷方	借方	贷方	借方	贷方	
合　计									

科目汇总表及其过账的示例,如表 11-6、表 11-7 所示。

表 11-6　科目汇总表

202×年6月1日至10日　　　　　　　　　　　　第　1　号

会计科目	总分类账页数	本期发生额		记账凭证起讫号数
		借　方	贷　方	
银行存款		20 000	30 000	
应收账款			20 000	
原材料				
库存商品	(略)	50 000		(略)
生产成本		20 000		
应付账款		10 000	20 000	
主营业务收入			30 000	
合　计		100 000	100 000	

表 11-7　总分类账

会计科目:应付账款　　　　　　　　　　　　　　　　　　第 10 页

202×年		凭证号数	摘　要	借　方	贷　方	借或贷	余　额
月	日						
6	1		月初余额			贷	150 000
	10	科汇1	1—10日汇总	10 000	20 000	贷	160 000
				……	……		……

二、科目汇总表账务处理程序的核算步骤

科目汇总表账务处理程序的核算步骤如图 11-5 所示。

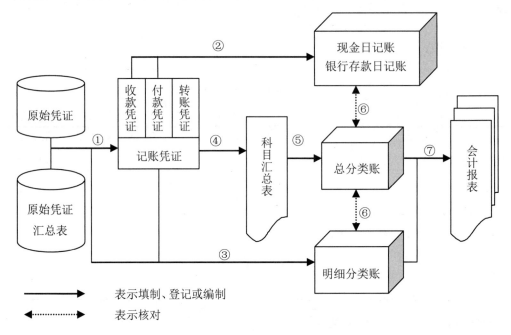

图 11-5　科目汇总表账务处理程序

对图 11-5 的说明如下。

① 根据原始凭证或原始凭证汇总表填制记账凭证。

② 根据收款凭证、付款凭证登记现金日记账和银行存款日记账。

③ 根据原始凭证、原始凭证汇总表和记账凭证登记各种明细分类账。

④ 根据记账凭证定期编制科目汇总表。

⑤ 根据科目汇总表定期登记总分类账。

⑥ 期末,将现金日记账、银行存款日记账的余额,以及各种明细分类账余额的合计数与总分类账中有关账户的余额核对。

⑦ 期末,根据总分类账和明细分类账资料编制会计报表。

三、科目汇总表账务处理程序的优点、缺点和适用范围

科目汇总表账务处理程序的优点:一是根据科目汇总表登记总分类账,可以大量减少登记总分类账的工作量;二是可以定期通过科目汇总表进行总分类账账户本期借、贷方发生额的试算平衡,便于及时发现问题,采取措施;三是这种账务处理程序手续简便,容易掌握,运用方便。

科目汇总表账务处理程序的缺点:科目汇总表不能反映科目之间的对应关系,不便于分析经济业务的来龙去脉,也不便于查对账目。

科目汇总表账务处理程序的适用范围：这种账务处理程序广泛适用于规模较大、业务量较多的单位。

第五节　多栏式日记账账务处理程序

多栏式日记账账务处理程序的特点是设置多栏式现金日记账和多栏式银行存款日记账。对于收款和付款业务，根据现金日记账和银行存款日记账登记总分类账；对于转账业务，可以根据转账凭证逐笔登记总分类账，也可以根据转账凭证编制科目汇总表，再根据科目汇总表登记总分类账。

一、多栏式日记账账务处理程序的设计要求

多栏式日记账账务处理程序需要设置收款凭证、付款凭证和转账凭证。如果转账业务较多，可以另设科目汇总表，对转账凭证进行汇总，以科目汇总表作为将转账业务记入总分类账的依据。设置会计账簿时，现金日记账和银行存款日记账均采用多栏式，其余账簿的种类及格式与记账凭证账务处理程序基本相同。

多栏式现金日记账、银行存款日记账的格式如表 11-8 所示。

表 11-8　多栏式现金(银行存款)日记账

年		凭证号	摘要	收　入				支　出					余　额
				对应账户贷方				对应账户借方					
月	日			预收账款	短期借款	主营业务收入	……	借方合计	原材料	管理费用	应付账款	……	贷方合计	

为避免账页过长，也可以将收入和支出分别设置账簿，其格式如表 11-9 和表 11-10 所示。

现举例简要说明多栏式日记账及其过账方法，如表 11-9～表 11-11 所示。

表 11-9　现金收入日记账

202×年		凭证号数	摘　要	贷方科目			收　入	支　出	余　额
月	日			其他应收款	银行存款	……			
6	1		期初余额						500
	3		收回职工借款	300			300		800
	8		提现		700		700		1 500
	15	(略)	转记					500	1 000
	23		提现备付工资		5 000		5 000		6 000
	23		发放工资					5 000	1 000
	30		转记					700	300
6	30			300	5 700		6 000	6 200	300

表 11-10　现金支出日记账

202×年		凭证号数	摘　要	借方科目				合　计
月	日			管理费用	应付职工薪酬	销售费用	……	
6	15	(略)	购买办公用品	500				500
	23		发放工资		5 000			5 000
	30		销售产品运费			700		700
6	30			500	5 000	700		6 200

表 11-11　总分类账

会计科目：库存现金　　　　　　　　　　　　　　　　　　　　　　　　第　　号

202×年		凭证号数	摘　　要	借　方	贷　方	借或贷	余　额
月	日						
6	1	(略)	期初余额			借	500
				6 000		借	6 500
					6 200	借	300
6	30		本月发生额	6 000	6 200	借	300

多栏式现金日记账和银行存款日记账根据收款凭证和付款凭证逐笔登记，都按对应账户设置专栏，因而具有科目汇总表的作用，月终可根据多栏式日记账借方(收入)、贷方(支出)合计栏的本月发生额，记入现金及银行存款总分类账的借方和贷方。采用这种程序时要注意现金和银行存款之间的划转业务，避免重复计算。

二、多栏式日记账账务处理程序的核算步骤

多栏式日记账账务处理程序的核算步骤如图 11-6 所示。

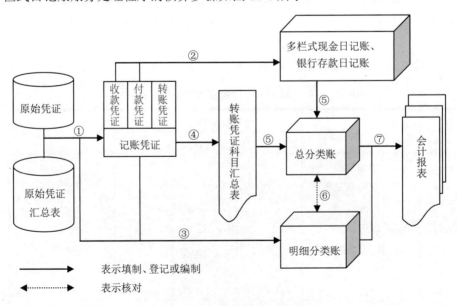

图 11-6　多栏式日记账账务处理程序

对图 11-6 的说明如下。

① 根据原始凭证或原始凭证汇总表填制记账凭证。
② 根据收款凭证和付款凭证逐笔登记多栏式现金日记账和银行存款日记账。
③ 根据原始凭证、原始凭证汇总表和记账凭证登记各种明细分类账。
④ 根据转账凭证填制转账凭证科目汇总表(转账业务不多的单位可不必编制科目汇总表)。
⑤ 期末,根据多栏式现金日记账、多栏式银行存款日记账以及转账凭证科目汇总表(或转账凭证)登记总分类账。
⑥ 期末,将各种明细分类账余额的合计数与总分类账中有关账户的余额核对。
⑦ 期末,根据总分类账和明细分类账资料编制会计报表。

三、多栏式日记账账务处理程序的优点、缺点和适用范围

多栏式日记账账务处理程序的优点:对于收、付款业务通过多栏式日记账汇总后登记总分类账,可以简化总分类账的登记工作,而且可以清晰地反映现金和银行存款收、付业务的来龙去脉。

多栏式日记账账务处理程序的缺点:多栏式日记账比三栏式日记账的登记工作量大,而且若业务复杂,日记账的专栏过多,账页势必过长,从而不便于记账。

多栏式日记账账务处理程序的适用范围:适用于规模不太大、收付业务比较多、涉及会计科目不多的单位。

以上介绍的是手工操作会计核算工作中采用的账务处理程序。

会计发展到今天,会计电算化已十分普及。会计电算化是指电子计算机信息技术在会计实务中的应用。我国会计电算化虽然起步较晚,但从 20 世纪 70 年代以来,在 30 多年的历程中已取得了长足发展。会计信息化账务处理程序在数据取得、数据处理、数据存储等方面的方法手段发生的变化,引起企业在会计岗位设置、人员控制措施等方面发生改变。作为会计史上的一项突破性变革,会计电算化提高了财务会计的工作效率,推动了会计管理的科学化,以及财会管理手段的现代化,加强了以财务为中心的企业管理。

经历了"算盘+纸张"的手工会计,以及"计算机+磁盘"的电算会计,近些年来,伴随着以人工智能等为代表的数字技术的迭代发展,使信息——主要是会计信息的形成与利用日趋自动化和智能化成为可能,使数据成为企业价值创造和社会财富增进的主要源泉。会计也从来没有像今天这样遇到如此严峻的冲击和挑战,以记账、算账和报账为主要内容的会计核算,将要或已经被智能机器人所替代。智能会计已成为未来会计的发展方向。智能会计是在人工智能等新技术的基础上,会计科学与数据科学、计算机科学相互勾连、相互依赖、相互融合和相互渗透的产物。智能会计将有助于数字化、数据化、信息化、智能化、智慧化"五化"全方位深层次融合发展。

本 章 小 结

本章介绍了会计账务处理程序。账务处理程序是指在会计核算中,会计凭证组织、会计账簿组织、记账程序和方法相互结合的方式。记账程序和方法,是指从填制、整理、传

递会计凭证，登记会计账簿，到编制会计报表整个过程的工作顺序和方法。把不同的会计凭证组织、会计账簿组织按不同的记账程序和方法结合在一起，就形成了不同的账务处理程序。选择适当的账务处理程序，对于科学地组织本单位的会计核算工作具有重要意义。

在我国的会计实务中运用的账务处理程序主要有记账凭证账务处理程序、汇总记账凭证账务处理程序、科目汇总表账务处理程序、多栏式日记账账务处理程序。

记账凭证账务处理程序是最基本的一种账务处理程序，可以说，其他各种账务处理程序基本上是在这种账务处理程序的基础上发展起来的。记账凭证账务处理程序的主要特点是直接根据各种记账凭证逐笔登记总分类账。这种账务处理程序的主要优点是简单明了，方法易学，总分类账能详细地反映经济业务状况，方便会计核对与查账；但登记总分类账的工作量较大，也不利于分工。因此，一般适用于规模较小、经济业务较简单的企业。

汇总记账凭证账务处理程序的主要特点是定期将记账凭证分类编制汇总记账凭证，然后根据汇总记账凭证登记总分类账。这种账务处理程序的主要优点是能通过汇总记账凭证中有关科目的对应关系，了解经济业务的来龙去脉，而且可大量减轻总分类账的登记工作；但由于汇总转账凭证是根据每一账户的贷方而不是按经济业务类型归类汇总的，故不利于会计分工。因此，一般适用于规模较大、经济业务较多的企业。

在科目汇总表账务处理程序下，要求定期将记账凭证编制成科目汇总表，然后根据科目汇总表登记总分类账。这种账务处理程序的主要优点是根据定期编制的科目汇总表登记总分类账，可大量减轻总分类账的登记工作；同时，通过科目汇总表的编制，可进行发生额试算平衡，及时发现差错。但由于科目汇总表是定期汇总计算每一账户的借方、贷方发生额，并不考虑账户间的对应关系，因而在科目汇总表和总分类账中，不能明确反映账户的对应关系，不便于了解经济业务的具体内容。其主要适用于规模较大、经济业务量较多的企业。

在多栏式日记账账务处理程序下，要求采用多栏式现金日记账和银行存款日记账，并据以登记总账。对于转账业务，则根据转账凭证逐笔登记总账，或根据转账凭证编制科目汇总表，据以登记总账。这种账务处理程序的主要优点是可以简化总分类账的登记工作；同时，多栏式现金日记账、银行存款日记账较好地反映了账户的对应关系。但多栏式日记账中会计科目的数量受到一定的限制，不可太多。因而，其主要适用于涉及会计科目不多的企业。

思 考 题

1. 什么是账务处理程序？企业应如何合理选择适合本单位的账务处理程序？
2. 为什么说合理的账务处理程序对加强经济管理具有重要意义？

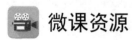

自测题

参 考 文 献

[1] 李海波，蒋瑛. 新编会计学原理：基础会计[M]. 18 版. 上海：立信会计出版社，2017.
[2] 朱小平，徐泓，周华. 初级会计学[M]. 7 版. 北京：中国人民大学出版社，2015.
[3] 陈红，姚荣辉. 基础会计[M]. 北京：清华大学出版社，2014.
[4] 张捷. 基础会计学[M]. 4 版. 北京：中国人民大学出版社，2015.
[5] 刘中华. 基础会计学[M]. 北京：经济科学出版社，2019.
[6] 么冬梅，许延明. 基础会计学[M]. 哈尔滨：哈尔滨工业大学出版社，2007.
[7] 陈国辉. 基础会计[M]. 5 版. 大连：东北财经大学出版社有限责任公司，2016.
[8] 刘峰，潘琰，林斌. 会计学基础[M]. 3 版. 北京：高等教育出版社，2009.
[9] 财政部企业会计准则编审委员会. 企业会计准则 2017 年版[M]. 上海：立信会计出版社，2017.
[10] 程超凡. 新英汉—汉英会计审计词典[M]. 北京：中国经济出版社，2010.
[11] 田凤彩. 基础会计[M]. 北京：北京大学出版社，2013.
[12] 栾甫贵，尚洪涛. 基础会计[M]. 4 版. 北京：机械工业出版社，2015.
[13] 薛洪岩. 基础会计[M]. 5 版. 上海：立信会计出版社，2014.
[14] 徐金仙，陈引. 基础会计[M]. 3 版. 上海：立信会计出版社，2013.
[15] 财政部企业会计准则编审委员会. 企业会计准则应用指南 2017 年版[M]. 上海：立信会计出版社，2017.
[16] 朱小平，秦玉熙，袁蓉丽. 基础会计[M]. 11 版. 北京：中国人民大学出版社，2021.
[17] 张捷，刘英明. 基础会计[M]. 7 版. 北京：中国人民大学出版社，2021.
[18] 陈国辉，陈文铭. 基础会计[M]. 5 版. 北京：清华大学出版社，2020.
[19] 张志萍，孙德营. 基础会计理论与实务[M]. 北京：高等教育出版社，2021.
[20] 徐泓. 基础会计学[M]. 北京：中国人民大学出版社，2019.